KB078865

오토
캐드
따라하기
AutoCAD 영상강의

푸른교수 이승철 저

일진사

머리말

필자는 25년 넘게 제품개발 업무를 진행해 왔고 지금은 대학에서 학생들을 교육하고 있다. 필자가 처음 설계를 시작한 1995년에는 만능제도기를 이용하여 설계를 진행했다. 그 후 1년 뒤에 오토캐드를 접하면서 신세계를 맛보았는데 이유는 오토캐드는 따로 계산할 필요가 없었고 도면 배치를 수정할 때 지우고 다시 작업할 필요가 없다는 것이다. 그 후 3차원 캐드가 국내에 도입되면서 오토캐드는 사라질거라 생각했지만, 25년이 흐른 오늘날에도 오토캐드를 사용하는 기업이 많고 이와 관련해서 학교에서도 교육을 지속적으로 진행하고 있다. 필자는 제품개발 동아리 지도 교수를 맡으면서 학생들에게 오토캐드 작업 시 속도를 높이는 법을 알려주고 있다. 오토캐드 관련 서적은 국내에 많이 있지만, 거의 다 아이콘 위주로 설명하고 있다. 실제 오토캐드를 이용해서 설계를 해 본 사람이라면 알 것이다. 아이콘을 사용하는 것보다 단축키를 사용했을 때 설계 속도가 많이 향상된다는 것을...

이 책은 필자가 오토캐드를 현장에서 사용한 경험과 학생들을 교육한 경험을 토대로 나름 쉽고 빠르게 익힐 수 있도록 연구하면서 지필한 책으로, 여러분에게 강조하는 것은 다음 3가지다.

- 바른 자세
- 단축키 사용
- 반복 연습

이 책은 단축키 위주로 설명했다.
그래야 오토캐드 버전이 변경되어도 사용하는 데 문제가 없고 속도도 많이 향상되기 때문이다.
아이콘에 익숙한 사용자라면 이 책을 통해 단축키 전문가가 되길 바란다.

단축키 위주로 오토캐드 작업을 하면 아이콘이 필요하지 않다. 따라서 전체 화면으로 작업이 가능하므로 형상을 이해하는 데 도움이 된다. 여러분은 전체 화면으로 작업하는 습관을 기르기 바란다. 또한 작업 시에는 바른 자세를 유지해야 작업 속도가 향상되고 피로감이 적어지므로 이 책에서 안내하는 바른 자세를 꼭! 숙지하기 바란다.

끝으로 이 책을 지필할 수 있도록 도와주신 **일진사** 임직원 여러분에게 감사의 말을 전한다.

푸른 교수 이승철

사용 명령어

기능	단축키	기능	단축키	기능	단축키
		명령어			
기능	단축키	기능	단축키	기능	단축키
각도 치수	DAN	수동 스냅(사분점)	QUA	[환경 설정]	
간격띄우기	O	수동 스냅(접점)	TAN	AutoCAD 초기화	OP>프로파일>재설정
결합하기	J	수동 스냅(중간점)	MID	도면층 설정	LA
경사면 치수	DAL	수동 스냅(중심점)	CEN	명령어 창 On/Off	Ctrl+9
계산기	Ctrl+8	수동 스냅(직교)	PER	선 축척 비율 조절	LTS
그룹	G	스플라인	SPL	선택 박스 크기 조정	PICKBOX
끊기	BR	신축	S	옵션	OP
다각형	POL	연속 치수	DCO	자동 스냅 설정	OS
다중 치수 편집	DED>N	연장하기	EX	전체 화면 On/Off	Ctrl+0
다중 지시선	MLD	원	C	치수 스타일 관리자	D
다중 지시선 스타일 편집	MLEADER STYLE	이동	M	화면 분할	Viewports
다중 지시선 추가	MLE	자르기	TR	화면 초기화	MENU>acad.CUIX
도넛	DO	지름 치수	DDI	문자 기입	DT(단일)/T(여러 줄) ST(문자 스타일 설정)
도면출력	Ctrl+P	지우기	E	[기능키]	
도면층	Ctrl+1	직사각형	REC	도움말	F1
모깎기	F	축척	SC	확장된 사용 내역	F2
모따기	CHA	치수 기울이기	DED>O	객체 스냅 ON/OFF	F3
문자 스타일	ST	치수 공차 기입	+0.02 ^ −0.02	3D 객체 스냅 ON/OFF	F4
반지름 치수	DRA	치수 기호(±)	%%P	등각 평면 ON/OFF	F5
배열	AR	치수 기호(°)	%%D	동적 UCS ON/OFF	F6
배열 수정	Ctrl+1	치수 기호(ø)	%%C	그리드 표시 ON/OFF	F7
복사하기	CO	타원	EL	직교 ON/OFF	F8
분해	X	테이블	TB	그리드 스냅 ON/OFF	F9
블록 삽입	I	특성 일치	MA	극좌표 추적 ON/OFF	F10
블록만들기	B	특성 창	Ctrl+1	객체 스냅 추적 ON/OFF	F11
선	L	폴리선	PL	동적 입력 ON/OFF	F12
빠른 지시선	LE	표현식	'CAL		
선 길이 조절	LEN	해치	−H	새로만들기	Ctrl+N
선택 박스 크기	PI	형상 공차	TOL	열기	Ctrl+O
세로좌표 치수	DOR	호	A	저장	Ctrl+S
센터라인	CL	확대/축소	Z	다른 이름 저장	SA
센터마크	CM	회전	RO	UCS 좌표값 표시	ID
수동 스냅(교차점)	INT	UCS 이동	UCS>Z	두 점 거리 측정	DI
수동 스냅(근처점)	NEA	UCS 회전	UCS>Z>45	빠른 치수기입	QD
수동 스냅(끝점)	END	치수 배율 조정	DIMSCALE	면적 계산	AREA

차 례

7주차 · AutoCAD 환경 설정 · 185

8주차 · 명령어 사용 · 217

9주차 · 명령어 사용 · 257

교육영상

AutoCAD 2023

1주 차

AutoCAD 환경 설정

1-1 AutoCAD 초기화

오토캐드 초기화하는 방법은 아래와 같다.

따라하기

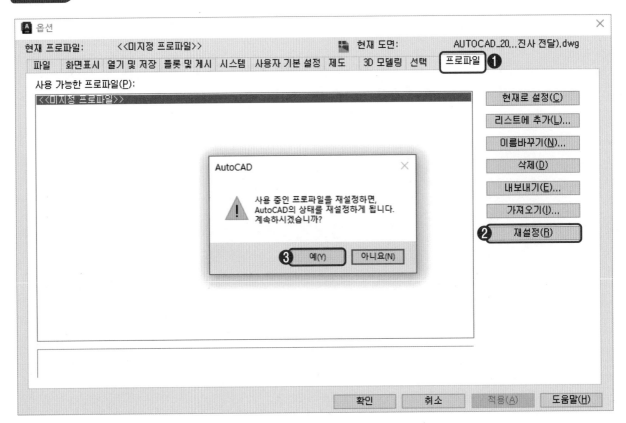

● OP(옵션)를 입력한다.

❶ 옵션 창에서 **프로파일**을 선택한다.

❷ 재설정을 클릭한다.

❸ 예>확인을 클릭한다.

연습하기 위의 내용을 **6번 연습**해 보자.

① OP(옵션)>**프로파일**>**재설정** 선택 > 예 > 확인

② OP(옵션)>**프로파일**>**재설정** 선택 > 예 > 확인

③ OP(옵션)>**프로파일**>**재설정** 선택 > 예 > 확인

④ OP(옵션)>**프로파일**>**재설정** 선택 > 예 > 확인

⑤ OP(옵션)>**프로파일**>**재설정** 선택 > 예 > 확인

⑥ OP(옵션)>**프로파일**>**재설정** 선택 > 예 > 확인

1-2   화면 초기화(MENU 입력>acad.cuix 선택)

• 화면 아이콘이 변경되었을 때 다시 복구하고 싶을 때 사용한다.
• 전체 화면에서 CAD 기본 화면으로 돌아가지 않을 때 사용한다.

따라하기

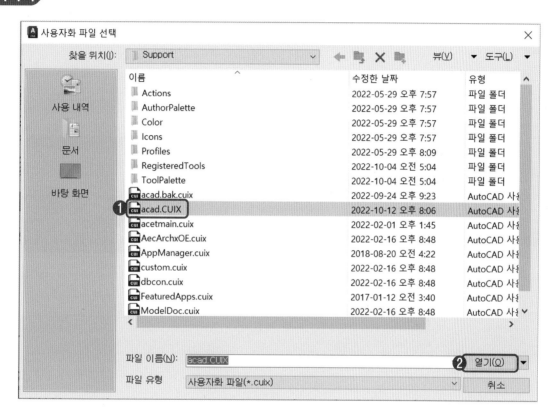

● MENU를 입력한다.

❶ acad.cuix를 선택한다.   ❷ 열기를 선택한다.

연습하기   위의 내용을 **6번 연습**해 보자.

① MENU>acad. cuix 선택>열기
② MENU>acad. cuix 선택>열기
③ MENU>acad. cuix 선택>열기
④ MENU>acad. cuix 선택>열기
⑤ MENU>acad. cuix 선택>열기
⑥ MENU>acad. cuix 선택>열기

1-3 새로 만들기(NEW 단축키: Ctrl + N)

사용하고자 하는 템플릿을 이용해서 도면을 생성할 수 있다.

따라하기

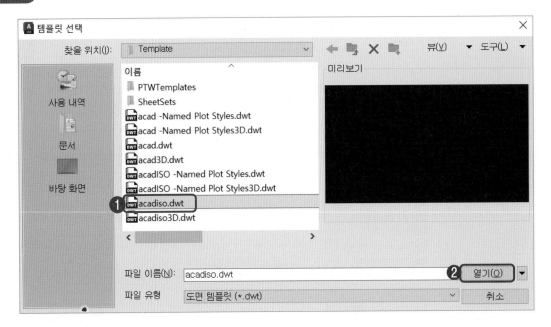

● Ctrl + N 키(새로 만들기)를 누른다.
❶ acadiso.dwt가 선택되어 있는지 확인한다.
❷ 열기를 선택한다.

연습하기 위의 내용을 **6번 연습**해 보자.

① Ctrl + N (새로 만들기) > acadiso.dwt 선택 > 열기
② Ctrl + N (새로 만들기) > acadiso.dwt 선택 > 열기
③ Ctrl + N (새로 만들기) > acadiso.dwt 선택 > 열기
④ Ctrl + N (새로 만들기) > acadiso.dwt 선택 > 열기
⑤ Ctrl + N (새로 만들기) > acadiso.dwt 선택 > 열기
⑥ Ctrl + N (새로 만들기) > acadiso.dwt 선택 > 열기

1-4 열기(OPEN 단축키: Ctrl + O)

Ctrl + O 키를 이용해서 기존 도면을 열 수 있다.

따라하기

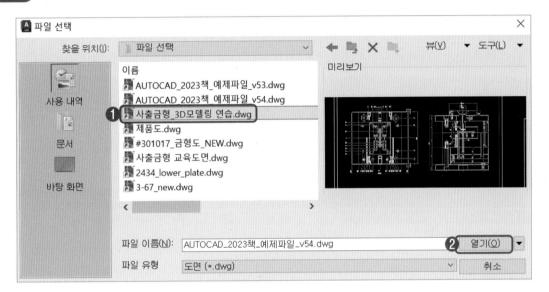

● Ctrl + O 키(열기)를 누른다.

❶ 원하는 파일을 선택한다.

❷ 열기를 선택한다.

연습하기 ▶ 위의 내용을 **6번 연습**해 보자.

① Ctrl + O (열기) > 원하는 **파일 선택** > 열기

② Ctrl + O (열기) > 원하는 **파일 선택** > 열기

③ Ctrl + O (열기) > 원하는 **파일 선택** > 열기

④ Ctrl + O (열기) > 원하는 **파일 선택** > 열기

⑤ Ctrl + O (열기) > 원하는 **파일 선택** > 열기

⑥ Ctrl + O (열기) > 원하는 **파일 선택** > 열기

1-5 화면 구성

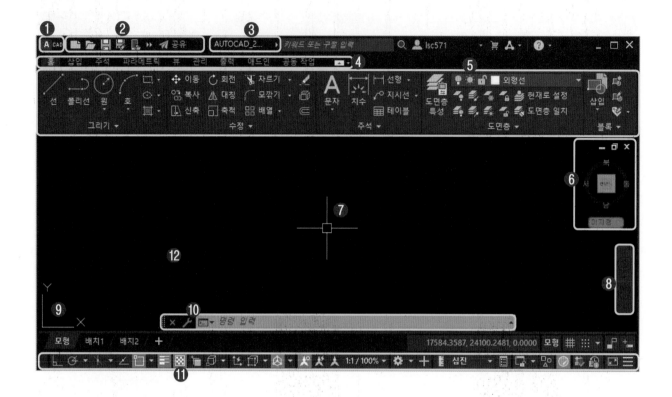

❶ 응용프로그램 아이콘
- 새로 만들기, 열기, 저장, 인쇄 가능
- 최근 작업한 도면 리스트 보여줌

❷ 신속 접근 도구막대
- 지주 시용하는 도구 표시
- 사용 도구 쉽게 추가 가능

❸ 제목 표시줄
- 현재 작업파일 이름 표시

❹ 메뉴 표시줄
- 모든 명령을 선택할 수 있는 메뉴 바

❺ 도구 모음
- 명령 아이콘 형태 표시
- 명령어와 아이콘 사용자 편집 가능

❻ 뷰 큐브
- 화면 방향 제어(3D 작업시 주로 사용)

❼ 십자선
- 기본 커서 모양
- 십자선 크기 사용자 변경 가능

❽ 탐색 막대
- 초점이동 및 화면 확대/축소

❾ 좌표계
- 현재 작업영역의 좌표 확인

❿ 명령 표시줄
- 명령어 입력, 명령어 옵션 선택 및 설정
- Ctrl + 9 : 표시 ON/OFF

⓫ 상태 표시줄
- 현재 도면의 설정 상태 표시
- 상태 표시 아이콘을 클릭하여 기능 ON/OFF

⓬ 작업영역
- 도형을 그리고 편집하는 영역

1-6 옵션(OPTIONS 단축키: OP)

OP 단축키를 이용해서 오토캐드 작업 시 유용한 옵션들을 설정할 수 있다.

따라하기 ▶ 1. 자동 저장 파일

작업 시 오토캐드가 꺼지거나 멈췄을 때는 자동 저장된 파일을 이용해서 복구할 수 있다.

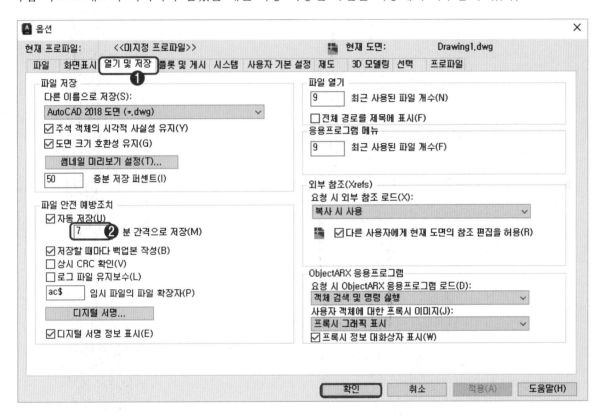

● OP(옵션)를 입력한다.

❶ 열기 및 저장을 선택한다.

❷ 자동 저장에서 7분으로 수정한다.

● 확인을 선택한다.

연습하기 ▶ 1. 자동 저장 파일

위의 내용을 6번 연습해 보자.

① OP > 열기 및 저장 선택 > 자동 저장 시간 변경 > 확인

② OP > 열기 및 저장 선택 > 자동 저장 시간 변경 > 확인

③ OP > 열기 및 저장 선택 > 자동 저장 시간 변경 > 확인

④ OP > 열기 및 저장 선택 > 자동 저장 시간 변경 > 확인

⑤ OP > 열기 및 저장 선택 > 자동 저장 시간 변경 > 확인

⑥ OP > 열기 및 저장 선택 > 자동 저장 시간 변경 > 확인

따라하기 2. 자동 저장 파일 경로 확인

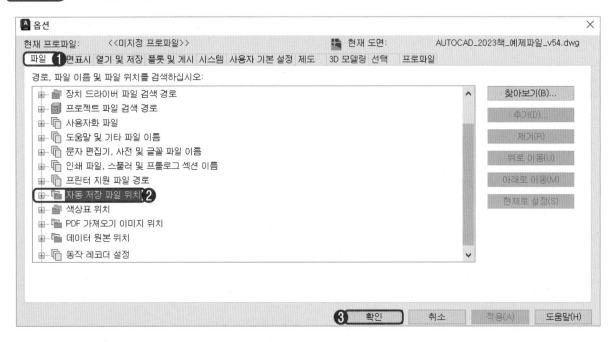

● OP(옵션)를 입력한다.

❶ 파일을 선택한다.

❷ 자동 저장 파일 위치에 +를 클릭한다.

● 자동 저장 위치를 확인한다.

❸ 확인을 클릭한다.

연습하기 2. 자동 저장 파일 경로 확인

위의 내용을 6번 연습해 보자.

① OP>파일 선택>자동 저장 파일 위치 + 선택>확인

② OP>파일 선택>자동 저장 파일 위치 + 선택>확인

③ OP>파일 선택>자동 저장 파일 위치 + 선택>확인

④ OP>파일 선택>자동 저장 파일 위치 + 선택>확인

⑤ OP>파일 선택>자동 저장 파일 위치 + 선택>확인

⑥ OP>파일 선택>자동 저장 파일 위치 + 선택>확인

참고
• 자동 저장 **파일 확장자**는 *.ac$이다.
• 자동 저장된 파일을 사용할 때는 *.ac$ **확장자**를 DWG로 **수정**하면 된다.

따라하기 3. 하위 버전 저장

상위 버전에서 작업한 도면은 하위 버전에서 불러올 수 없기 때문에 저장 시 자동으로 낮은 버전으로
저장하는 옵션을 설정하는 것이 좋다.

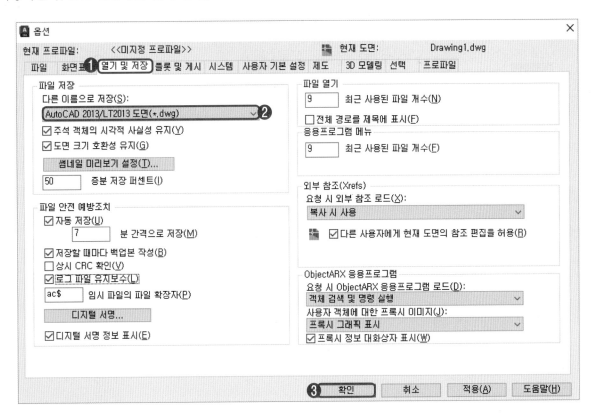

● OP(옵션)를 입력한다.
❶ 열기 및 저장을 선택한다.
❷ 낮은 버전을 선택한다.
❸ 확인을 클릭한다.

연습하기 3. 하위 버전 저장

위의 내용을 **6번 연습**해 보자.

① OP > **열기 및 저장** 선택 > **낮은 버전** 선택 > 확인
② OP > **열기 및 저장** 선택 > **낮은 버전** 선택 > 확인
③ OP > **열기 및 저장** 선택 > **낮은 버전** 선택 > 확인
④ OP > **열기 및 저장** 선택 > **낮은 버전** 선택 > 확인
⑤ OP > **열기 및 저장** 선택 > **낮은 버전** 선택 > 확인
⑥ OP > **열기 및 저장** 선택 > **낮은 버전** 선택 > 확인

따라하기 4. 객체 선택 박스 크기 조정

객체를 선택하는 박스 크기를 조정할 수 있다.

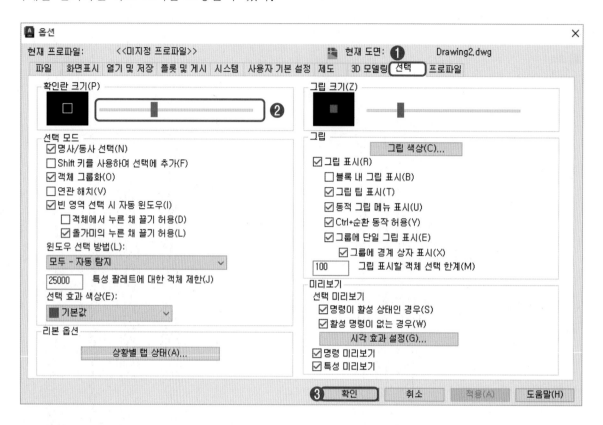

● OP(옵션)를 입력한다.

❶ 선택을 클릭한다.

❷ 확인란 크기에서 박스 크기를 조정한다.

❸ 확인을 클릭한다.

연습하기 4. 객체 선택 박스 크기 조정

위의 내용을 **6번 연습**해 보자.

① OP>**선택** 클릭>**박스 크기 조정**>확인   ② OP>**선택** 클릭>**박스 크기 조정**>확인

③ OP>**선택** 클릭>**박스 크기 조정**>확인   ④ OP>**선택** 클릭>**박스 크기 조정**>확인

⑤ OP>**선택** 클릭>**박스 크기 조정**>확인   ⑥ OP>**선택** 클릭>**박스 크기 조정**>확인

참고
• 선택 박스 크기는 PICKBOX **명령어**를 이용해서 변경할 수도 있다.
• 선택 **박스 크기**: 7 권장

1-7 전체 화면 사용(Ctrl + 0)

Ctrl + 0 키를 이용해서 전체 화면으로 만들 수 있다.
단축키 습관을 위해 전체 화면으로 작업하는 습관을 기르자.

전체 화면 On/Off → Ctrl + 0 (숫자)
명령어 창 On/Off → Ctrl + 9

1. 기본 화면 모습 Ctrl + 0 (숫자)

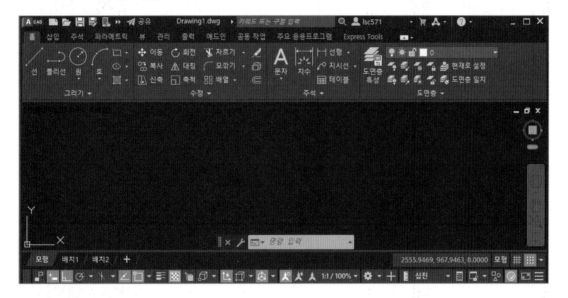

2. 전체 화면 모습 Ctrl + 0 (숫자)

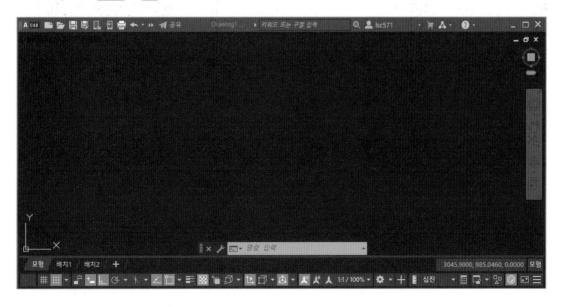

연습하기 1. 전체 화면 ON/OFF

위의 내용을 10번 연습해 보자.

① Ctrl + 0 (숫자) 키를 누른다.

② Ctrl + 0 (숫자) 키를 누른다.

③ Ctrl + 0 (숫자) 키를 누른다.

④ Ctrl + 0 (숫자) 키를 누른다.

⑤ Ctrl + 0 (숫자) 키를 누른다.

⑥ Ctrl + 0 (숫자) 키를 누른다.

⑦ Ctrl + 0 (숫자) 키를 누른다.

⑧ Ctrl + 0 (숫자) 키를 누른다.

⑨ Ctrl + 0 (숫자) 키를 누른다.

⑩ Ctrl + 0 (숫자) 키를 누른다.

참고
- Ctrl + 0 (숫자) 키를 눌러도 기본 화면으로 되돌아가지 않는 경우가 있다.
- 이때는 명령어 창에서 MENU>acad.cuix(화면 초기화)를 **선택**하면 되돌아간다.

연습하기 2. 명령어 창 ON/OFF

위의 내용을 10번 연습해 보자.

① Ctrl + 9 키를 누른다.

② Ctrl + 9 키를 누른다.

③ Ctrl + 9 키를 누른다.

④ Ctrl + 9 키를 누른다.

⑤ Ctrl + 9 키를 누른다.

⑥ Ctrl + 9 키를 누른다.

⑦ Ctrl + 9 키를 누른다.

⑧ Ctrl + 9 키를 누른다.

⑨ Ctrl + 9 키를 누른다.

⑩ Ctrl + 9 키를 누른다.

1-8 화면 분할(명령어: Viewports)

명령어 Viewports를 이용해서 화면을 분할할 수 있다.

따라하기 1.

● Viewports(화면 분할)를 입력한다.   ❷ 확인을 클릭한다.

❶ 둘 수직을 선택한다.   ● 두 개의 화면으로 분할되었다.

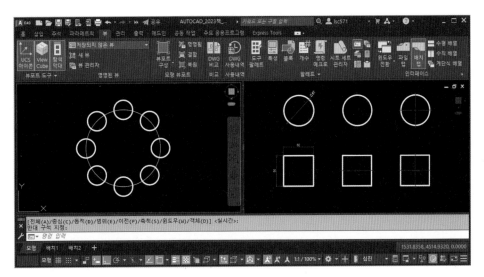

따라하기 2.

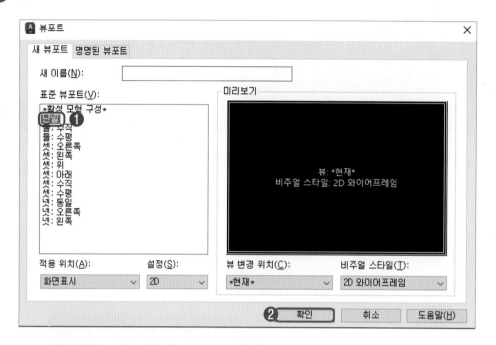

● Viewports(화면 분할)를 입력한다.

❶ 단일을 선택한다.

❷ 확인을 클릭한다.

● 단일 화면으로 돌아왔다.

연습하기 1. 화면 분할

위의 내용을 **6번 연습**해 보자.

① Viewports(화면 분할)>**둘 수직**>확인

② Viewports(화면 분할)>**단일**>확인

③ Viewports(화면 분할)>**둘 수직**>확인

④ Viewports(화면 분할)>**단일**>확인

⑤ Viewports(화면 분할)>**둘 수직**>확인

⑥ Viewports(화면 분할)>**단일**>확인

1-9 신속 접근 도구막대 활용

신속 접근 도구막대를 사용하면 **자주 사용하는 도구를 쉽게 추가**하여 **사용**할 수 있다.

따라하기 **1. 신속 접근 도구막대 → 도면층 추가/제거**

❶ 그림과 같이 클릭한다.

❷ ~ ❹를 순차적으로 체크한다.

● Ctrl + 0 키를 누른다. (전체 화면 on/off)

● 결과는 아래 그림과 같다.

참고 전체 화면 표시(Ctrl + 0)를 이용하면 **화면을 넓게 사용**할 수 있으므로 **작업 시 도면 이해가 쉽고 자주 사용하지 않는 아이콘은 신속 접근 도구막대에 추가하여 사용**하면 좋다.
(화면을 넓게 사용할 경우 → 위 아이콘 추가 사용 권장)

따라하기 2. 자주 사용하는 아이콘 추가

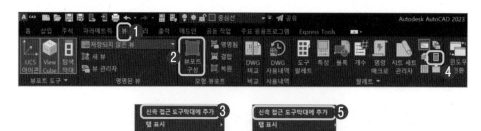

❶ 그림과 같이 뷰를 선택한다.

❷ 뷰포트 구성에 마우스를 올려놓는다.

⬤ 오른쪽 버튼을 클릭한다.

❸ 신속 접근 도구막대에 추가를 선택한다.

❹ 빠른 계산기 아이콘에 마우스를 올려놓는다.

⬤ 오른쪽 버튼을 클릭한다.

❺ 신속 접근 도구막대에 추가를 선택한다.

❻ 신속 접근 도구막대에 추가에 뷰포트와 빠른 계산기가 추가된 것을 확인할 수 있다.

따라하기 3. 신속 접근 도구막대에서 아이콘 제거

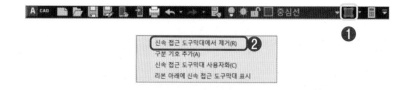

결과물

❶ 그림과 같이 뷰포트 아이콘에 마우스를 올려놓는다.

⬤ 오른쪽 버튼을 클릭한다.

❷ 신속 접근 도구막대에 제거를 선택한다.

⬤ 결과물과 같이 아이콘이 제거된 것을 알 수 있다.

연습하기 1. 신속 접근 도구막대 → 도면층 추가/제거

위의 내용을 6번 연습해 보자.

① 아래 화살표 클릭 > **도면층**을 **해제**한다.

② 아래 화살표 클릭 > **도면층**을 **체크**한다.

③ 아래 화살표 클릭 > **도면층**을 **해제**한다.

④ 아래 화살표 클릭 > **도면층**을 **체크**한다.

⑤ 아래 화살표 클릭 > **도면층**을 **해제**한다.

⑥ 아래 화살표 클릭 > **도면층**을 **체크**한다.

연습하기 2. 자주 사용하는 아이콘 추가 /제거

위의 내용을 6번 연습해 보자.

① 사용하고자 하는 아이콘 **추가** > 아이콘 **제거**

② 사용하고자 하는 아이콘 **추가** > 아이콘 **제거**

③ 사용하고자 하는 아이콘 **추가** > 아이콘 **제거**

④ 사용하고자 하는 아이콘 **추가** > 아이콘 **제거**

⑤ 사용하고자 하는 아이콘 **추가** > 아이콘 **제거**

⑥ 사용하고자 하는 아이콘 **추가** > 아이콘 **제거**

1-10 도면층(LAYER 단축키: LA)

LA 단축키를 이용해서 도면층을 생성할 수 있다.

따라하기

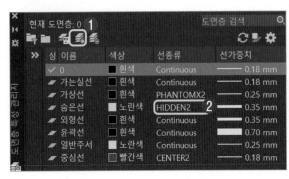

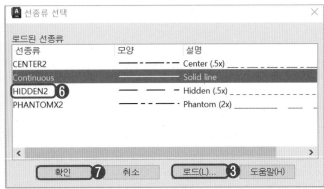

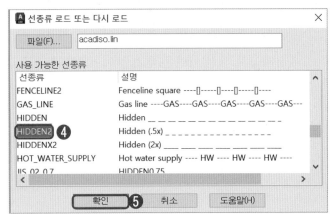

● LA(도면층)를 입력한다.

❶ 새도면층 아이콘을 선택한다.

● 그림을 보고 레이어 이름을 동일하게 만든다.

● 선종류를 변경해 보자.

❷ 선종류를 클릭한다.

❸ 로드를 클릭한다.

❹ HIDDEN2를 클릭한다.

❺ 확인을 클릭한다.

❻ HIDDEN2를 클릭한다.

❼ 확인을 클릭한다.

● 나머지도 동일한 방법으로 만든다.

연습하기 LA 생성

위의 레이어를 참고하여 4번씩 연습해 보자.

이름	색상	선종류	선가중치
가는실선	■ 흰색	Continuous	0.18 mm
가상선	■ 흰색	PHANTOM2	0.18 mm
숨은선	■ 노란색	HIDDEN2	0.25 mm
외형선	■ 초록색	Continuous	0.35 mm
윤곽선	■ 하늘색	PHANTOM2	0.50 mm
일반주서	■ 흰색	Continuous	0.25 mm
중심선	□ 빨간색	CENTER2	0.18 mm

① Ctrl + N (새로 만들기) > LA (레이어 생성) > 위의 **그림처럼 만든다.**
② Ctrl + N (새로 만들기) > LA (레이어 생성) > 위의 **그림처럼 만든다.**
③ Ctrl + N (새로 만들기) > LA (레이어 생성) > 위의 **그림처럼 만든다.**
④ Ctrl + N (새로 만들기) > LA (레이어 생성) > 위의 **그림처럼 만든다.**

참고 레이어 생성 후 아래 아이콘을 이용해서 **레이어**를 **빠르게 변경**할 수 있다.

A CAD 파일(F) 편집(E) 뷰(V) 삽입(I) 형식(O) 도구(T) 그리기(D) 치수(N) 수정(M) 파라메트릭(P)

위 그림은 신속 접근 도구막대에 레이어 아이콘을 추가한 모습이다.
전체 화면(Ctrl + 0)으로 작업할 때 **사용**을 **추천**한다.

참고 전산응용기계제도기능사 / 기계설계산업기사 도면층 기준

선 굵기(mm)	색상	용도
0.5	하늘색(Cyan)	윤곽선, 중심 마크
0.35	초록색(Green)	외형선, 개별주서 등
0.25	노란색(Yellow)	숨은선, 치수문자, 일반 주서 등
0.18	빨간색(Red)	치수선, 치수보조선, 중심선 등
0.18	흰색(White)	해칭

1-11 화면상의 선 두께 적용하기

도면층 적용 후 적용된 선 두께를 화면에 적용할 수 있다.

따라하기

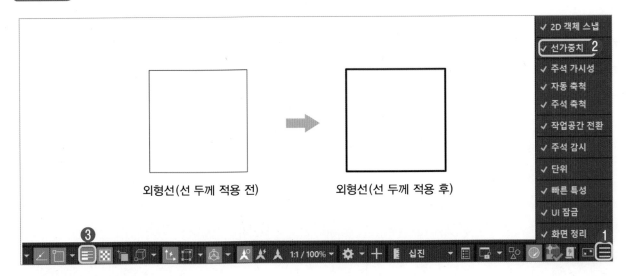

외형선(선 두께 적용 전)　　외형선(선 두께 적용 후)

❶ 사용자화 아이콘을 누른다.
❷ 선가중치를 체크한다.
❸ 선가중치 표시/숨기기 아이콘을 체크한다.

연습하기 선가중치 표시/숨기기

위의 내용을 6번 연습해 보자.

① 사용자화 아이콘 클릭 > 선가중치 체크 > 선가중치 표시/숨기기 아이콘 체크
② 사용자화 아이콘 클릭 > 선가중치 체크 > 선가중치 표시/숨기기 아이콘 체크
③ 사용자화 아이콘 클릭 > 선가중치 체크 > 선가중치 표시/숨기기 아이콘 체크
④ 사용자화 아이콘 클릭 > 선가중치 체크 > 선가중치 표시/숨기기 아이콘 체크
⑤ 사용자화 아이콘 클릭 > 선가중치 체크 > 선가중치 표시/숨기기 아이콘 체크
⑥ 사용자화 아이콘 클릭 > 선가중치 체크 > 선가중치 표시/숨기기 아이콘 체크

1-12 치수 스타일 관리자(단축키: D)

단축키 D를 이용해서 아래 그림과 동일하게 치수 환경을 설정해 보자.
(전산응용기계제도기능사/기계설계산업기사 기준)

따라하기

● D(치수 스타일 관리자)를 입력한다.

● 아래 그림을 보면서 하나씩 동일하게 설정한다.

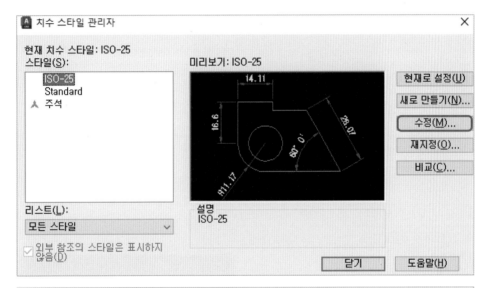

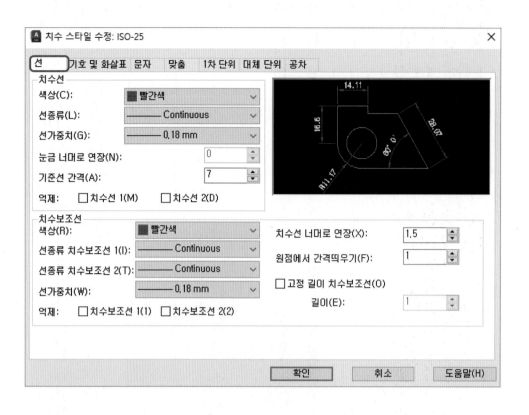

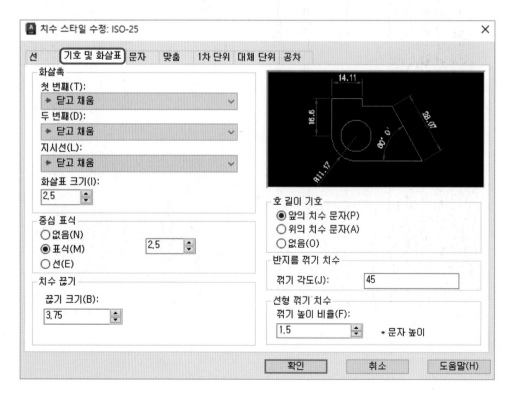

● 완료되면 완료를 클릭한다.

연습하기▶ 선가중치 표시/숨기기

위의 내용을 **6번 연습**해 보자.

① Ctrl + N (새로 만들기)>D(치수 스타일 관리자)>**수정**> 위 **따라히기** 내용을 보고 **동일**하게 **설정**한다.
② Ctrl + N (새로 만들기)>D(치수 스타일 관리자)>**수정**> 위 **따라히기** 내용을 보고 **동일**하게 **설정**한다.
③ Ctrl + N (새로 만들기)>D(치수 스타일 관리자)>**수정**> 위 **따라히기** 내용을 보고 **동일**하게 **설정**한다.
④ Ctrl + N (새로 만들기)>D(치수 스타일 관리자)>**수정**> 위 **따라히기** 내용을 보고 **동일**하게 **설정**한다.
⑤ Ctrl + N (새로 만들기)>D(치수 스타일 관리자)>**수정**> 위 **따라히기** 내용을 보고 **동일**하게 **설정**한다.
⑥ Ctrl + N (새로 만들기)>D(치수 스타일 관리자)>**수정**> 위 **따라히기** 내용을 보고 **동일**하게 **설정**한다.

1-13 문자 스타일(단축키: ST)

단축키 ST를 이용해서 **일반 한글 글꼴**과 **오토캐드 한글 글꼴**을 사용할 수 있다.

[사용 권장 글꼴]

돋움, 돋움체, 굴림체는 윈도우 한글 글꼴 중 **오토캐드 기호**를 **모두 사용 가능**한 글꼴로 **사용**을 **권장**한다.

따라하기 1. 돋움체 선택

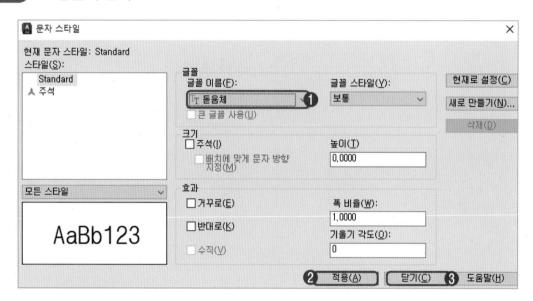

● ST(문자 스타일)를 입력한다.　　　　❷ 적용를 클릭한다.

❶ 글꼴 이름에서 돋움체를 선택한다.　　❸ 닫기를 클릭한다.

[AutoCAD 글꼴 사용]

오토캐드에서 **한글 글꼴**은 세련되지 못하나 **기호**를 **모두 사용**할 수 있는 **장점**이 있다.

SHX 글꼴	큰 글꼴	사용 예시
simplex.shx	whgdtxt.shx	우리나라
	whgtxt.shx	우리나라
	whtgtxt.shx	우리나라
	whtmtxt.shx	우리나라

따라하기 2. 오토캐드 한글 폰트 사용법

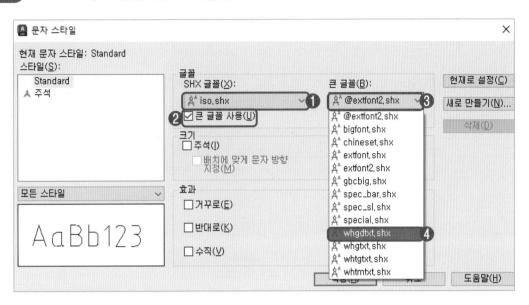

⬤ ST(문자 스타일)를 입력한다.

❶ 글꼴에서 확장자 shx 중 하나를 선택한다.

❷ 그림과 같이 큰 글꼴 사용을 체크한다.

❸ 그림과 같이 클릭한다.

❹ 그림에 표시된 우리나라 글꼴 중 하나를 선택한다.

⬤ 완료되면 적용>닫기를 클릭한다.

연습하기 1. 돋움체 선택

위의 내용을 **5번 연습**해 보자.

① ST(문자 스타일)>글꼴 이름에서 **돋움체** 선택>적용>닫기

② ST(문자 스타일)>글꼴 이름에서 **돋움체** 선택>적용>닫기

③ ST(문자 스타일)>글꼴 이름에서 **돋움체** 선택>적용>닫기

④ ST(문자 스타일)>글꼴 이름에서 **돋움체** 선택>적용>닫기

⑤ ST(문자 스타일)>글꼴 이름에서 **돋움체** 선택>적용>닫기

연습하기 2. 오토캐드 한글 폰트 사용법

위의 내용을 **2번 연습**해 보자.

① ST>확장자 shx 중 하나 선택>큰 글꼴 사용 체크>우리나라 글꼴 하나 선택>적용>닫기

② ST>확장자 shx 중 하나 선택>큰 글꼴 사용 체크>우리나라 글꼴 하나 선택>적용>닫기

1-14 자동 스냅 설정(OSNAP 단축키: OS)

이 기능을 이용해서 자동 스냅을 설정할 수 있다.

따라하기 자동 스냅 설정

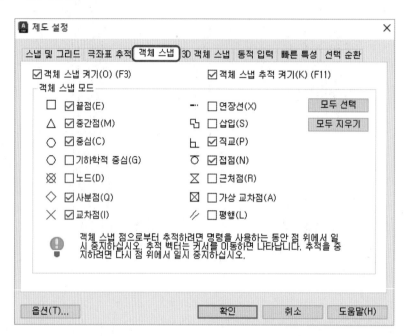

● OS(자동 스냅 설정)를 입력한다.

● 위에 그림과 같이 체크한다.   ● 확인을 누른다.

연습하기 자동 스냅 설정

위의 내용을 **6번 연습**해 보자.
① OS(자동 스냅 설정)>**그림과 같이 체크**>확인
② OS(자동 스냅 설정)>**그림과 같이 체크**>확인
③ OS(자동 스냅 설정)>**그림과 같이 체크**>확인
④ OS(자동 스냅 설정)>**그림과 같이 체크**>확인
⑤ OS(자동 스냅 설정)>**그림과 같이 체크**>확인
⑥ OS(자동 스냅 설정)>**그림과 같이 체크**>확인

참고 • **주의사항** – 너무 많은 스냅 체크 시 → 선택의 부정확성 많아짐
– 기본적으로 위에 체크된 스냅만 체크하고 사용하는 것을 권장
• **키보드 사용 : F3** → 객체 스냅 켜기(많이 사용) . **F11** → 객체 스냅 추적 켜기

1-15 저장(SAVE 단축키: Ctrl + S)

Ctrl + S 키를 이용해서 **현재 도면**을 **저장**할 수 있다.

따라하기 저장

● Ctrl + S 키(저장)를 누른다.

❶ '연습 도면'이라고 입력한다.   ❷ 저장을 클릭한다.

참고 한 번 저장되면 다음부터는 위의 창은 나타나지 않는다.

연습하기 저장

도면 저장을 **6번 연습**해 보자.

① Ctrl + S (저장)를 누른다.   ② Ctrl + S (저장)를 누른다.

③ Ctrl + S (저장)를 누른다.   ④ Ctrl + S (저장)를 누른다.

⑤ Ctrl + S (저장)를 누른다.   ⑥ Ctrl + S (저장)를 누른다.

1-16 다른 이름 저장(SAVE AS 단축키: SA)

이 기능을 이용해서 다른 이름으로 저장할 수 있다.

> **중요**
>
> 1. 환경 설정 후 **다른 이름 저장**으로 새로운 템플릿을 생성할 수 있다. **새 도면 작성 시** 저장된 템플릿을 활용하면 **작업 설정이 필요 없으므로 편리**하다.
> 2. 오토캐드 낮은 버전에서는 높은 버전에서 생성된 도면은 불러올 수 없다. 이 경우 낮은 버전으로 도면을 저장하면 오토캐드 낮은 버전에서도 불러올 수 있다.

따라하기 ▶ 1. 오토캐드 환경 설정 후 자주 사용하는 템플릿 만들기

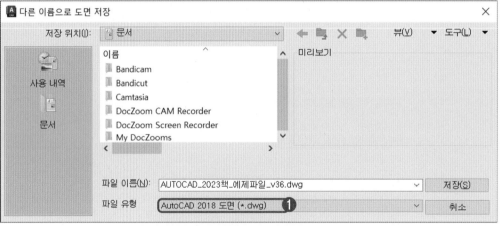

● SA(다른 이름 저장)를 입력한다.

❶ 파일 유형을 클릭한다.

❷ 그림과 같이 도면 템플릿(*.dwt)를 선택한다.

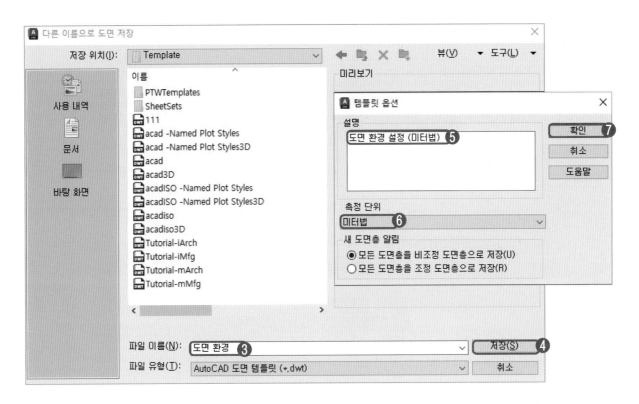

❸ '도면 환경'이라고 입력한다.

❹ 저장을 선택한다.

❺ '도면 환경 설정(미터법)'이라고 입력한다.

❻ 미터법을 선택한다.

❼ 확인을 선택한다.

● 환경 설정된 템플릿이 생성되었다.

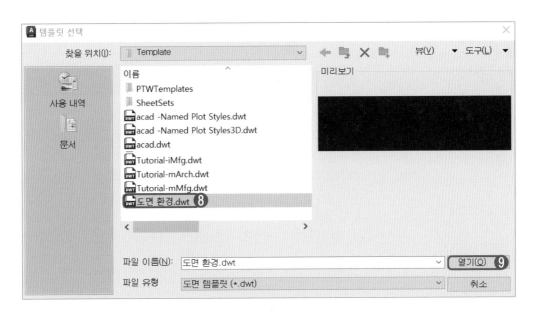

● Ctrl + N 키(새로 만들기)를 누른다.

❽ 도면 환경을 선택한다.

❾ 열기를 선택한다.

● 환경이 설정된 템플릿을 이용해서 새 도면이 생성되었다.

따라하기 2. 낮은 버전으로 저장하기

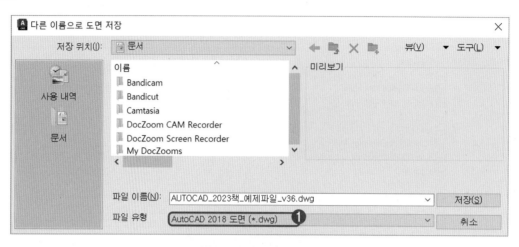

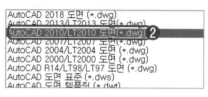

● SA(다른 이름 저장)를 입력한다.

❶ 파일 유형을 클릭한다.

❷ 그림과 같이 LT2010 도면(*.dwg)를 선택한다.

● 저장을 클릭한다.

참고   **OP>열기 및 저장>다른 이름에서 저장**에서

낮은 버전으로 저장을 설정하면 저장 시 낮은 버전으로 자동 저장된다.

연습하기 1. 템플릿 만들기

템플릿 생성을 **6번 연습**해 보자.

① SA>**도면 템플릿**(*.dwt) 선택>이름 지정>**저장**>설명 문구 작성>**미터법 선택**>확인

② SA>**도면 템플릿**(*.dwt) 선택>이름 지정>**저장**>설명 문구 작성>**미터법 선택**>확인

③ SA>**도면 템플릿**(*.dwt) 선택>이름 지정>**저장**>설명 문구 작성>**미터법 선택**>확인

④ SA>**도면 템플릿**(*.dwt) 선택>이름 지정>**저장**>설명 문구 작성>**미터법 선택**>확인

⑤ SA>**도면 템플릿**(*.dwt) 선택>이름 지정>**저장**>설명 문구 작성>**미터법 선택**>확인

⑥ SA>**도면 템플릿**(*.dwt) 선택>이름 지정>**저장**>설명 문구 작성>**미터법 선택**>확인

연습하기 2. 낮은 버전으로 저장하기

낮은 버전으로 저장을 **6번 연습**해 보자.

① SA(다른 이름 저장)>**LT2010 도면**(*.dwg) 선택>저장

② SA(다른 이름 저장)>**LT2010 도면**(*.dwg) 선택>저장

③ SA(다른 이름 저장)>**LT2010 도면**(*.dwg) 선택>저장

④ SA(다른 이름 저장)>**LT2010 도면**(*.dwg) 선택>저장

⑤ SA(다른 이름 저장)>**LT2010 도면**(*.dwg) 선택>저장

⑥ SA(다른 이름 저장)>**LT2010 도면**(*.dwg) 선택>저장

교육영상

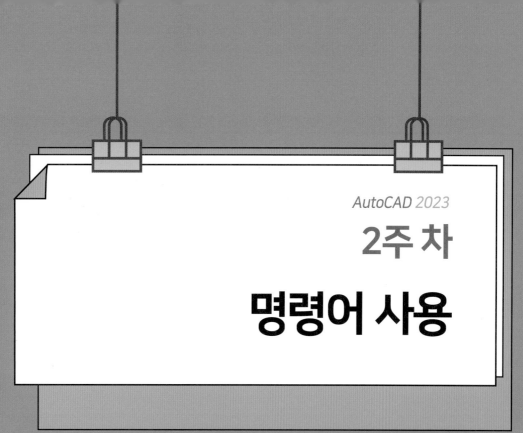

AutoCAD 2023

2주 차

명령어 사용

2-1　알아두기

(1) AutoCAD 작업 속도 높이는 법(오른쪽 손잡이 기준)

AutoCAD 작업 시 아래 내용을 숙지하면 빠르게 작업할 수 있다.

① 올바른 자세
- 바른 자세로 앉아서 작업하는 습관을 기르자.

② 단축키 사용
- 단축키를 사용하면 아이콘을 사용하는 것보다 3~4배 정도 속도를 높일 수 있다.

③ 왼손은 키보드 위치
- 왼손 손가락은 기본 타자 위치 ASDF 위치에 있어야 한다.
- 왼손 엄지 손가락은 Space bar 키 위치에 있어야 한다.

④ 오른손은 마우스 위치
- 주로 마우스 위치에 있어야 하며 필요에 따라 숫자를 입력할 수 있다.

⑤ 단축키는 왼손을 이용하자
- 복잡한 명령어를 제외하고 간단한 단축키와 숫자는 왼손을 이용하는 습관을 기르자.

⑥ 항상 두 손 모두 사용하자
- 한 손으로 작업하는 것은 작업 속도를 떨어트리는 이유가 된다. 따라서 두 손 모두 정위치에 있는 상태에서 작업이 이루어져야 한다.

⑦ 명령어 입력 후 Space bar 키를 누르는 습관을 기르자
- Space bar 키는 Enter 키와 대부분 같은 기능을 한다.
- 명령어(단축키) 입력 후 Enter 키를 누르는 것은 동작을 빠르게 하더라도 작업 속도가 빠른 것이 아니다.
- Space bar 키를 사용하면 Enter 키를 사용하는 것보다 작업 속도는 3배 정도 향상된다.

⑧ 오른쪽 손잡이 기준

- ❶번 → 왼손 손가락 위치
- ❷번 → 왼손 엄지 손가락 위치
- ❸번 → 오른손 사용

(2) 마우스 기능

❶ 오른쪽 버튼: 팝업 메뉴 사용

❷ 왼쪽 버튼: 메뉴, 도구 등 각종 객체 선택

❸ 휠

- 굴리면: 화면 확대 및 축소
- 클릭한 상태 이동: 화면 그림 이동
- 더블 클릭: 전체 도형이 화면에 꽉 차게 보임

2-2 전체 화면 사용(Ctrl + 0)

이제부터 본격적인 오토캐드 기능을 익혀보자.

(1) 이 강의에서는 여러분의 실력 향상을 위해 아이콘을 사용하지 않고 **단축키 위주로 설명**하였다.

(2) 따라서 아래 그림과 같이 **전체 화면**(Ctrl + 0)으로 설정하고 진행하길 **권장**한다.

(3) 단축키만으로 도면 작성이 어려운 경우 '**신속 접근 도구막대에 아이콘을 추가**'하여 사용하면 좋다.

[전체 화면/권장 아이콘 모습] → 도면 작업 시 사용 권장

참고 전체 화면 취소(Ctrl + 0)가 안 되는 경우는
명령어 창에서 MENU>casd.cuix를 선택하면 **화면이 초기화**된다.

2-3 기능키

작업할 때 아래 기능에 대해 **ON/OFF**할 수 있다.

구분	기능	설명
F1	도움말	도움말 표시
F2	확장된 사용 내역	명령 윈도우에 확장된 명령 사용 내역 표시
F3	객체 스냅 ON/OFF	객체 스냅 ON/OFF
F4	3D 객체 스냅 ON/OFF	3D용 추가 객체 스냅을 켜거나 끔
F5	등각평면 ON/OFF	2D 등각평면 설정 순환
F6	동적 UCS ON/OFF	평면형 표면에 대한 자동 UCS 정렬 켜거나 끔
F7	그리드 표시 ON/OFF	그리드 표시를 켜거나 끔
F8	직교 ON/OFF	커서 이동을 수평 또는 수직으로 잠금
F9	그리드 스냅 ON/OFF	커서의 움직임을 지정된 그리드 간격으로 제한
F10	극좌표 추적 ON/OFF	지정된 각도로 커서가 이동되도록 함
F11	객체 스냅 추적 ON/OFF	객체 스냅 위치에서 수평 및 수직으로 커서를 추적함 (82쪽 참조)
F12	동적 입력 ON/OFF	커서 주위 거리와 각도 표시, 탭 사용하여 필드 간 이동 시 입력한 내용 적용됨

연습하기 1. 위의 기능을 참고하여 F1 ~ F12 를 하나씩 눌러보며 기능을 익히자.

2. 많이 사용하는 F3 / F7 / F8 / F11 / F12 는 10번씩 눌러보자.

2-4 속성 선택

명령어 실행 시 명령어 창에서 **속성(파란색)**을 선택해서 사용할 수 있다.

참고 지금부터 배우는 명령어는 1주차에서 적용한 환경설정을 기준으로 작업이 이루어진다.
→ 기존에 저장한 템플릿[1-16 참조(도면 환경, dwt)] 사용

2-5 선 그리기(Line 단축키: L)

AutoCAD에서 가장 많이 사용하는 Line 명령어를 이용해서 아래와 같은 형상을 그릴 수 있다.

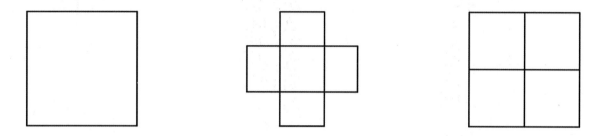

따라하기 1. 방향을 이용한 선 그리기

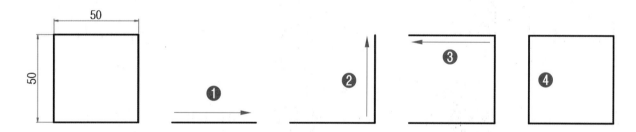

⬤ L(선)을 입력한다.

⬤ 임의의 점을 선택한다.

⬤ 수평/수직이 되어 있지 않으면 키보드에서 F8을 누른다.

❶ 마우스를 오른쪽 방향으로 하고 50을 입력한다.

⬤ Space bar 키를 누른다.

❷ 위쪽 방향으로 50을 입력한다.

⬤ Space bar 키를 누른다.

❸ 왼쪽 방향으로 50을 입력한다.

⬤ Space bar 키를 누른다.

❹ C(닫기)를 입력하여 마무리한다.

⬤ Space bar 키를 누른다.

연습하기 1. 방향을 이용한 선 그리기

위의 방법으로 아래 그림처럼 반복 연습을 해보자.
처음에는 천천히 그리다 익숙해지면 속도를 점점 높여보자.

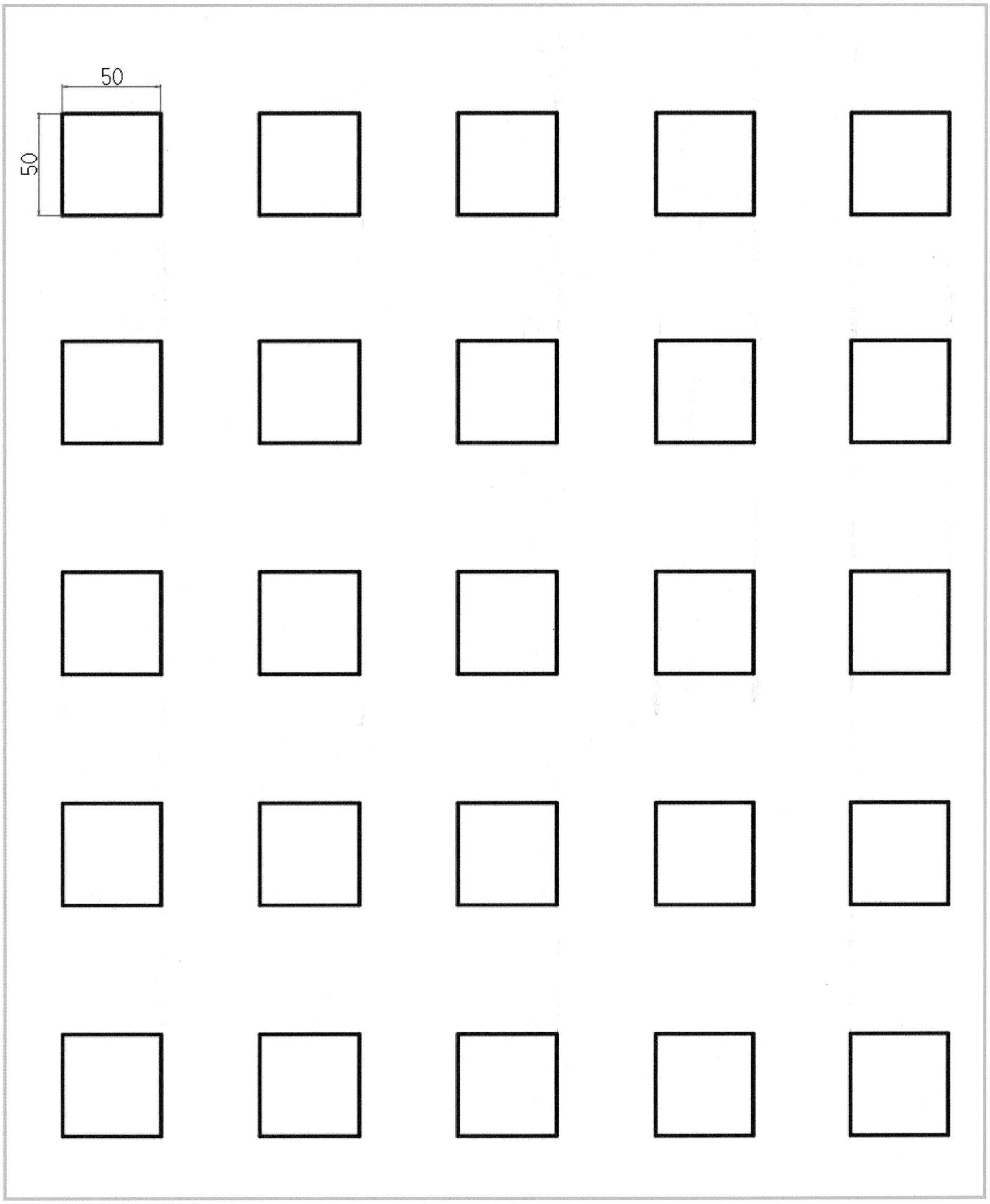

[절대/상대좌표 사용]

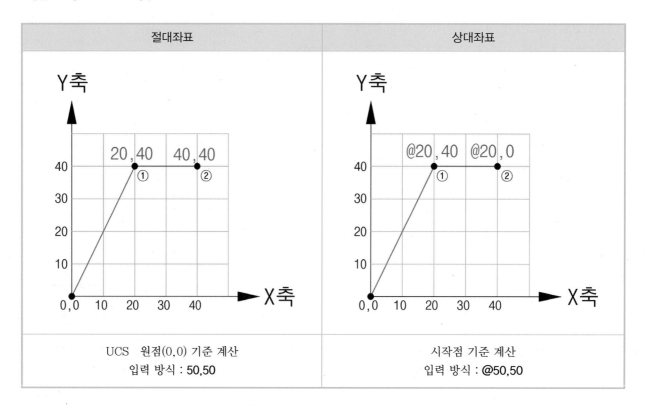

절대좌표	상대좌표
UCS 원점(0,0) 기준 계산 입력 방식 : 50,50	시작점 기준 계산 입력 방식 : @50,50

[극좌표 사용]

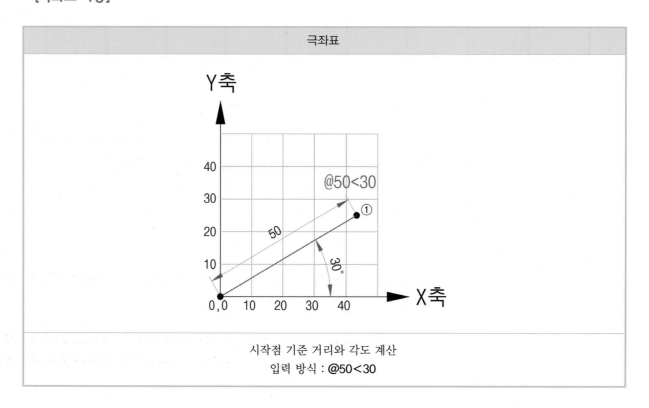

극좌표
시작점 기준 거리와 각도 계산 입력 방식 : @50<30

참고 F12 (동적 입력 ON/OFF 기능)
- 절대좌표와 상대좌표, 극좌표 사용 시 기능을 OFF하고 사용해야 정확히 작동된다.
- 그림과 같이 아이콘을 이용해서 ON/OFF할 수 있다.

따라하기 2. 절대좌표 사용

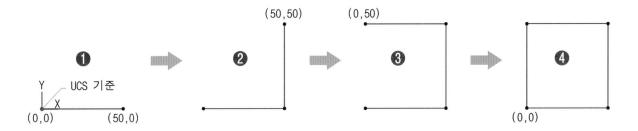

● F12 를 이용해서 동적 입력을 OFF 한다.
● L(라인)을 입력한다.
● 0,0을 입력한다.
● Space bar 키를 누른다.
❶ 50,0을 입력한다.
● Space bar 키를 누른다.
❷ 50,50을 입력한다.
● Space bar 키를 누른다.
❸ 0,50을 입력한다.
● Space bar 키를 누른다.
❹ 0,0을 입력한다.
● Space bar 키를 누른다.

따라하기 3. 상대좌표 사용

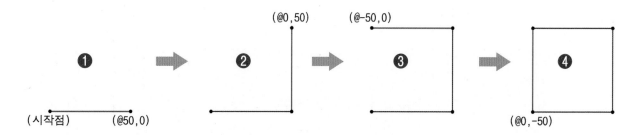

- ● F12 를 이용해서 동적 입력을 OFF 한다.
- ● L(라인)을 입력한다.
- ● 임의의 점(시작점)을 선택한다.
- ❶ @50,0을 입력한다.
- ● Space bar 키를 누른다.
- ❷ @0,50을 입력한다.
- ● Space bar 키를 누른다.

- ❸ @-50,0을 입력한다.
- ● Space bar 키를 누른다.
- ❹ @0,-50을 입력한다.
- ● Space bar 키를 누른다.

따라하기 4. 극좌표 사용

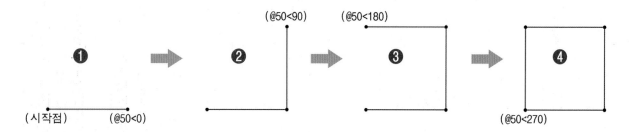

- ● F12 를 이용해서 동적 입력을 OFF 한다.
- ● L(라인)을 입력한다.
- ● 임의의 점(시작점)을 선택한다.
- ❶ @50<0을 입력한다.
- ● Space bar 키를 누른다.
- ❷ @50<90을 입력한다.
- ● Space bar 키를 누른다.

- ❸ @50<180을 입력한다.
- ● Space bar 키를 누른다.
- ❹ @50<270을 입력한다.
- ● Space bar 키를 누른다.

2주차

연습하기 **2. 절대좌표 사용**

아래 그림처럼 반복 연습을 해보자.

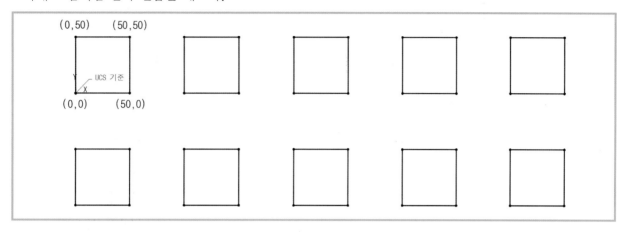

연습하기 **3. 상대좌표 사용**

아래 그림처럼 반복 연습을 해보자.

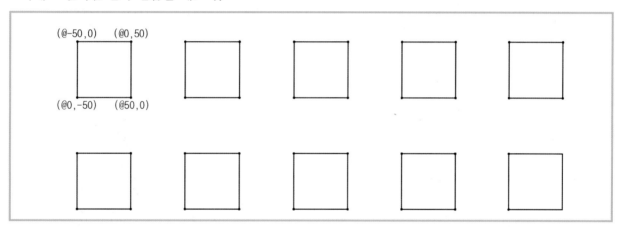

연습하기 **4. 극좌표 사용**

아래 그림처럼 반복 연습을 해보자.

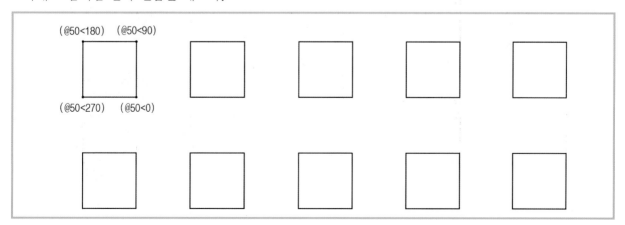

2-6 수평/수직 치수기입하기(Dim Linear 단축키: DLI)

AutoCAD에서 가장 많이 사용하는 수평/수직 치수기입을 해보자.

치수 환경은 뒤의 내용에서 참고하기 바라며, 지금은 치수 단축키를 연습하자.

따라하기 위에서 그린 도면을 이용해서 수평/수직 치수기입을 해보자.

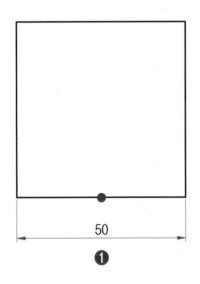

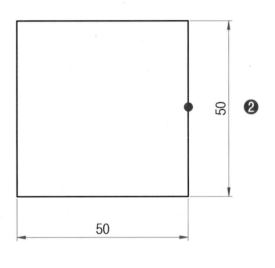

● 기존 사각형을 이용한다.

● DLI(수평/수직 치수기입)를 입력한다.

● Space bar 키를 두 번 누른다.

● 선 중심을 클릭한다.

❶ 그림과 같이 치수를 배치한다.

● DLI(수평/수직 치수기입)를 입력한다.

● Space bar 키를 두 번 누른다.

● 선 중심을 클릭한다.

❷ 그림과 같이 치수를 배치한다.

2주 차

연습하기 1. 위의 방법으로 아래 그림처럼 반복 연습을 해보자.

2. 처음에는 천천히 그리다 익숙해지면 속도를 점점 높여보자.

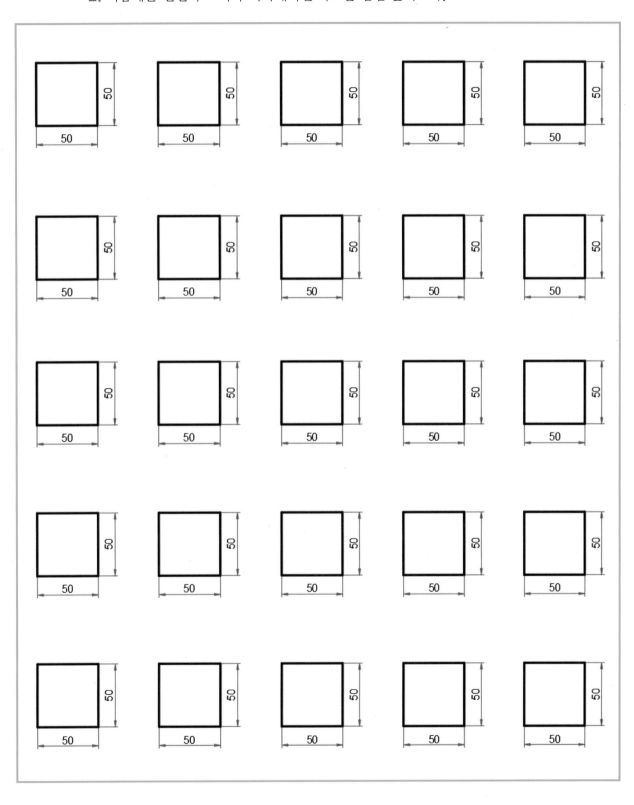

2-7   원 그리기(CIRCLE 단축키: C)

CIRCLE 명령어를 이용해서 아래와 같이 원을 그릴 수 있다.

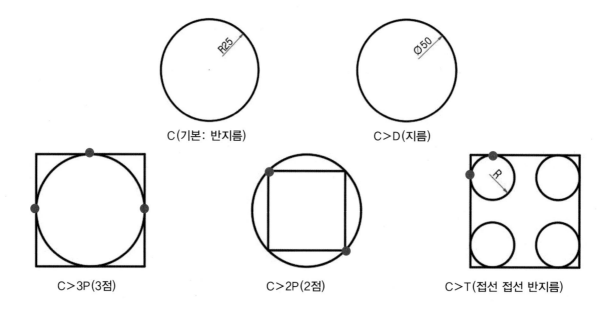

C(기본: 반지름)   C>D(지름)

C>3P(3점)   C>2P(2점)   C>T(접선 접선 반지름)

따라하기 1. 반지름 값을 이용해서 원 그리기

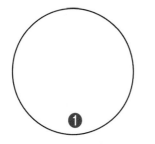
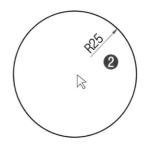

● C(원)를 입력한다.
● Space bar 키를 누른다.
● 임의의 점을 선택한다.
❶ 25(반지름)를 입력한다.
● Space bar 키를 누른다.

● MEA(빠른 측정)를 입력한다.
● Space bar 키를 누른다.
● 원에 마우스를 위치시킨다.
❷ 원의 반지름이 25인 것을 확인할 수 있다.

2주 차

MEA는 빠른 측정 작업 단축키로 기존 선이나 원 등을 빠르게 확인할 수 있는 기능이다.
2018버전 이후부터 나온 기능이다.

따라하기 2. 지름 값을 이용해서 원 그리기

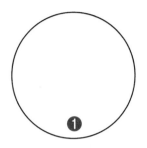

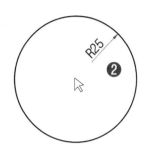

● C(원)를 입력한다.
● Space bar 키를 누른다.
● 임의의 점을 선택한다.
● D(지름)를 입력한다.
● Space bar 키를 누른다.
❶ 50(지름)을 입력한다.

● Space bar 키를 누른다.
● MEA(빠른 측정)를 입력한다.
● Space bar 키를 누른다.
● 원에 마우스를 위치시킨다.
❷ 원의 반지름이 25인 것을 확인할 수 있다.

따라하기 3. 3점을 이용한 원 그리기

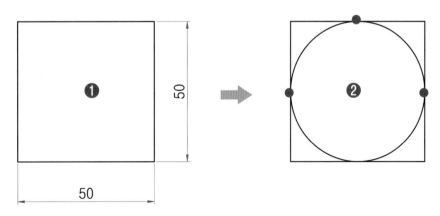

❶ 그림과 같이 그린다.
● C(원)를 입력한다.
● Space bar 키를 누른다.

● 3P(3점)를 입력한다.
● Space bar 키를 누른다.
❷ 그림과 같이 3점을 선택한다.

따라하기 4. 2점을 이용한 원 그리기

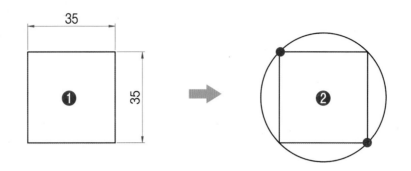

❶ 그림과 같이 그린다.
● C(원)를 입력한다.
● Space bar 키를 누른다.

● 2P(2점)를 입력한다.
● Space bar 키를 누른다.
❷ 그림과 같이 2점을 선택한다.

따라하기 5. 접선 접선 반지름 원 그리기

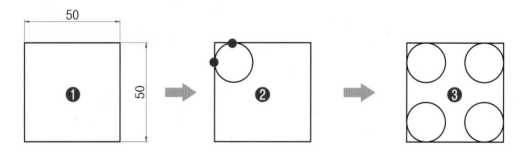

❶ 그림과 같이 그린다.
● C(원)를 입력한다.
● Space bar 키를 누른다.
● T(접선 접선 반지름)를 입력한다.
● Space bar 키를 누른다.
❷ 그림과 같이 2점을 선택한다.
● 반지름 값으로 10을 입력한다.
● Space bar 키를 누른다.
❸ 동일한 방법으로 나머지 원도 생성한다.

연습하기 1. 반지름 값을 이용해서 원 그리기

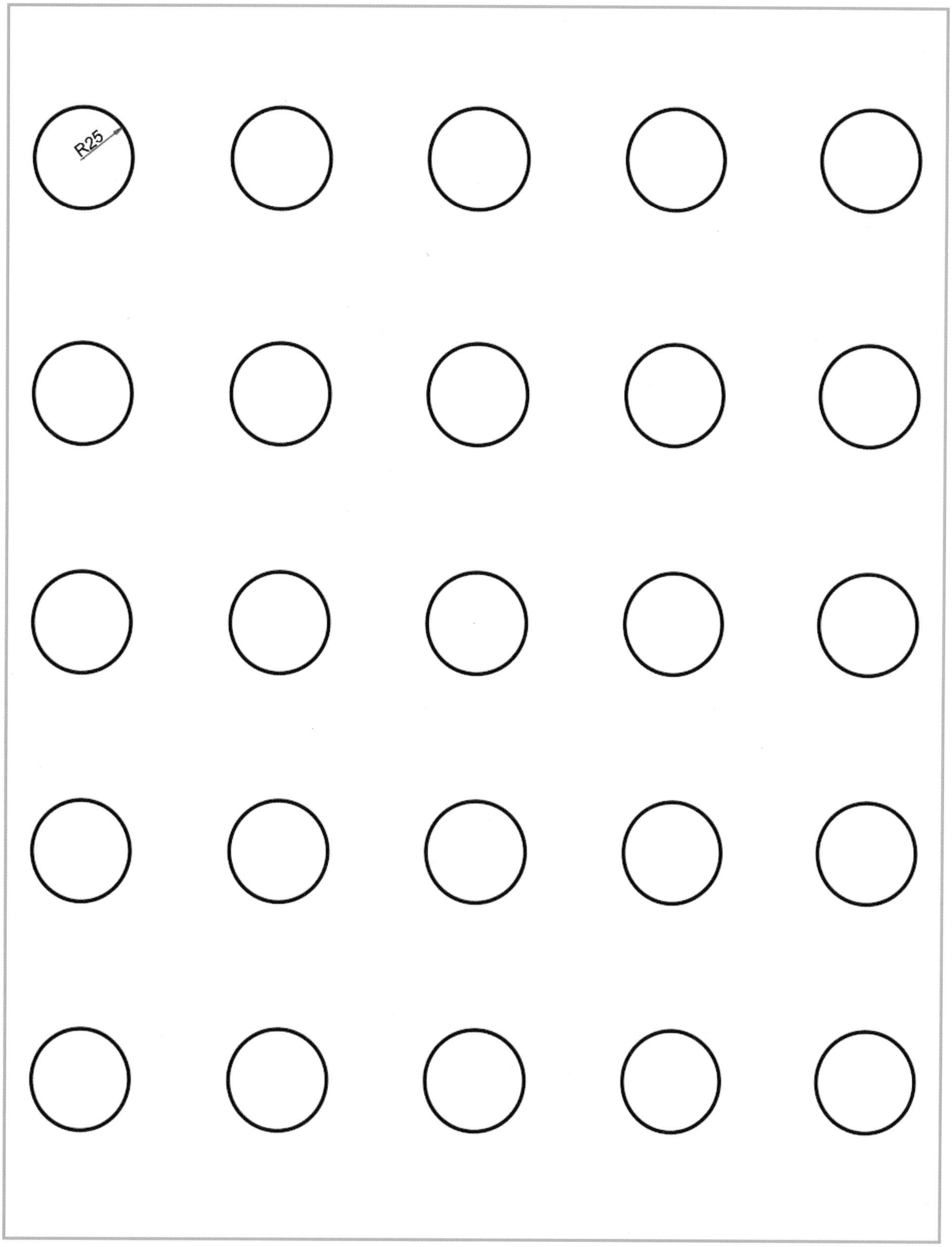

R25

연습하기 ▶ 2. 반지름 값을 이용해서 원 그리기

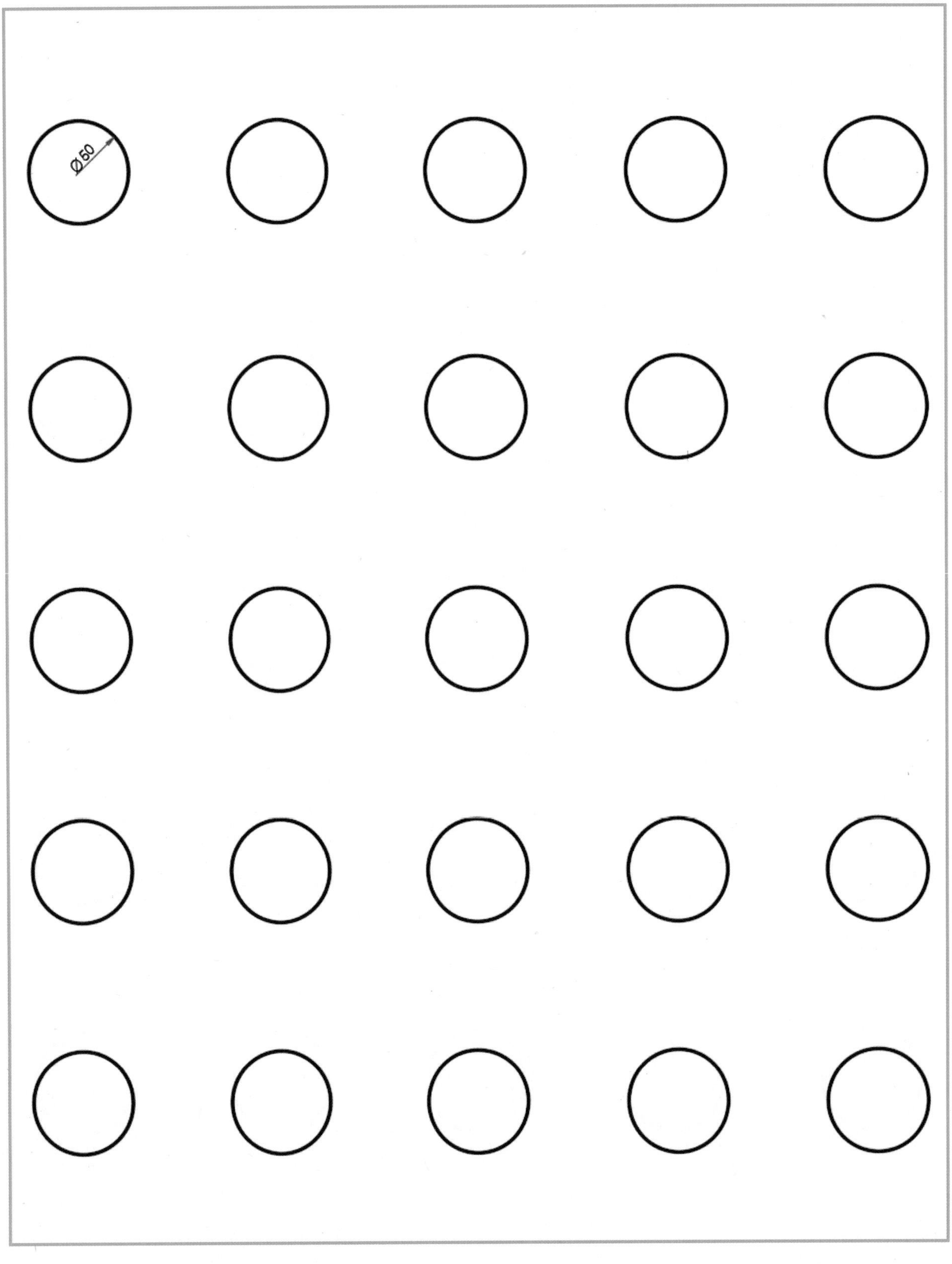

Ø50

연습하기 3. 3점을 이용한 원 그리기

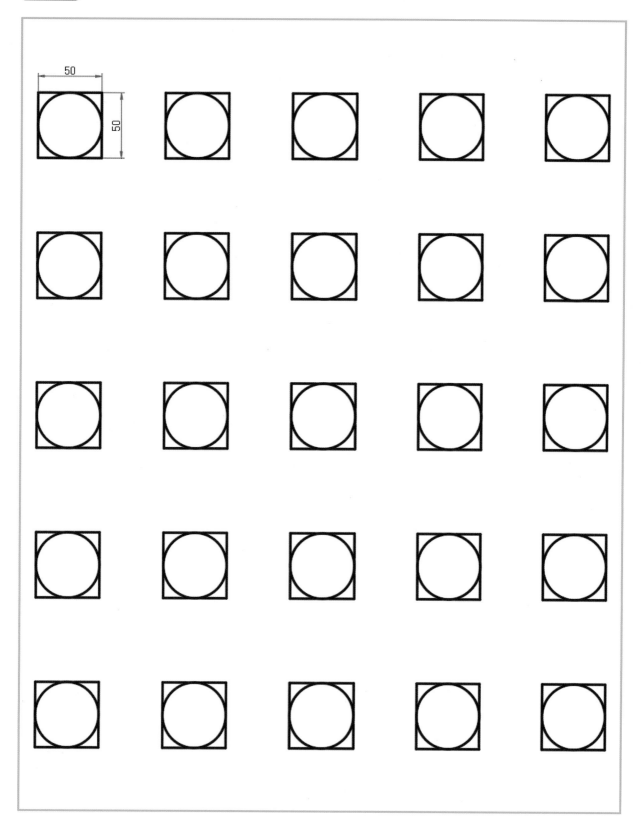

연습하기 4. 2점을 이용한 원 그리기

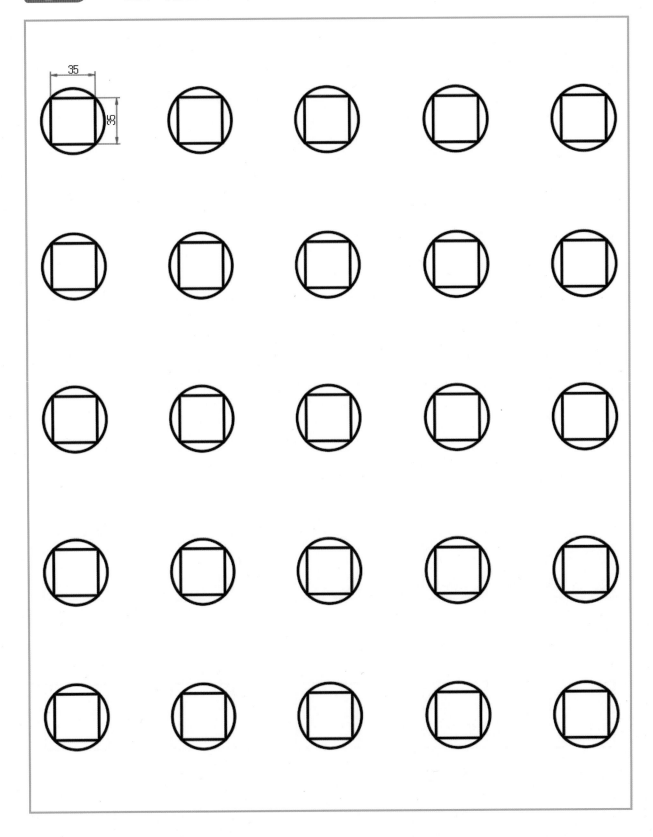

연습하기 5. 접선 접선 반지름을 이용한 원 그리기

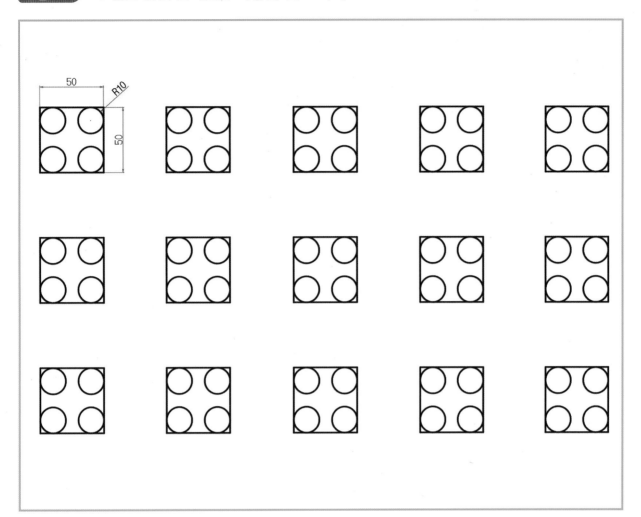

중요

- 명령어 입력 후 [Space bar] 키를 눌러야 명령어가 실행된다.
- 명령어를 실행하기 위해 [Enter] 키를 누르는 것은 작업 속도를 떨어트리는 이유 중 하나이다.
- 따라서 [Space bar] 키 누르는 습관을 기르자.

이 책에서는 따라하기를 간단히 설명하기 위해 가급적 [Space bar] 키 누르는 것은 생략하도록 하겠다.
명령어나 수치 입력 후 실행을 위해 [Space bar] 키를 누르자.

2-8 반지름 치수기입하기(Dim Radius 단축키: DRA)

치수 환경은 **1-12** **치수 스타일 관리자** 를 참고하기 바란다.

따라하기 원을 생성해서 반지름 값을 적용하자.

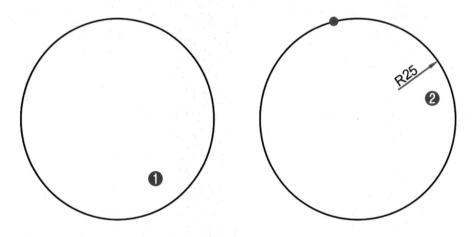

❶ 반지름 25인 원을 그린다.

⬤ DRA(반지름 치수기입)를 입력한다.

⬤ 원을 선택한다.

❷ 그림과 같이 치수를 배치한다.

연습하기 아래와 같이 반지름 25인 원을 그리고, 반지름 값을 적용해 보자.

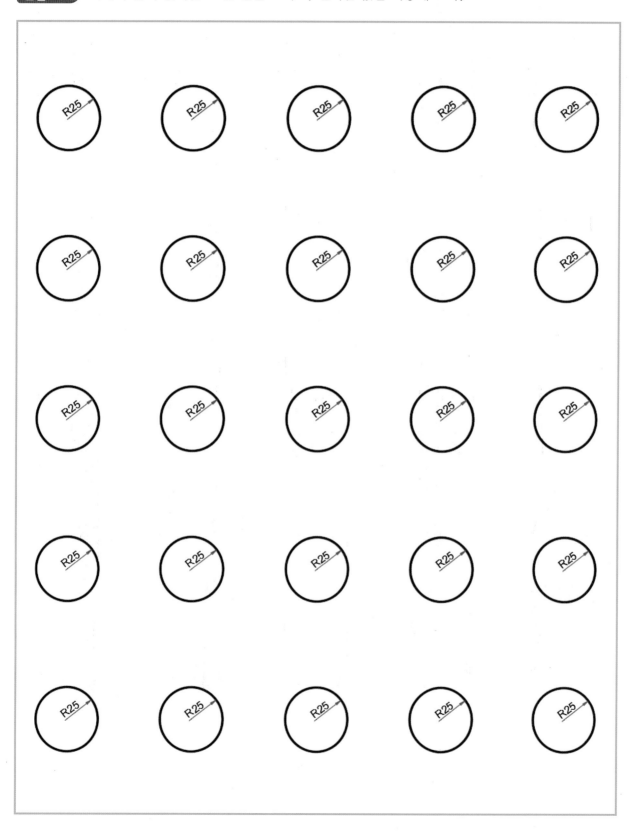

2-9 지름 치수기입하기(Dim Diameter 단축키: DDI)

치수 환경은 뒤의 내용에서 참고하기 바라며, 지금은 치수 단축키를 연습하자.

따라하기 지름 50인 원을 그리고, 지름 값을 적용하자.

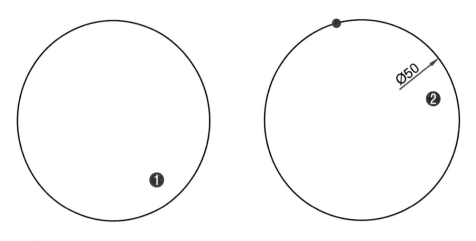

❶ 지름 50인 원을 그린다.

⬤ DDI(지름 치수기입)를 입력한다.

⬤ 원을 선택한다.

❷ 그림과 같이 치수를 배치한다.

연습하기 아래와 같이 지름 50인 원을 그리고, 지름 값을 적용해 보자.

2주 차

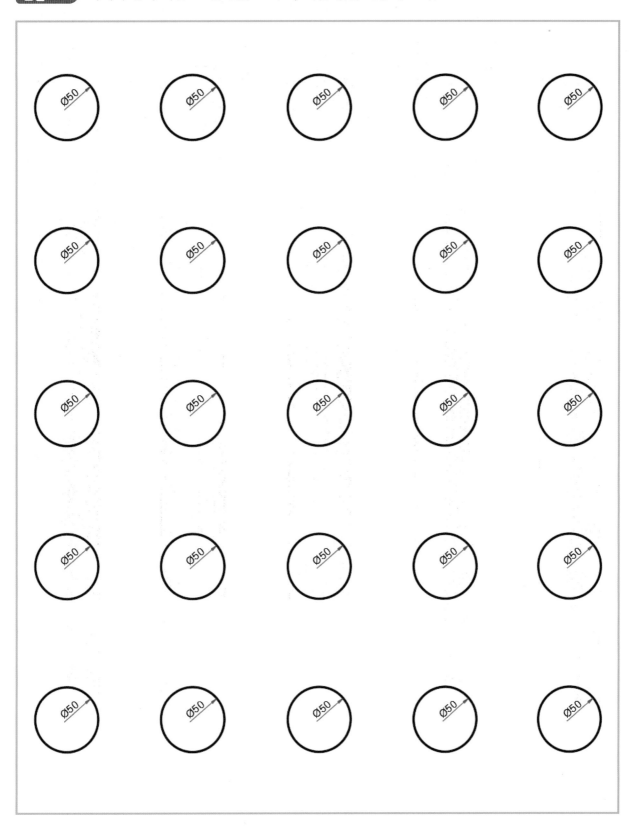

2-10 확대/축소(ZOOM 단축키: Z)

이 기능을 이용해서 화면을 확대/축소할 수 있다.

A(전체) : LIMITS의 범위를 포함 전체 표시
E(범위) : 그려진 객체 전체 표시
O(객체) : 선택된 객체 기준 표시

참고
• **마우스 휠**을 이용해서 **확대/축소**가 **가능**하다.
• 작업의 효율을 높이기 위해 아래 기능을 익히자.

따라하기 **1. 영역 확대**

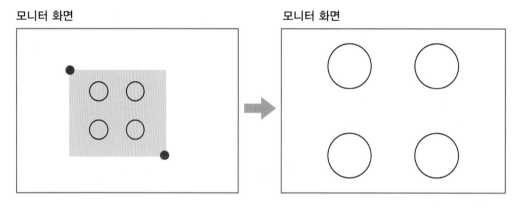

모니터 화면 　　　　　　　　　 모니터 화면

Z>영역 선택

● C(원)를 입력한다.
● 그림과 같이 원 4개를 그린다.
● Z(줌)를 입력한다.
● 그림과 같이 영역을 선택한다.
● 그림과 같이 영역이 확대된 것을 확인할 수 있다.

따라하기 2. 전체 확대

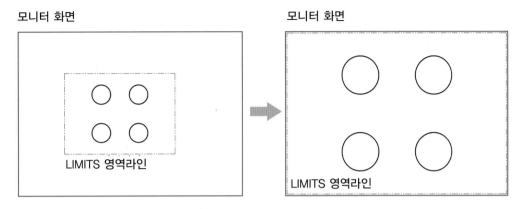

Z>A(전체) 적용

● C(원)를 입력한다.　　　　　　● A(전체)를 입력한다.

● 그림과 같이 원 4개를 그린다.　● 확대된 것을 확인할 수 있다.

● Z(줌)를 입력한다.

참고　위의 그림은 LIMITS 영역이 설정되었을 때 모습이다.

따라하기 3. 범위 확대

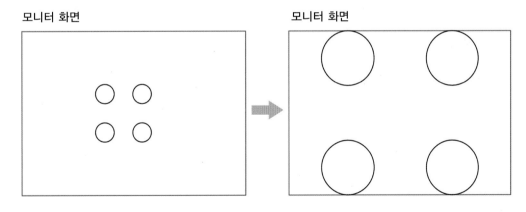

Z>E(범위) 적용

● C(원)를 입력한다.　　　　　　● E(범위)를 입력한다.

● 그림과 같이 원 4개를 그린다.　● 그림과 같이 확대된 것을 확인할 수 있다.

● Z(줌)를 입력한다.

따라하기 4. 객체 선택 확대

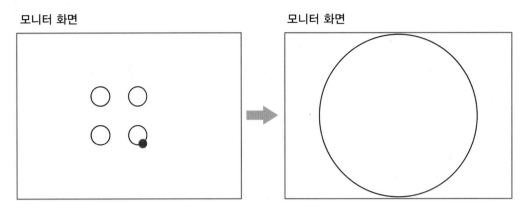

모니터 화면　　　　　　　　　　　　　모니터 화면

Z>0(객체) 선택

- C(원)를 입력한다.
- 그림과 같이 원 4개를 그린다.
- Z(줌)를 입력한다.
- O(객체)를 입력한다.
- 그림과 같이 확대된 것을 확인할 수 있다.

연습하기 1. 영역 및 전체 확대하기

위와 같이 원 4개를 그려놓고 10번씩 연습해 보자.

① Z(줌)>영역 선택>Z(줌)>A(전체)　　② Z(줌)>영역 선택>Z(줌)>A(전체)
③ Z(줌)>영역 선택>Z(줌)>A(전체)　　④ Z(줌)>영역 선택>Z(줌)>A(전체)
⑤ Z(줌)>영역 선택>Z(줌)>A(전체)　　⑥ Z(줌)>영역 선택>Z(줌)>A(전체)
⑦ Z(줌)>영역 선택>Z(줌)>A(전체)　　⑧ Z(줌)>영역 선택>Z(줌)>A(전체)
⑨ Z(줌)>영역 선택>Z(줌)>A(전체)　　⑩ Z(줌)>영역 선택>Z(줌)>A(전체)

연습하기 2. 범위 및 객체 선택 확대하기

위와 같이 원 4개를 그려놓고 10번씩 연습해 보자.

① Z(줌)>E(영역)>Z(줌)>O(객체)>원 선택　　② Z(줌)>E(영역)>Z(줌)>O(객체)>원 선택
③ Z(줌)>E(영역)>Z(줌)>O(객체)>원 선택　　④ Z(줌)>E(영역)>Z(줌)>O(객체)>원 선택
⑤ Z(줌)>E(영역)>Z(줌)>O(객체)>원 선택　　⑥ Z(줌)>E(영역)>Z(줌)>O(객체)>원 선택
⑦ Z(줌)>E(영역)>Z(줌)>O(객체)>원 선택　　⑧ Z(줌)>E(영역)>Z(줌)>O(객체)>원 선택
⑨ Z(줌)>E(영역)>Z(줌)>O(객체)>원 선택　　⑩ Z(줌)>E(영역)>Z(줌)>O(객체)>원 선택

2-11 계산기(Ctrl + 8)

Ctrl + 8 키를 이용하여 **계산기**를 ON/OFF할 수 있다.

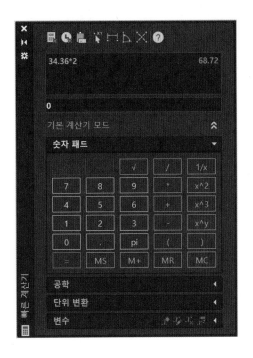

연습하기 계산기 ON/OFF 연습을 10번씩 연습해 보자.

① Ctrl + 8 키(계산기 ON) > Ctrl + 8 키(계산기 OFF)
② Ctrl + 8 키(계산기 ON) > Ctrl + 8 키(계산기 OFF)
③ Ctrl + 8 키(계산기 ON) > Ctrl + 8 키(계산기 OFF)
④ Ctrl + 8 키(계산기 ON) > Ctrl + 8 키(계산기 OFF)
⑤ Ctrl + 8 키(계산기 ON) > Ctrl + 8 키(계산기 OFF)
⑥ Ctrl + 8 키(계산기 ON) > Ctrl + 8 키(계산기 OFF)
⑦ Ctrl + 8 키(계산기 ON) > Ctrl + 8 키(계산기 OFF)
⑧ Ctrl + 8 키(계산기 ON) > Ctrl + 8 키(계산기 OFF)
⑨ Ctrl + 8 키(계산기 ON) > Ctrl + 8 키(계산기 OFF)
⑩ Ctrl + 8 키(계산기 ON) > Ctrl + 8 키(계산기 OFF)

2-12 도면 출력(PLOT, 단축키: Ctrl + P)

Ctrl + P 를 이용해서 도면을 프린터(플로터)와 PDF 형식으로 출력할 수 있다.

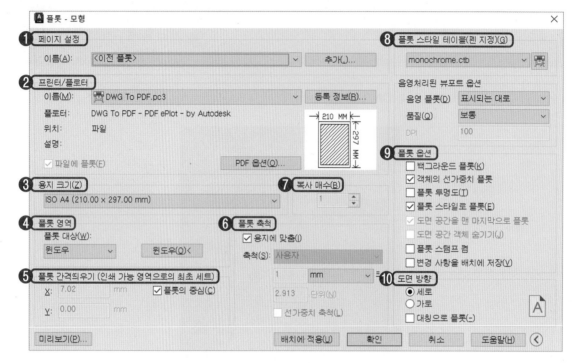

❶ 페이지 설정
 • 저장된 설정이나 이전 설정 사용
 • 〈이전 플롯〉 **이전 설정값으로 다시 출력 시 사용**

❷ 프린터/플로터
 • 사용할 프린터나 PDF 지정

❸ 용지 크기
 • 용지 크기 설정

❹ 플롯 영역(출력될 영역 지정)
 • 범위: 출력할 범위 지정
 • 윈도우: 출력할 곳을 윈도우 지정 출력
 • 한계: 한계 영역 전체를 출력
 • 화면표시: 작업 화면에 나와 있는 부분 출력

❺ 플롯 간격띄우기
 • 플롯의 중심: 체크 시 용지 중앙에 위치

❻ 플롯 축척(출력할 축척 설정)
 • 용지에 맞춤: 체크 시 용지 크기에 맞게 출력

❼ 복사 매수
 • 출력 매수 설정

❽ 플롯 스타일 테이블
 • 출력할 스타일을 선택할 수 있다.
 • **monochrome.ctb 권장**

❾ 플롯 옵션
 • 객체의 선가중치 플롯: 체크하면 객체와 도면층
   에 지정된 선가중치 적용됨
 • 플롯 스타일로 플롯: 체크하면 객체 및 도면층
   에 적용된 플롯 스타일 적용됨

❿ 도면 방향
 • 세로: 세로 방향 출력
 • 가로: 가로 방향 출력
 • 대칭으로 플롯: 대칭으로 출력

따라하기 1. 도면 출력 → 단일 시트 플롯 사용

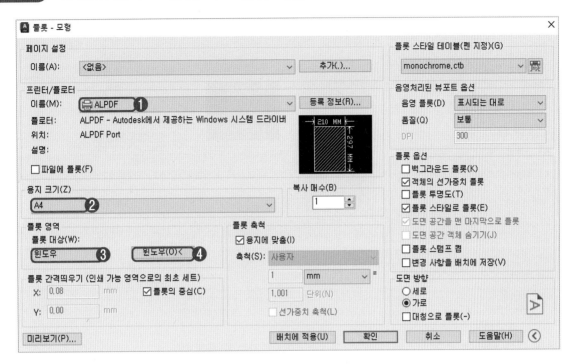

● PLOT(도면 출력)를 입력한다.

● 배치 플롯 창이 나타나면 단일 시트 플롯 계속을 선택한다.

❶ ALPDF를 선택한다.(다른 PDF 선택 무관)   ❸ 윈도우를 선택한다.

❷ A4를 선택한다.   ❹ 윈도우를 선택한다.

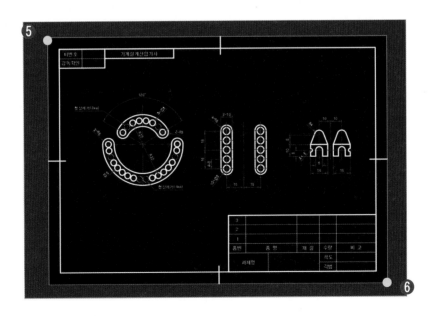

❺ ❻ 출력할 영역을 선택한다.(다른 형상 무관)

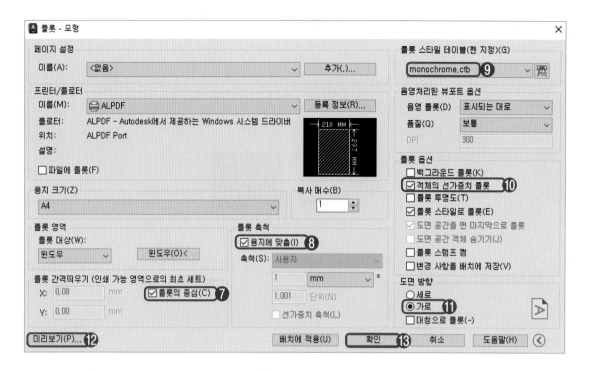

❼ 플롯의 중심 체크한다.

❽ 용지에 맞춤 체크한다.

❾ monochrome.ctb(흑색)를 선택한다.

❿ 객체의 선가중치 플롯을 체크한다.

⓫ 가로를 체크한다.

⓬ 미리보기를 선택한다.

⓭ 이상이 없으면 확인을 클릭한다.

[도면 출력 결과 모습]

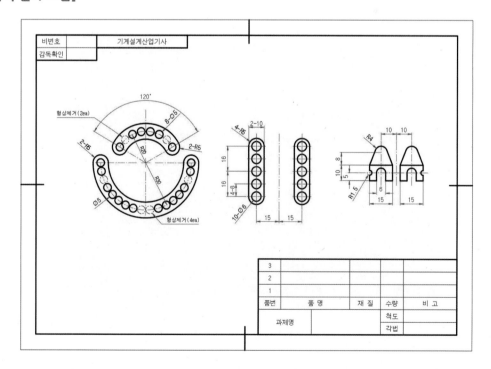

따라하기 2. 도면 출력 → 출력 후 다시 출력할 때 이전 설정값 사용

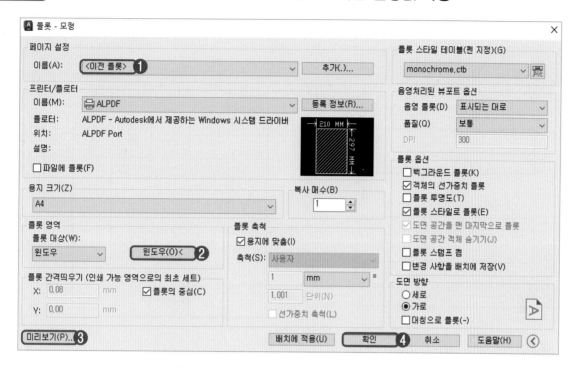

● PLOT(도면 출력)를 입력한다.

● 배치 플롯 창이 나타나면 단일 시트 플롯 계속을 선택한다.

❶ 이전 플롯을 선택한다.

● 이전 설정값이 적용된 것을 확인할 수 있다.

❷ 윈도우를 클릭한다.

● 출력 영역을 선택한다.

❸ 미리보기를 클릭한다.

❹ 이상이 없으면 확인을 클릭한다.

연습하기 1. 도면 출력 → 단일 시트 플롯 사용

위와 같이 도면 출력을 **4번 연습**해 보자.

① PLOT > **설정**(**따라하기** 1 참조) > 확인

② PLOT > **설정**(**따라하기** 1 참조) > 확인

③ PLOT > **설정**(**따라하기** 1 참조) > 확인

④ PLOT > **설정**(**따라하기** 1 참조) > 확인

연습하기 2. 도면 출력 → 출력 후 다시 출력할 때 이전 설정값 사용

위와 같이 도면 출력을 **4번 연습**해 보자.

① PLOT > **이전 플롯** > 윈도우 > 미리보기 > 확인

② PLOT > **이전 플롯** > 윈도우 > 미리보기 > 확인

③ PLOT > **이전 플롯** > 윈도우 > 미리보기 > 확인

④ PLOT > **이전 플롯** > 윈도우 > 미리보기 > 확인

[2주 차 복습 예제]

아래와 같이 그리고 치수를 적용해 보자.

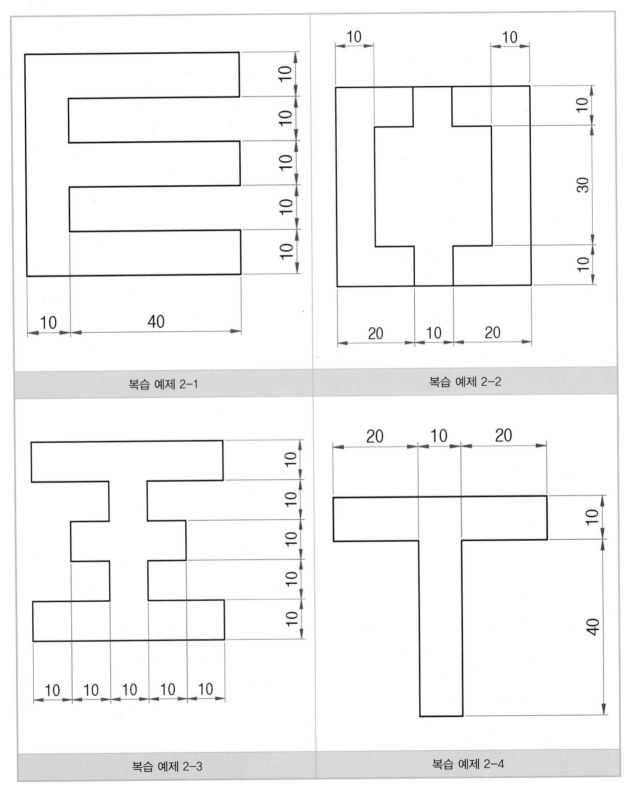

복습 예제 2-1	복습 예제 2-2
복습 예제 2-3	복습 예제 2-4

2주차

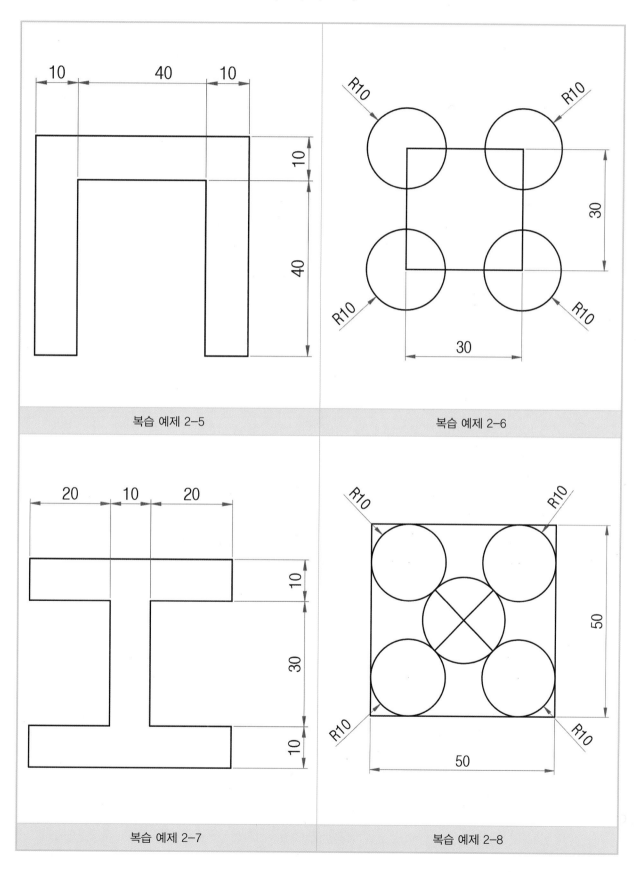

복습 예제 2-5

복습 예제 2-6

복습 예제 2-7

복습 예제 2-8

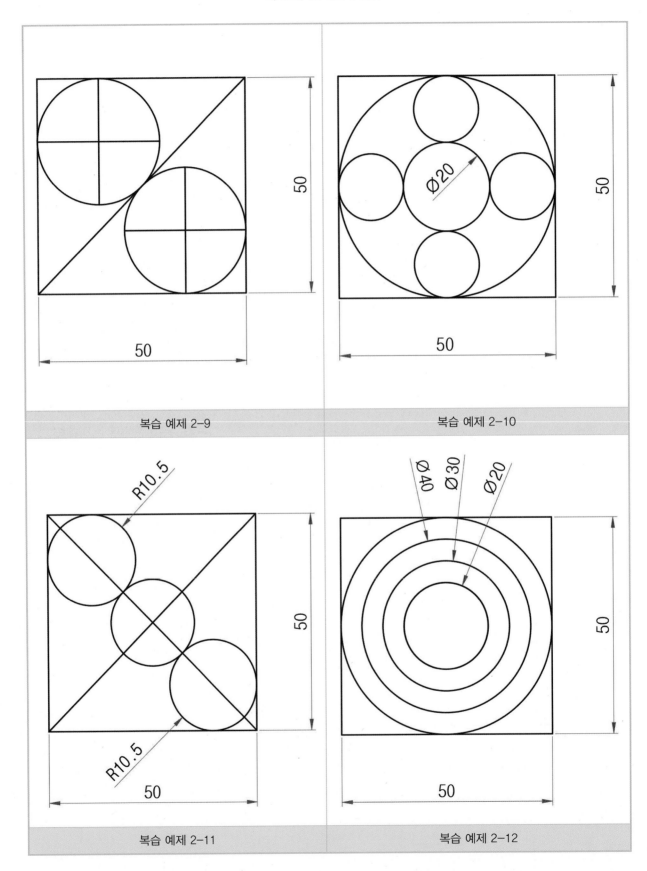

복습 예제 2-9

복습 예제 2-10

복습 예제 2-11

복습 예제 2-12

※ 상대좌표와 극좌표를 이용해서 아래와 같이 그려보자.(치수기입 제외)

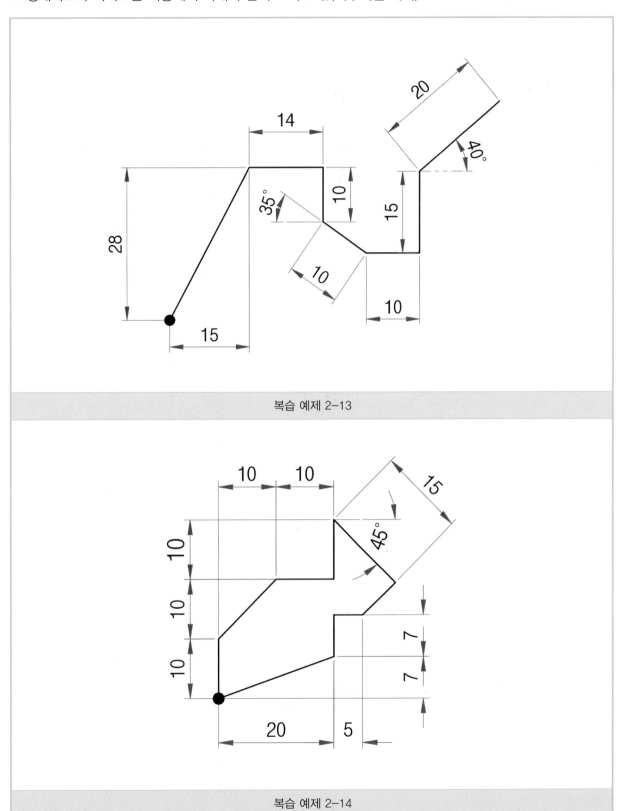

복습 예제 2-13

복습 예제 2-14

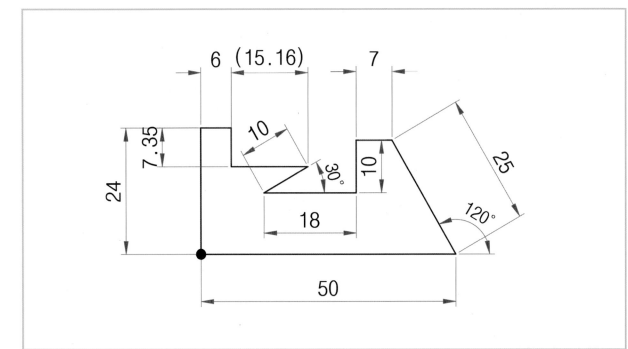

복습 예제 2-15

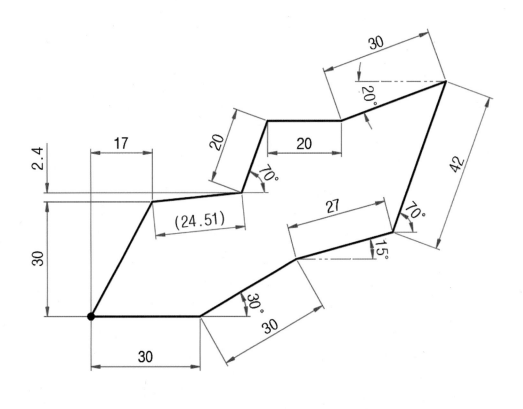

복습 예제 2-16

교육영상

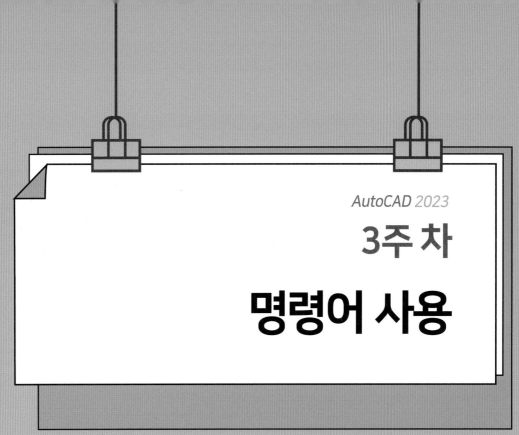

AutoCAD 2023

3주 차

명령어 사용

3-1 직사각형 그리기(Rectangle 단축키: REC)

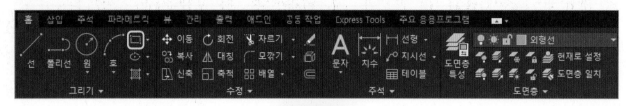

직사각형을 작성해 보자.

따라하기 **1. 2점 이용**

● REC(직사각형)를 입력한다.

❶ 1번째 임의의 점을 선택한다.

❷ 2번째 임의의 점을 선택한다.

따라하기 **2. 값 적용**

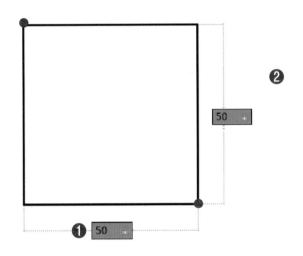

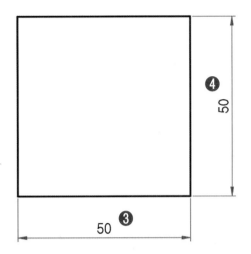

● REC(직사각형 그리기)를 입력한다.

● 1번째 임의의 점을 선택한다.

● F12(동적 입력 켜기)가 되어 있는지 확인한다.

❶ 50을 입력한다.

● 키보드에서 Tab 키를 누른다.

❷ 50을 입력한다.

● Tab 키를 누른다.

● 2번째 임의의 점을 선택한다.

[치수 확인]

● DLI(선형치수 기입)를 입력한다.

● Space bar 키를 두 번 누른다.

❸ 선 중간을 선택한 후 위 그림처럼 치수를 배치한다.

● Space bar 키를 두 번 누른다.(반복 실행)

❹ 선 중간을 선택한 후 위 그림처럼 치수를 배치한다.

참고 1. 작업이 끝난 후 Space bar 키를 누르면 기존 명령어가 **반복 실행**된다.
2. F12 (동적 입력 켜기)가 되어 있어야 Tab 키를 **이용**해서 **치수기입**할 수 있다.

따라하기 ▶ **3. F11 객체 스냅 추척 켜기 사용**

객체 스냅 추척을 이용해서 사각형 중심을 선택할 수 있다.

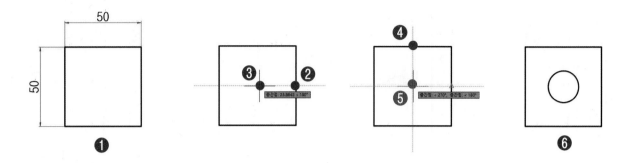

❶ 그림과 같이 그린다.

● C(원)를 입력한다.

● F11(객체 스냅 추척 켜기)이 되어 있는지 확인한다.

❷ 그림과 같이 마우스를 위치한다.

❸ 그림과 같이 마우스를 위치한다.

● 그림과 같이 초록색 선이 생기는 것을 확인할 수 있다.

❹ 그림과 같이 마우스를 위치한다.

❺ 그림 위치에서 클릭한다.

● 10을 입력한다.

❻ 사각형 중간에 원이 생성된 것을 확인할 수 있다.

연습하기 1. **따라하기** 1번처럼 REC 단축키를 이용해서 아래 그림과 같이 그려보자.

　　　　　2. 기능 습득을 위해 명령어를 하나 하나 입력하면서 그려보자.

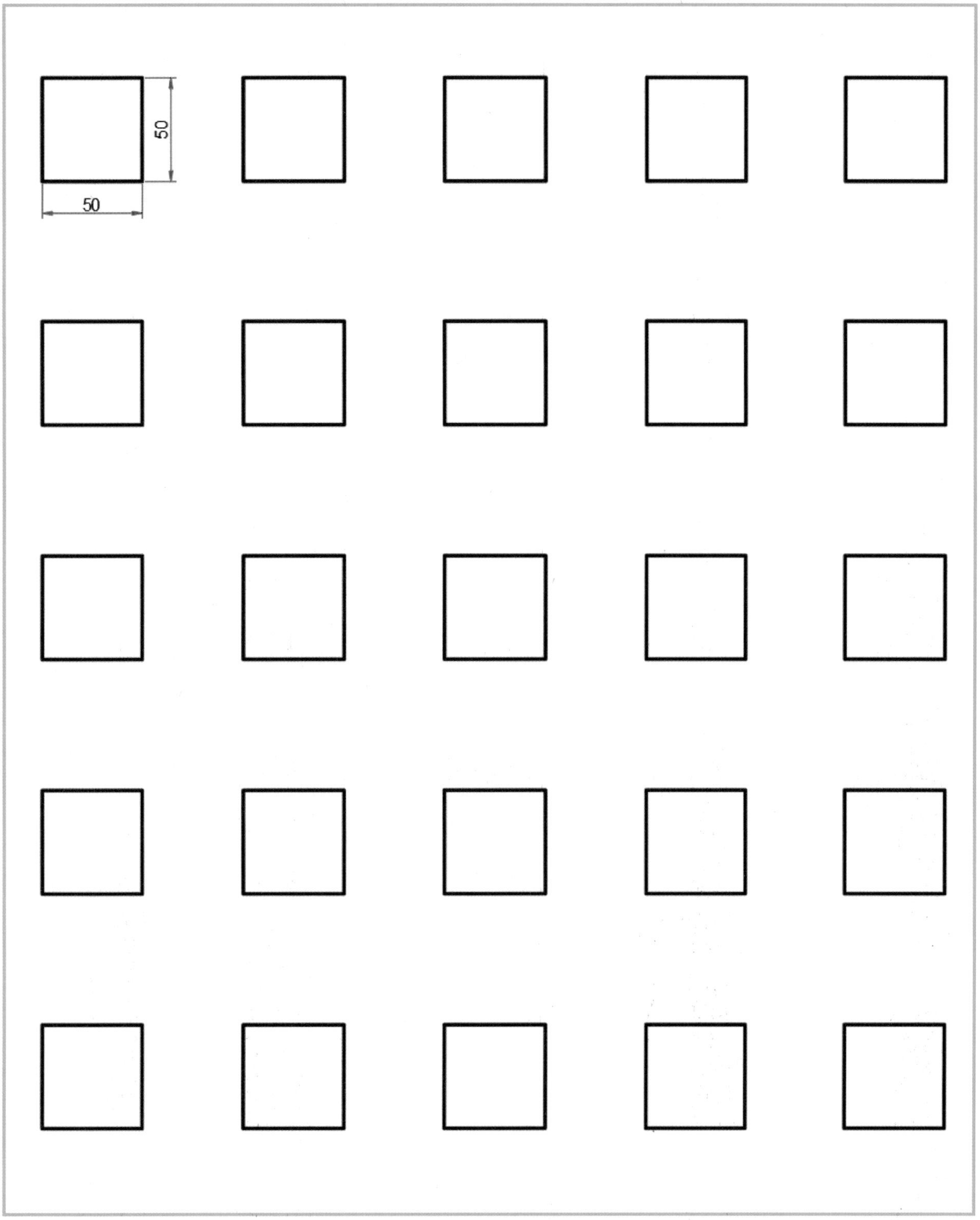

연습하기 3. F11 객체 스냅 추척 켜기 사용

객체 스냅 추적을 이용해서 사각형 중심에 원을 생성해 보자.

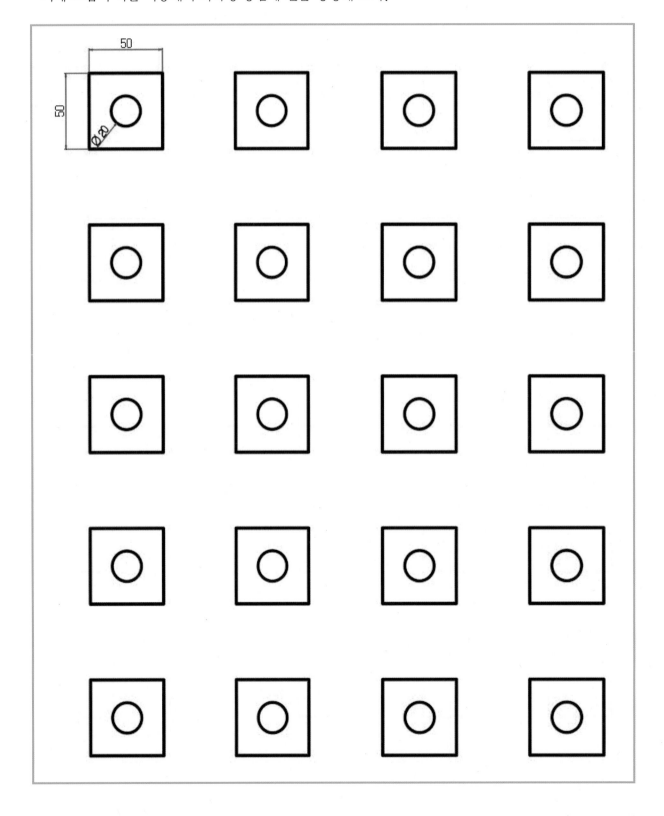

3-2 복사하기(COPY 단축키: CO/CP)

원을 그려서 복사를 해보자.

따라하기

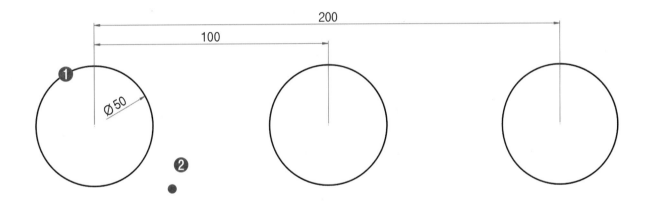

● C(원)를 입력한다.

● 임의의 점을 선택한다.

● D(지름)를 입력한다.

● 50을 입력한다.

● CO(복사)를 입력한다.

❶ 원을 선택한다.

❷ 임의의 위치를 선택한다.

● 마우스를 오른쪽 방향으로 이동한다.

● 수평이 되지 않으면 F8 키 이용해서 수평이 되게 만든다.

● 100을 입력하고 Space bar 키를 누른다.

● 200을 입력하고 Space bar 키를 누른다.

● 위와 같은 방법으로 300, 400을 입력하고 Space bar 키를 누른다.

연습하기 1. **따라하기** 를 이용해서 아래 그림처럼 반복적으로 연습해 보자.

2. 기능 습득을 위해 명령어를 하나씩 입력하면서 진행해 보자.

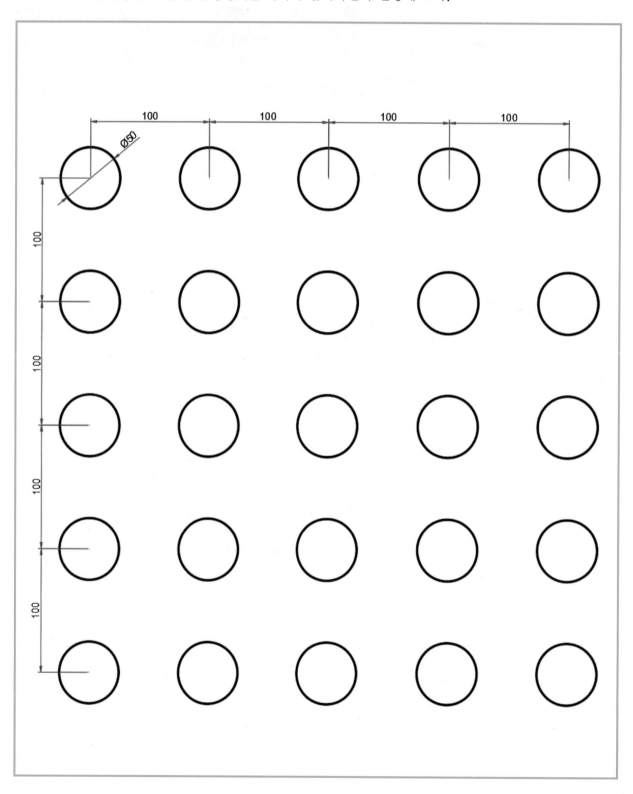

3-3 도면층 활성화(Ctrl + 1)

Ctrl + 1 키를 이용해서 아래 그림과 같이 도면층을 활성화하고 스케치하면 도면층이 적용된 상태로 그려진다. (단, 객체를 선택하지 않은 상태에서 도면층을 변경해야 한다.)

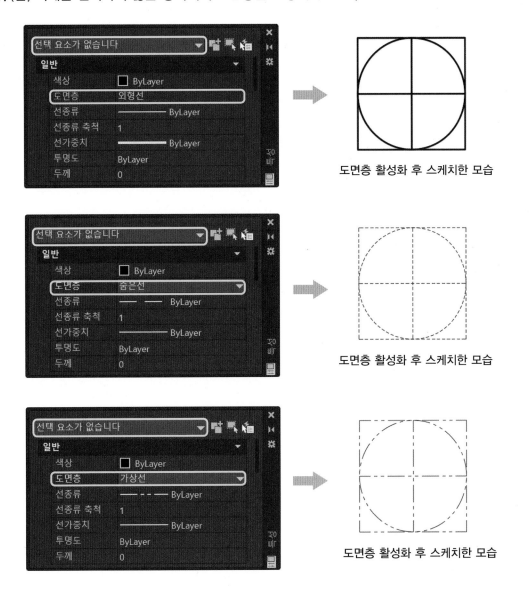

도면층 활성화 후 스케치한 모습

도면층 활성화 후 스케치한 모습

도면층 활성화 후 스케치한 모습

따라하기 1.

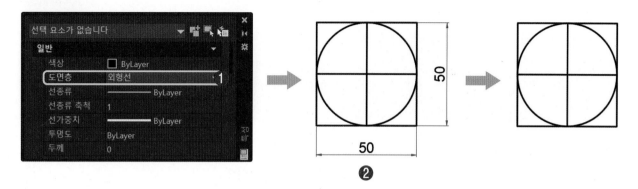

● Ctrl + 1 키를 누른다.(특성창이 나타난다.)

❶ 도면층을 외형선으로 변경한다.

❷ 그림과 같이 치수를 보고 그린다.

● Ctrl + 1 키를 누른다.(특성창이 사라진다.)

● 외형선으로 그려진 것을 확인할 수 있다.

따라하기 2.

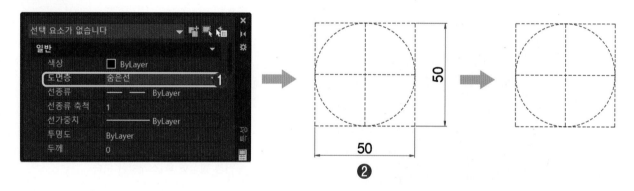

● Ctrl + 1 키를 누른다.(특성창이 나타난다.)

❶ 도면층을 숨은선으로 변경한다.

❷ 그림과 같이 치수를 보고 그린다.

● Ctrl + 1 키를 누른다.(특성창이 사라진다.)

● 숨은선으로 그려진 것을 확인할 수 있다.

참고 전체 화면(Ctrl + 0) 사용 시 아래 그림과 같이
신속 접근 도구막대에 **도면층 활성화**를 **추가**하여 사용하면 편리하다.

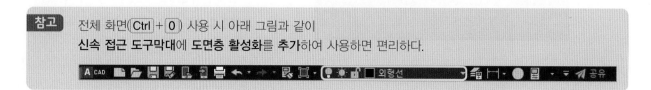

따라하기 3.

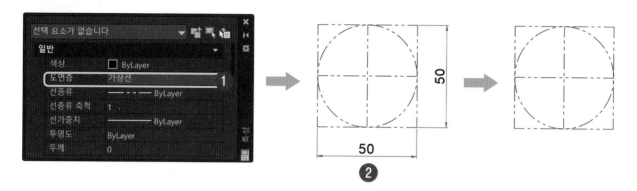

● [Ctrl]+[1]를 누른다. (특성창이 나타난다.)
❶ 도면층을 가상선으로 변경한다.
❷ 그림과 같이 치수를 보고 그린다.
● [Ctrl]+[1] 키를 누른다. (특성창이 사라진다.)
● 가상선으로 그려진 것을 확인할 수 있다.

연습하기 [Ctrl]+[1]을 이용해서 도면층을 변경하면서 아래와 같이 그려보자.

3-4 센터마크와 센터라인(CENTERMARK: CM / CENTERLINE: CL)

이 기능을 이용해서 아래와 같이 **중심선을 쉽게 만들 수 있다.**

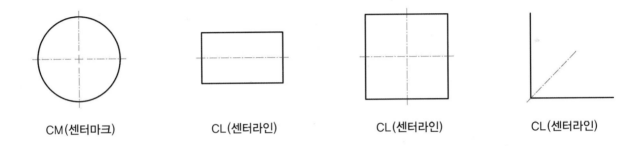

| CM(센터마크) | CL(센터라인) | CL(센터라인) | CL(센터라인) |

따라하기 1. 센터마크 생성하기 → CM

❶ 그림과 같이 그린다.

⬤ CM(센터마크)를 입력한다.

❷ 원을 선택한다.

❸ 센터마크가 생성된 것을 확인할 수 있다.

따라하기 2. 센터라인 생성하기 → CL

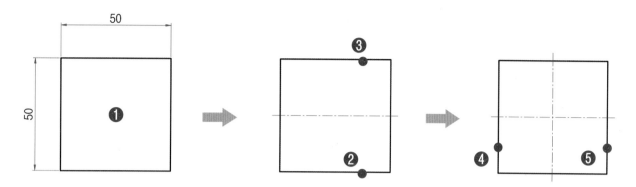

❶ 그림과 같이 그린다.

⬤ CL(센터라인)를 입력한다.

❷ 선을 선택한다.

❸ 선을 선택한다.

⬤ Space bar 키를 누른다.

❹ 선을 선택한다.

❺ 선을 선택한다.

⬤ 센터라인이 생성된 것을 확인할 수 있다.

연습하기 ▶ **1.** 아래 그림과 같이 그리고, 100mm 간격으로 복사해서 **센터마크(CM)**를 이용해 중심선을 그려보자.

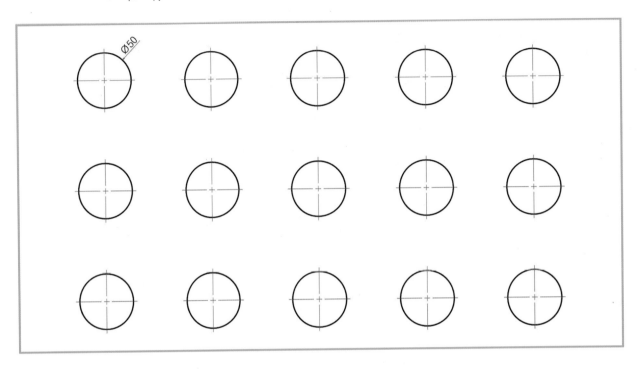

연습하기 ▶ **2.** 아래 그림과 같이 그리고, 100mm 간격으로 복사해서 **센터라인(CL)**을 이용해 중심선을 그려보자.

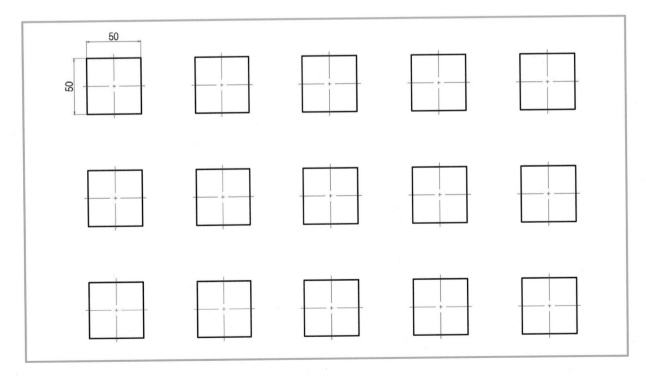

3-5 선 축척 비율 조절(LTSCALE 단축키: LTS)

LTS 단축키를 이용해서 선의 축척 비용을 변경할 수 있다.

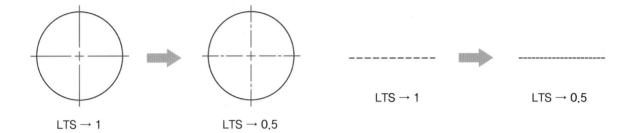

따라하기 1.

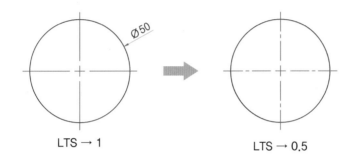

- 그림과 같이 원을 그린다.
- CM(센터마크)을 이용해서 중심선을 그린다.

- LTS(선 축척 비율 조정)를 입력한다.
- 0.5를 입력한다.

따라하기 2.

- 그림과 같이 선을 그린다.
- 레이어를 이용해서 숨은선으로 변경한다.

- LTS(선 축척 비율 조정)를 입력한다.
- 1 또는 0.5을 입력한다.

> **참고** 도면을 출력할 때 숨은선이나 중심선의 구분이 안될 경우 사용하면 좋다.
> **LTS** 단축키를 여러 번 연습해서 자신의 것으로 만들자.

3-6 클립보드 복사(Ctrl+C)

객체를 클립보드로 복사해서 같은 창과 다른 창에서 사용할 수 있다.

3-7 기준점을 이용한 클립보드 복사(Ctrl+Shift+C)

객체 기준점을 이용해서 클립보드 복사 후 같은 창과 다른 창에서 정확한 위치에 복사해서 사용할 수 있다.→ 정확한 위치로 배치가 가능

3-8 클립보드 붙여넣기(Ctrl+V)

클립보드로 복사한 것을 붙여넣기 해서 사용할 수 있다.

3-9 선택 박스 크기 조정(PICKBOX 단축키: PI)

선택하는 박스 크기를 조절할 수 있다. (권장: 7)

따라하기

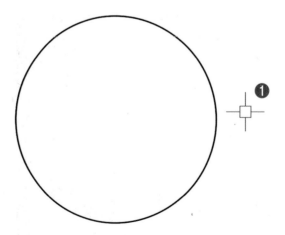

● PI(선택 박스 크기 조정)를 입력한다.
● 7을 입력한다.

[3주 차 복습 예제]

아래와 같이 그리고 치수를 적용해 보자.

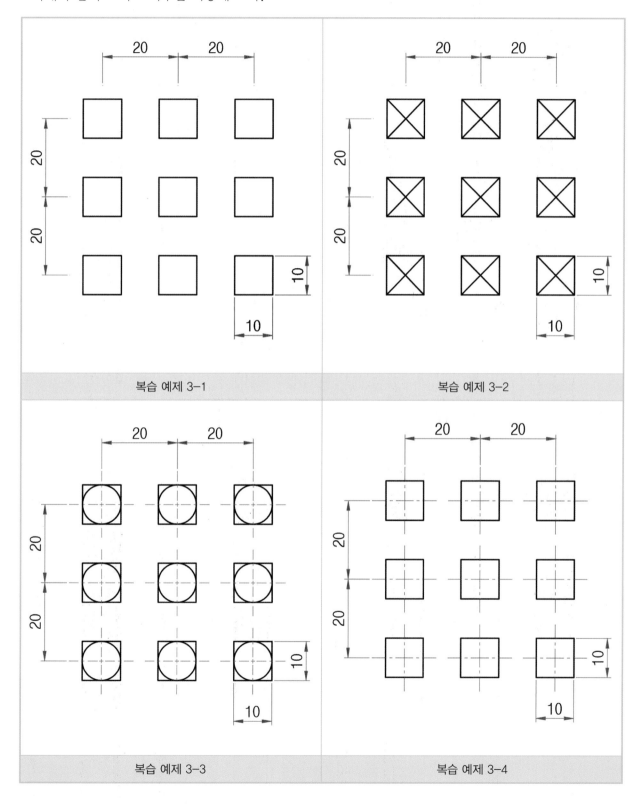

복습 예제 3-1

복습 예제 3-2

복습 예제 3-3

복습 예제 3-4

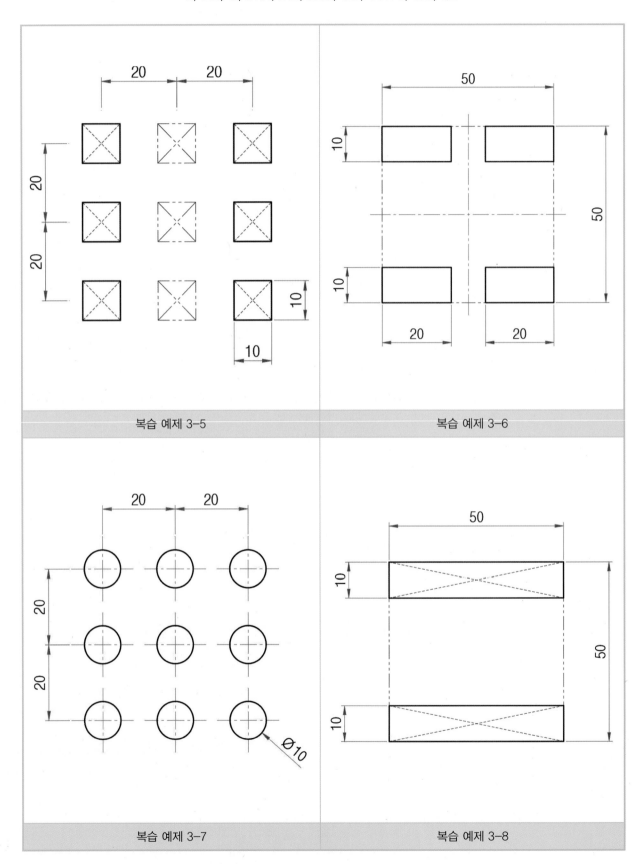

복습 예제 3-5

복습 예제 3-6

복습 예제 3-7

복습 예제 3-8

L / DLI / C / DRA / DDI / REC / CO / Ctrl+1 / CM / CL

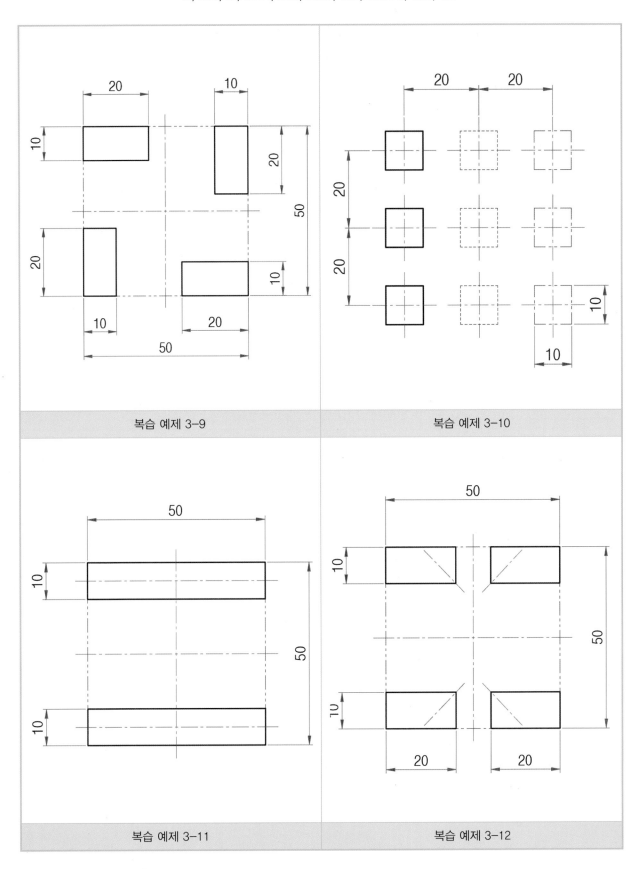

복습 예제 3-9

복습 예제 3-10

복습 예제 3-11

복습 예제 3-12

98

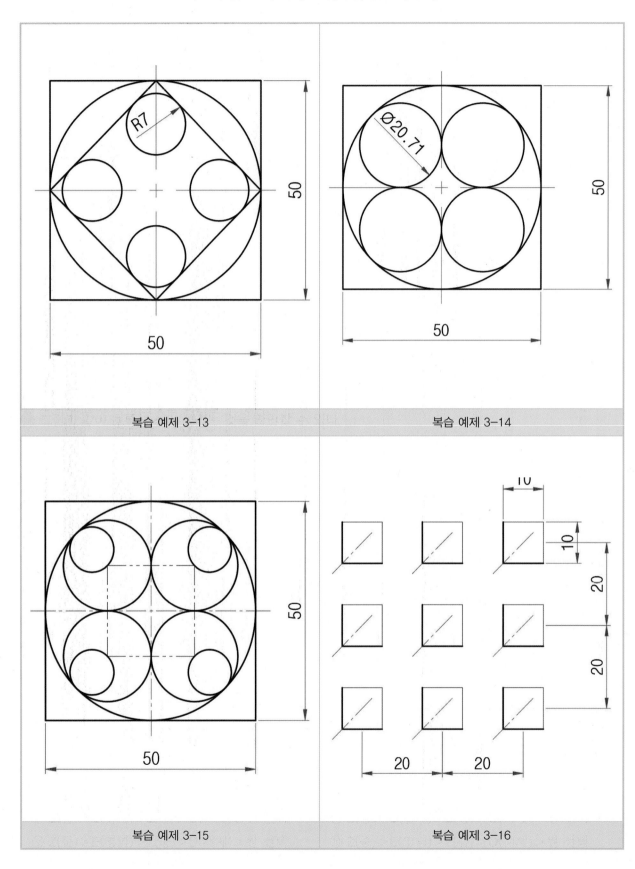

복습 예제 3-13

복습 예제 3-14

복습 예제 3-15

복습 예제 3-16

3주차

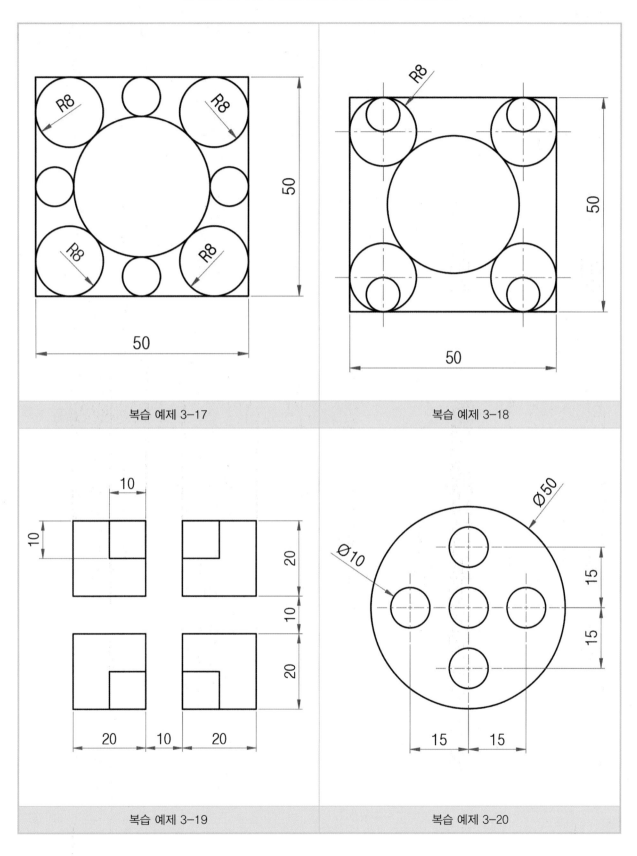

복습 예제 3-17

복습 예제 3-18

복습 예제 3-19

복습 예제 3-20

교육영상

AutoCAD 2023

4주 차

명령어 사용

4-1 이동(MOVE 단축키: M)

원을 그린 후 100mm 이동해 보자.

따라하기

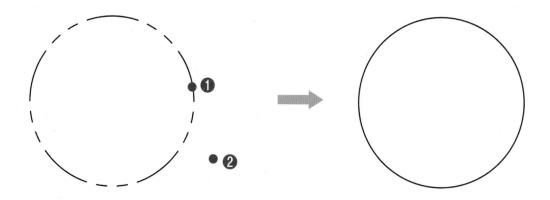

⬤ C(원)를 입력한다.

⬤ 임의의 위치를 선택한다.

⬤ D(지름)를 입력한다.

⬤ 50을 입력한다.

⬤ M(이동)을 입력한다.

❶ 원을 선택한다.

❷ 빈 공간을 선택한다.

⬤ 오른쪽 방향으로 향하고 100을 입력한다.

연습하기 임의의 위치에 원을 그리고, 이동 기능(M)을 이용해서 **100mm씩 이동**해 보자.

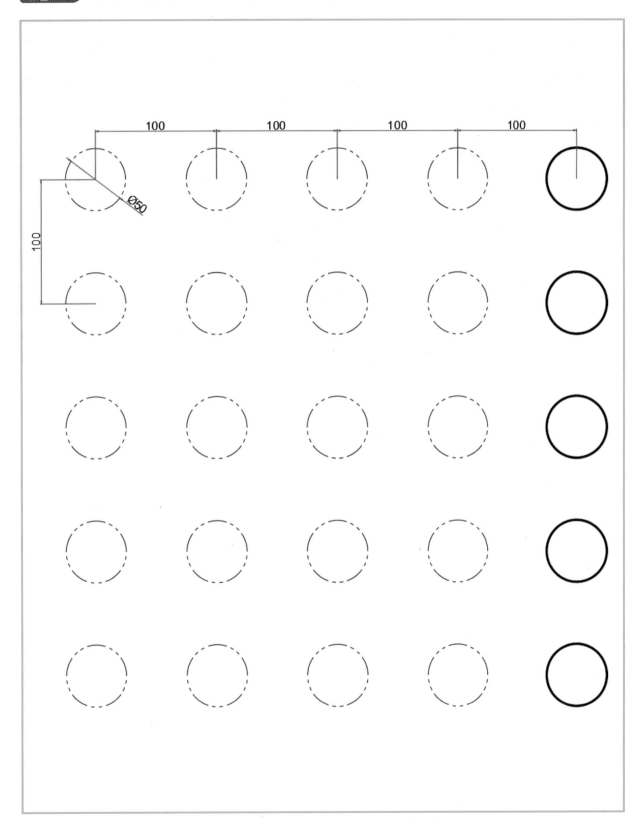

4-2 회전(Rotate 단축키: RO)

직사각형을 그려서 회전을 시켜보자.

따라하기

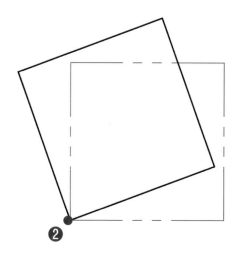

● REC(직사각형)를 입력한다.
● 임의의 위치를 선택한다.
● 50을 입력한다.
● 키보드에서 Tab 키를 누른다.
● 50을 입력한다.
● 키보드에서 Tab 키를 누른다.
● 임의의 위치를 선택한다.
● RO(회전)를 입력한다.
❶ 사각형을 선택한다.
❷ 기준점으로 끝점을 선택한다.
● 20을 입력한다.

참고 회전의 값으로 '+'를 적용할 경우에는 **반시계 방향**, '−'를 적용할 경우에는 **시계방향**으로 **회전**한다.

연습하기 그림과 같이 복사(C) 기능을 이용해서 정사각형을 100mm 간격으로 복사한 후(복사 기능 참고) **따라하기**를 참고해서 아래 그림처럼 회전시켜 보자.

4-3 경사면 치수기입(DIM ALIGNED 단축키: DAL)

회전된 정사각형을 이용해서 경사면 치수를 기입해 보자.

따라하기

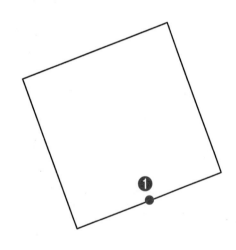

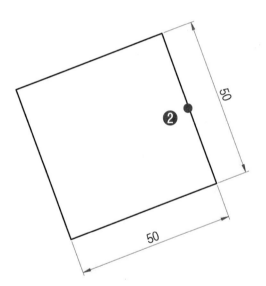

● 회전된 정사각형을 이용한다.

● DAL(경사 치수)를 입력한다.

● Space bar 키를 두 번 누른다.

❶ 선 중심을 선택한다.

● 그림과 같이 치수를 배치한다.

● DAL(경사 치수)를 입력한다.

● Space bar 키를 두 번 누른다.

❷ 선 중심을 선택한다.

● 그림과 같이 치수를 배치한다.

연습하기 회전된 직사각형을 이용해서 아래 그림처럼 경사면 치수(DAL)를 기입해 보자.

4-4 객체 선택

다양한 방법으로 객체를 선택할 수 있다.

따라하기 1. 하나씩 선택하는 방법

● C(원) → 임의 지점 선택 → D(지름) → 50을 이용해서 원을 그린다.

● CO(복사) 단축키를 이용해서 100 간격으로 복사한다.

❶ 두 개의 원을 그림과 같이 클릭한다.

● 원 두 개가 선택된 것을 확인할 수 있다.

따라하기 2. 박스 안에 걸리는 객체 모두 선택하는 방법, 오른쪽 → 왼쪽 선택

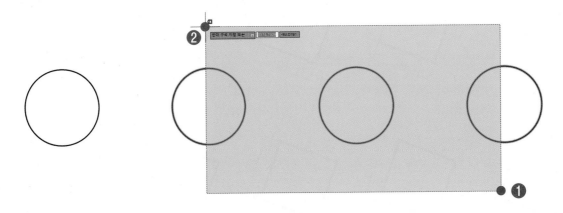

● C(원) → 임의 지점 선택 → D(지름) → 50을 이용해서 원을 그린다.

● CO(복사) 단축키를 이용해서 100 간격으로 복사한다.

❶ 1번 위치를 클릭 후 ❷ 2번 위치를 클릭한다.

● 다음 결과물 에서 3개의 원이 선택된 것을 볼 수 있다.

결과물

참고 명령어가 실행된 상태에서는 선택 사각박스가 나타나지 않는 경우가 있으므로 키보드에 Esc 키(취소)를 누르고 진행하면 사각 표시가 표시된다.

따라하기 3. 포함된 객체만 선택하는 방법, 왼쪽 → 오른쪽 선택

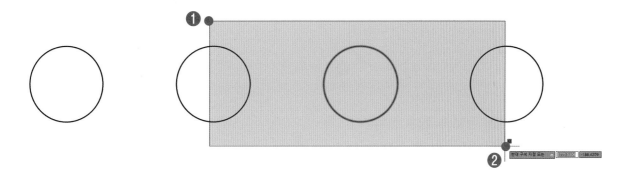

● C(원) → 임의 지점 선택 → D(지름) → 50을 이용해서 원을 그린다.
● CO(복사) 단축키를 이용해서 100 간격으로 복사한다.
❶번 위치 클릭 후 ❷번 위치를 클릭한다.
● 다음 결과물 에서 1개의 원이 선택된 것을 볼 수 있다.

결과물

참고 **오른쪽 → 왼쪽**으로 선택(초록색 점선 표시): 박스 안에 걸리는 모든 객체가 선택된다.
왼쪽 → 오른쪽으로 선택(파란색 실선 표시): 박스 안에 완전하게 포함된 객체만 선택된다.

따라하기 4. 객체 선택 후 취소하는 방법

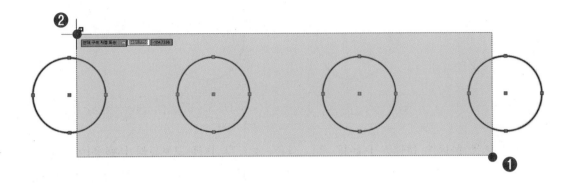

결과물

● 그림과 같이 ❶번을 선택 후 ❷를 선택한다.

● 원 4개 모두 선택된 것을 확인할 수 있다.

● 키보드에서 SHIFT를 누른 상태에서 ❸, ❹를 선택한다.

● 선택된 2개에 원이 취소된 것을 확인할 수 있다.

4-5 지우기(ERASE 단축키: E)

선과 원 등을 지울 수 있다.

따라하기

● 그림과 같이 원을 4개 그린다.
● E(지우기)를 입력한다.
● 그림과 같이 ❶ ❷ ❸을 순차적으로 선택한다.
● Space bar 키를 누른다.
● 원 3개가 삭제된 것을 확인할 수 있다.

결과물

연습하기 지름 50mm 원을 그리고, 100mm 간격으로 복사해서 **지우기(E)** 단축키를 이용해 아래와 같이 하나씩 지우는 연습을 해보자.

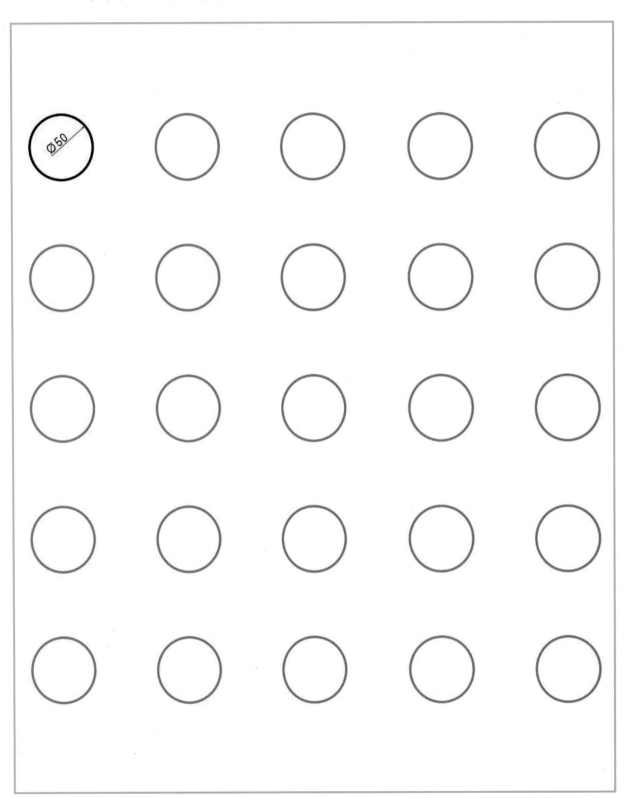

4-6 모깎기(FILLET 단축키: F)

모깎기 연습을 진행해 보자.

따라하기

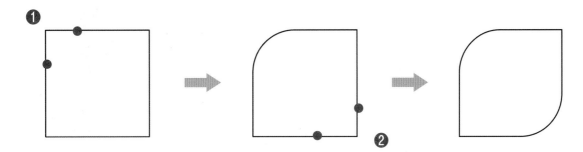

[정사각형 그리기]

● REC(직사각형)를 입력한다.
● 임의의 점을 선택한다.
● 50을 입력한다.
● 키보드에서 Tab 키를 누른다.
● 50을 입력한다.
● 키보드에서 Tab 키를 누른다.
● 임의의 점을 선택한다.

[모깎기 주기]

● F(모깎기)를 입력한다.
● R(반지름)을 입력한다.
● 20을 입력한다.
❶ 그림과 같이 두 선을 선택한다.
● Space bar 키를 누른다.
❷ 그림과 같이 두 선을 선택한다.
● 모서리의 모깎기가 된 것을 확인할 수 있다.

연습하기 50mm 정사각형을 그리고, 100mm 간격으로 복사해서 **모깎기(F)** 단축키를 이용해 아래와 같이 연습을 해보자.

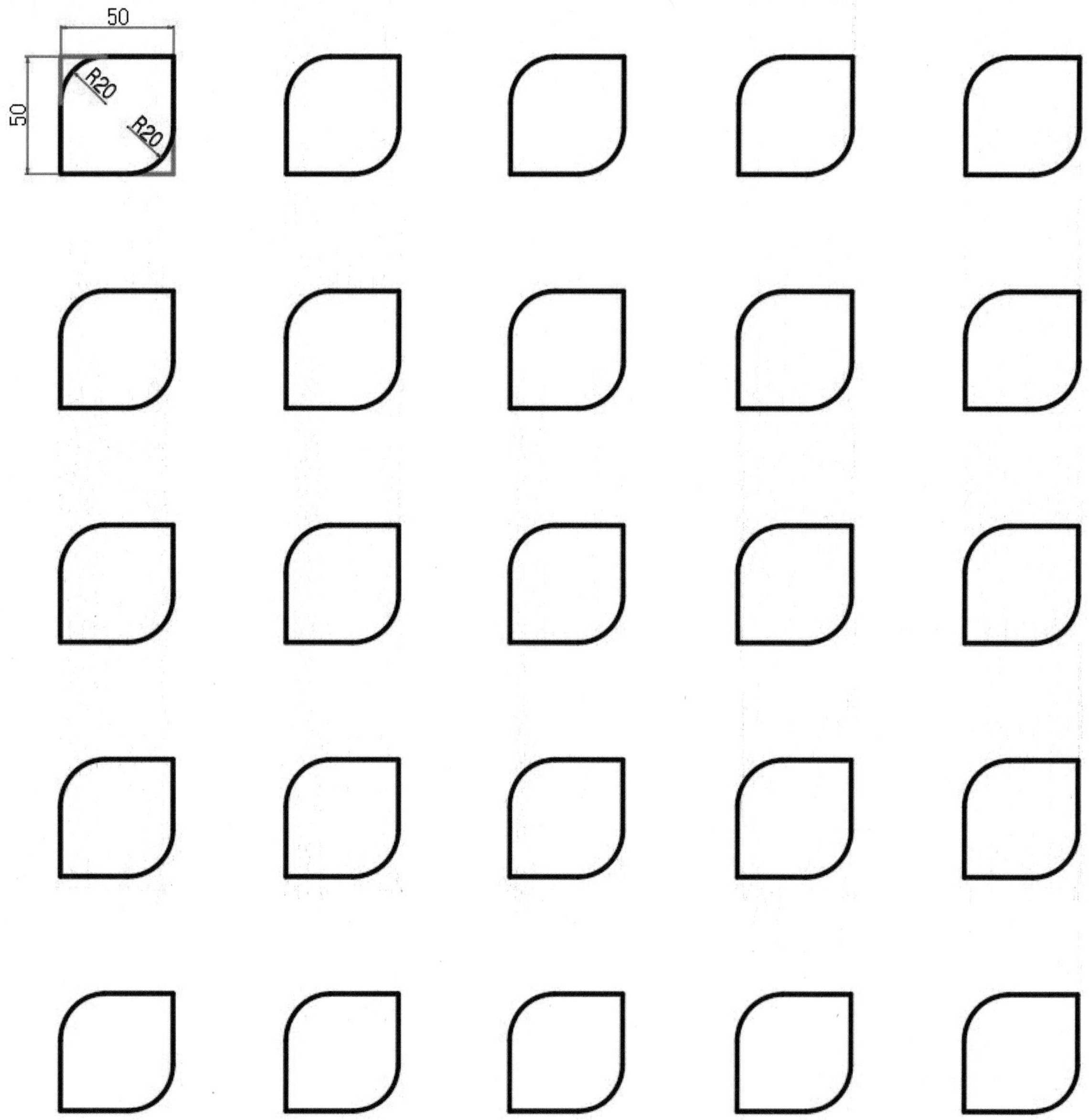

4-7 모깎기(FILLET 단축키: F>R>0(숫자))

모깎기 기능 F>R>0을 이용해서 아래 선을 쉽게 연장할 수 있다.

따라하기

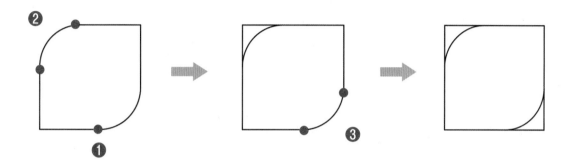

● 위의 모깎기를 적용한 사각형을 이용한다.

● X(분해)를 입력한다.

❶ 사각형을 선택한다.

● F(모깎기)를 입력한다.

● R(반지름)을 입력한다.

● 0(숫자)을 입력한다.

❷ 그림과 같이 두 선을 선택한다.

● Space bar 키를 누른다.

❸ 그림과 같이 두 선을 선택한다.

● 모서리의 모깎기가 된 것을 확인할 수 있다.

참고 단축키 X는 EXPLODE로 결합된 객체를 **분해**할 수 있는 기능이다.

연습하기 아래 그림처럼 그리고, 100mm 간격으로 복사해서 모깎기(F>R>0) 단축키를 이용해 아래와 같이 연습하자.

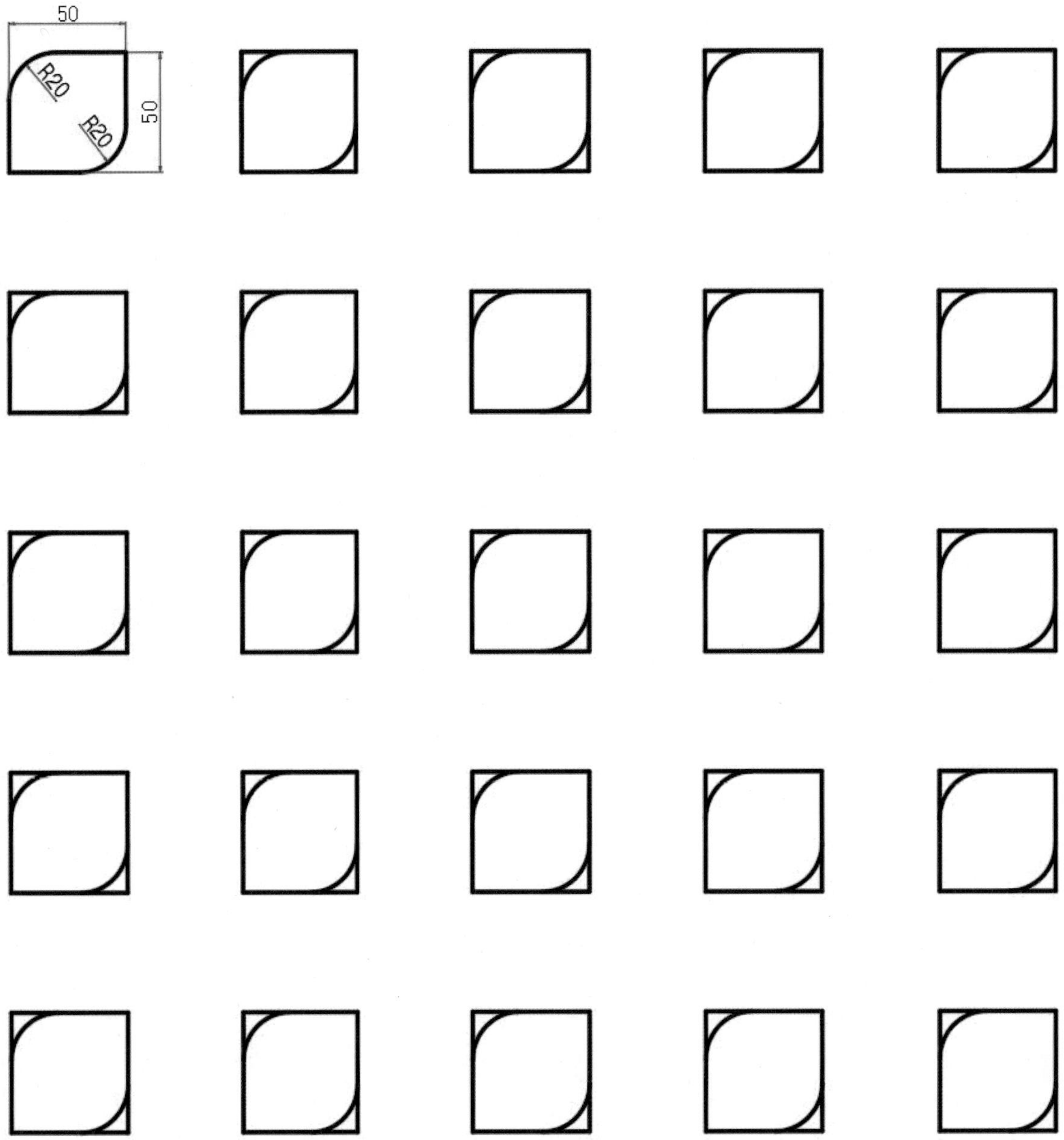

4-8　모깎기(FILLET 단축키: F>R)

모깎기 기능을 이용해서 아래와 같이 **오목한 탄젠트 R**을 쉽게 그릴 수 있다.

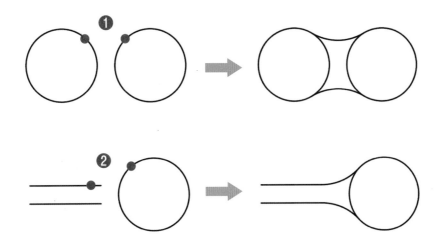

따라하기

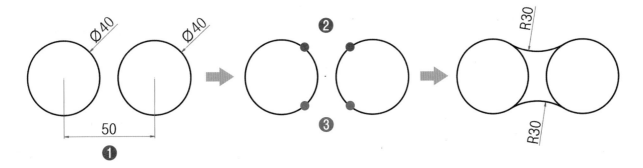

❶ 그림과 같이 원을 그린다. (치수 제외)

● F(모깎기)를 입력한다.

● R(반지름)을 입력한다.

● 30을 입력한다.

❷ 그림과 같이 두 선을 선택한다.

● ⎡Space bar⎤ 키를 누른다.

❸ 그림과 같이 두 선을 선택한다.

● 모서리의 모깎기가 된 것을 확인할 수 있다.

연습하기 아래 그림처럼 그리고, 100mm 간격으로 복사해서 모깎기(F>R>30) 단축키를 이용해 아래와 같이 연습하자.

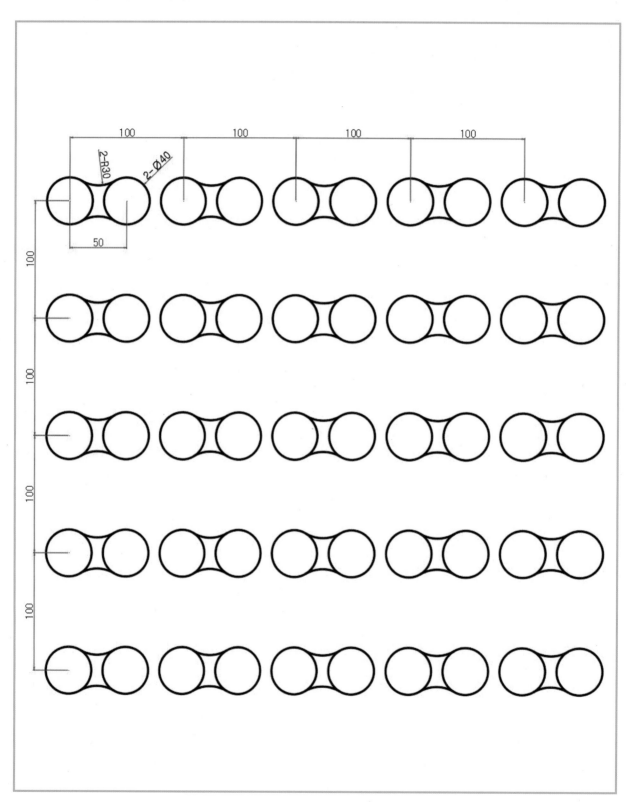

4-9   모깎기 (FILLET 단축키: F > T)

자르기 옵션을 이용해서 아래와 같이 모깎기한 선을 남기거나 지울 수 있다.

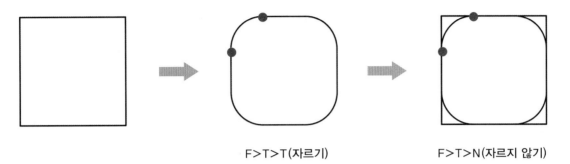

F>T>T(자르기)   F>T>N(자르지 않기)

따라하기

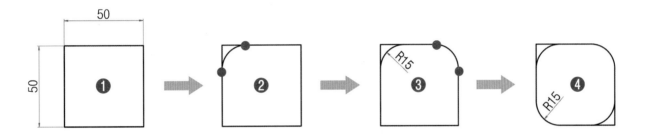

❶ 그림과 같이 그린다.
⬤ F(모깎기)를 입력한다.
⬤ R(반지름)을 입력한다.
⬤ 15를 입력한다.
⬤ T(자르기)를 입력한다.
⬤ N(자르지 않기)를 입력한다.
❷ 그림과 같이 두 선을 선택한다.
⬤ Space bar 를 입력한다.
⬤ T(자르기)를 입력한다.
⬤ T(자르기)를 입력한다.
❸ 그림과 같이 두 선을 선택한다.
❹ 그림과 같이 나머지 모서리도 작업한다.

참고 위의 자르기 기능은 모따기(CHA, CHAMFER) 기능에서도 동일하게 사용할 수 있다.

연습하기 아래 그림처럼 그리고, 100mm 간격으로 복사해서 모깎기(F>T)를 이용해 아래와 같이 연습하자.

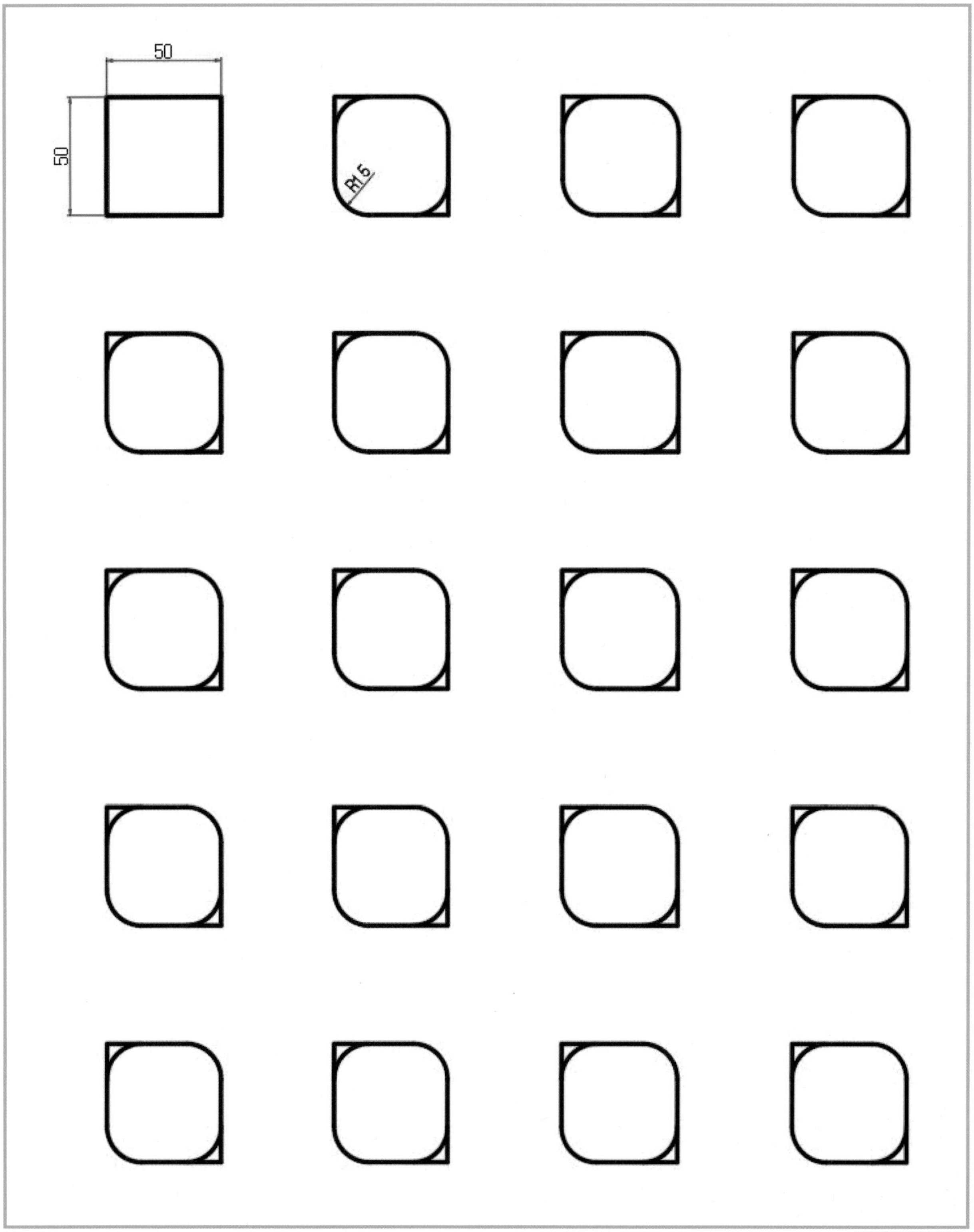

4-10 자르기(TRIM 단축키: TR)

아래와 같이 자르기를 할 수 있다.

따라하기 1.

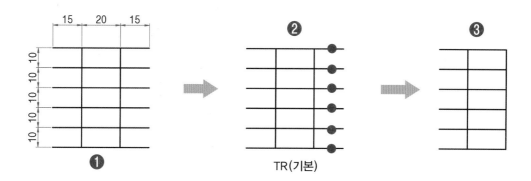

TR(기본)

❶ 그림과 같이 그린다.
● TR(자르기)을 입력한다.

❷ 그림과 같이 선을 선택한다.
❸ 결과물을 확인한다.

따라하기 2.

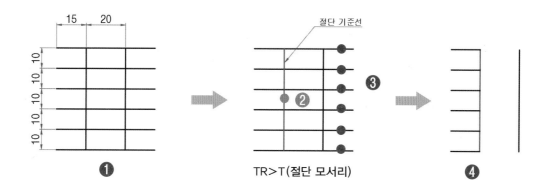

절단 기준선

TR>T(절단 모서리)

❶ 그림과 같이 그린다.
● TR(자르기)을 입력한다.
● T(절단 모서리)를 입력한다.

❷ 절단 기준선을 선택한다.
❸ 그림과 같이 선을 선택한다.
❹ 기준선을 기준으로 잘린 것을 확인할 수 있다.

따라하기 3.

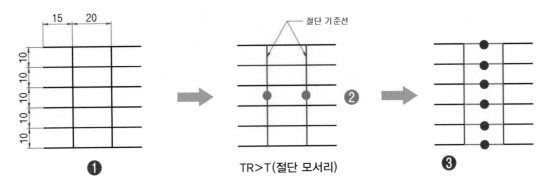

TR>T(절단 모서리)

❶ 그림과 같이 그린다.

⬤ TR(자르기)을 입력한다.

⬤ T(절단 모서리)를 입력한다.

❷ 절단 기준선 2개를 선택한다.

❸ 그림과 같이 선을 선택한다.

⬤ 두 기준선 안쪽으로 잘린 것을 확인할 수 있다.

따라하기 4.

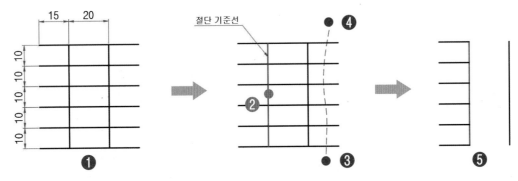

TR>T(절단 모서리)>마우스 드래그

❶ 그림과 같이 그린다.

⬤ TR(자르기)을 입력한다.

⬤ T(절단 모서리)를 입력한다.

❷ 절단 기준선을 선택한다.

❸ 그림 위치에서 클릭한 상태에서 드래그하여

❹ 그림 위치에서 클릭을 해제한다.

❺ 그림과 같이 기준선을 기준으로 잘린 것을 확인할 수 있다.

연습하기 **1.** 아래 그림과 같이 그리고, 100mm씩 복사해서 **TR(기본)**을 이용해서 자르는 것을 연습해 보자.

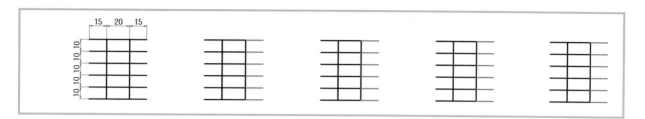

연습하기 **2.** 아래 그림과 같이 그리고, 100mm씩 복사해서 **TR>T**를 이용해서 자르는 것을 연습해 보자.

연습하기 **3.** 아래 그림과 같이 그리고, 100mm씩 복사해서 **TR>T**를 이용해서 자르는 것을 연습해 보자.

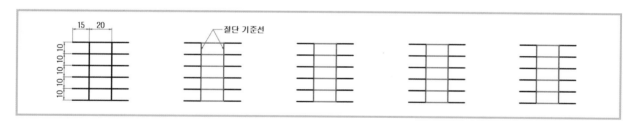

연습하기 **4.** 아래 그림과 같이 그리고, 100mm씩 복사해서 **TR>T>마우스 드래그**를 이용해서 자르는 것을 연습해 보자.

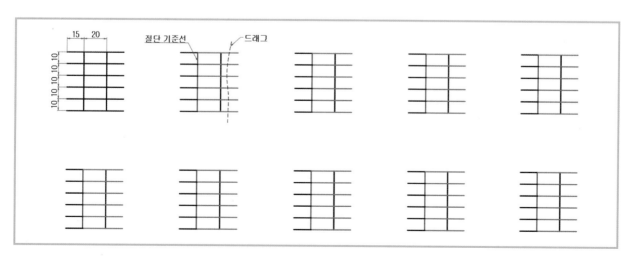

L / DLI / C / DRA / DDI / REC / CO / Ctrl+1 / CM / CL / M / RO / DAL / E / F / TR

[4주 차 복습 예제]

아래와 같이 그리고, 치수를 적용해 보자.

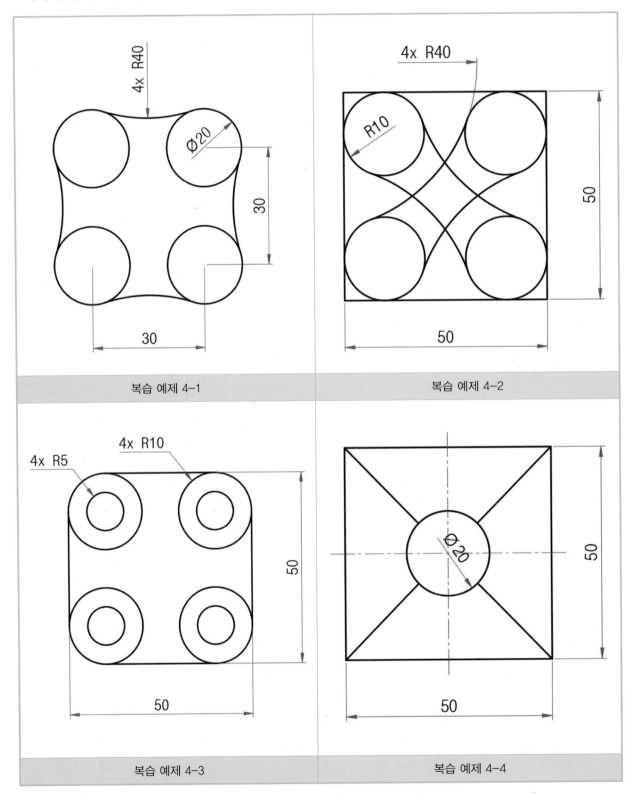

복습 예제 4-1

복습 예제 4-2

복습 예제 4-3

복습 예제 4-4

L/DLI/C/DRA/DDI/REC/CO/Ctrl+1/CM/CL/M/RO/DAL/E/F/TR

4주차

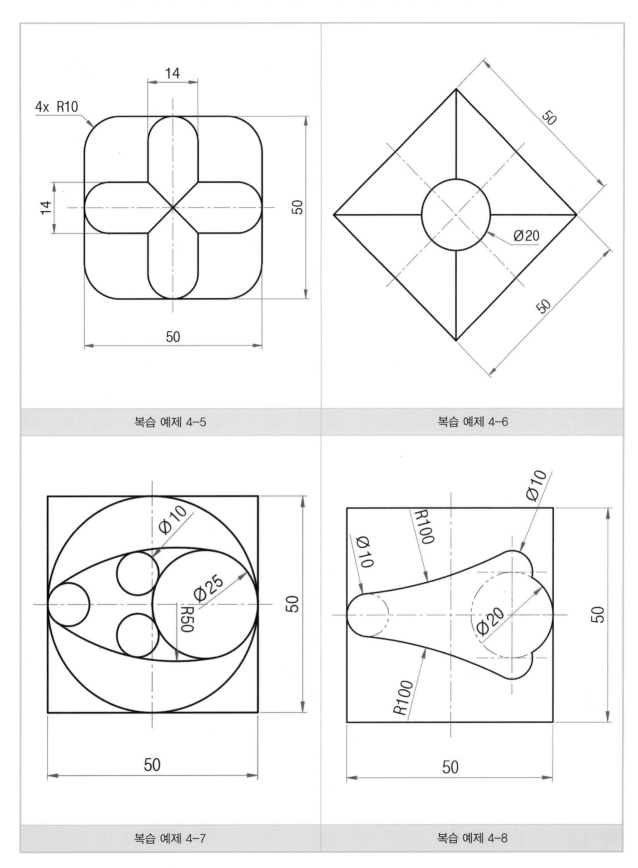

복습 예제 4-5

복습 예제 4-6

복습 예제 4-7

복습 예제 4-8

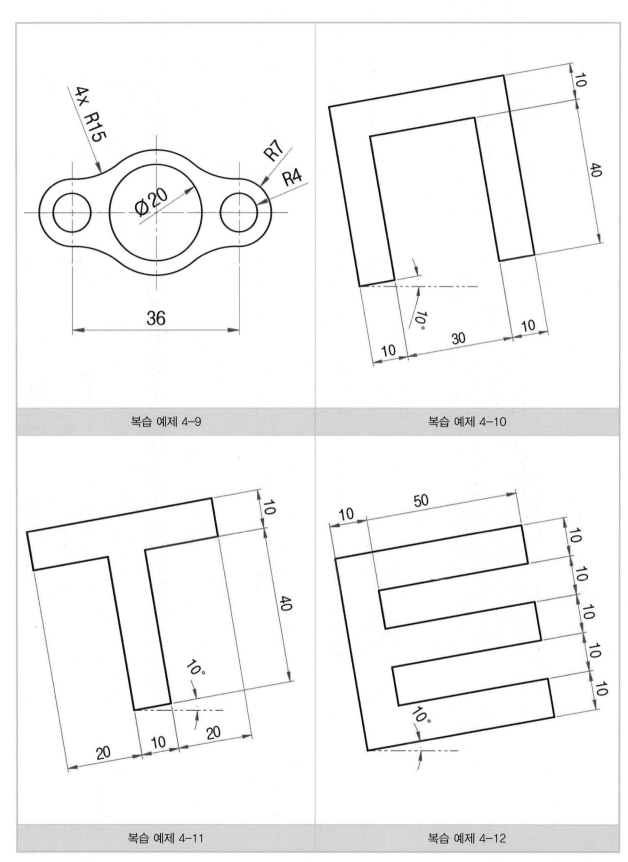

복습 예제 4-9

복습 예제 4-10

복습 예제 4-11

복습 예제 4-12

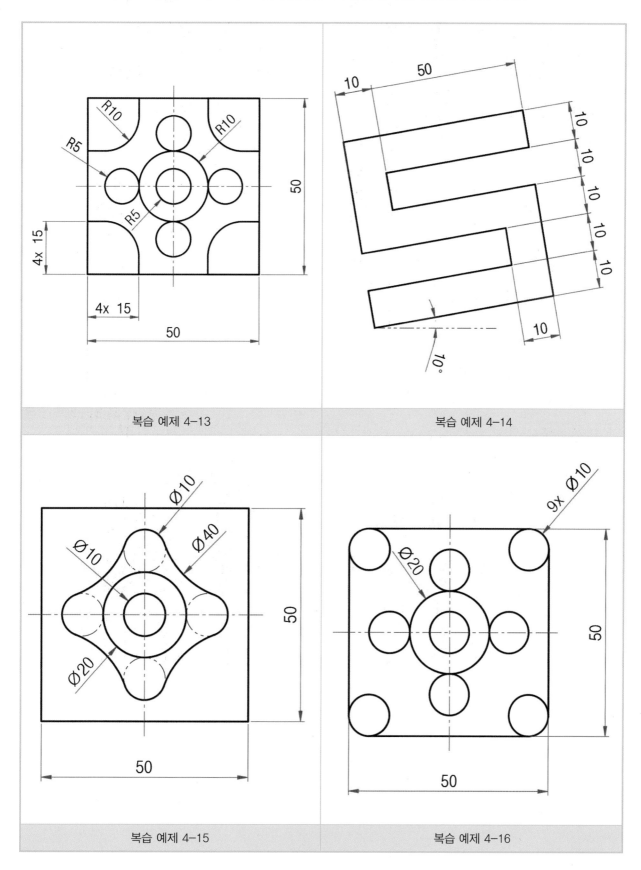

복습 예제 4-13

복습 예제 4-14

복습 예제 4-15

복습 예제 4-16

교육영상

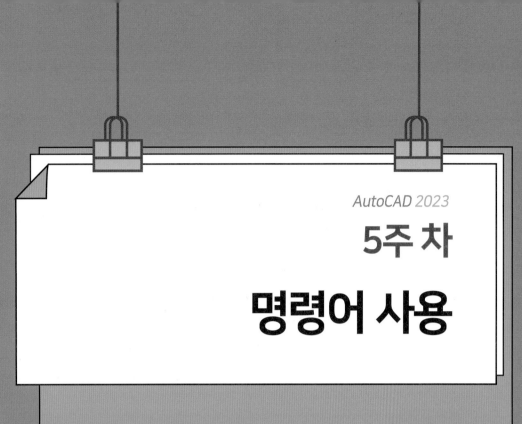

AutoCAD 2023

5주 차

명령어 사용

5-1 분해(EXPLODE 단축키: X)

결합된 객체를 분해할 수 있다.

따라하기

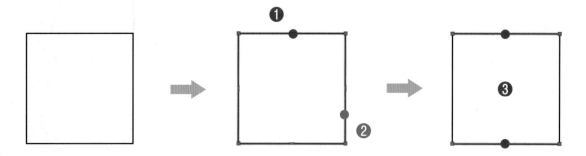

● REC(직사각형)를 입력한다.

● 임의의 점을 선택한다.

● 50을 입력한다.

● 키보드에서 Tab 키을 누른다.

● 50을 입력한다.

● 키보드에서 Tab 키을 누른다.

● Space bar 키를 누른다.

❶ 그림과 같이 선을 선택한다.

● 결합된 것을 확인할 수 있다.

● X(분해)를 입력한다.

❷ 그림과 같이 선을 선택한다.

❸ 그림과 같이 두 선을 선택한다.

● 결합된 선이 분해된 것을 확인할 수 있다.

연습하기 REC를 이용해서 아래 그림처럼 그리고, 100mm 간격으로 복사해서 **분해(X)**를 이용해 하나 씩 분해해 보자.

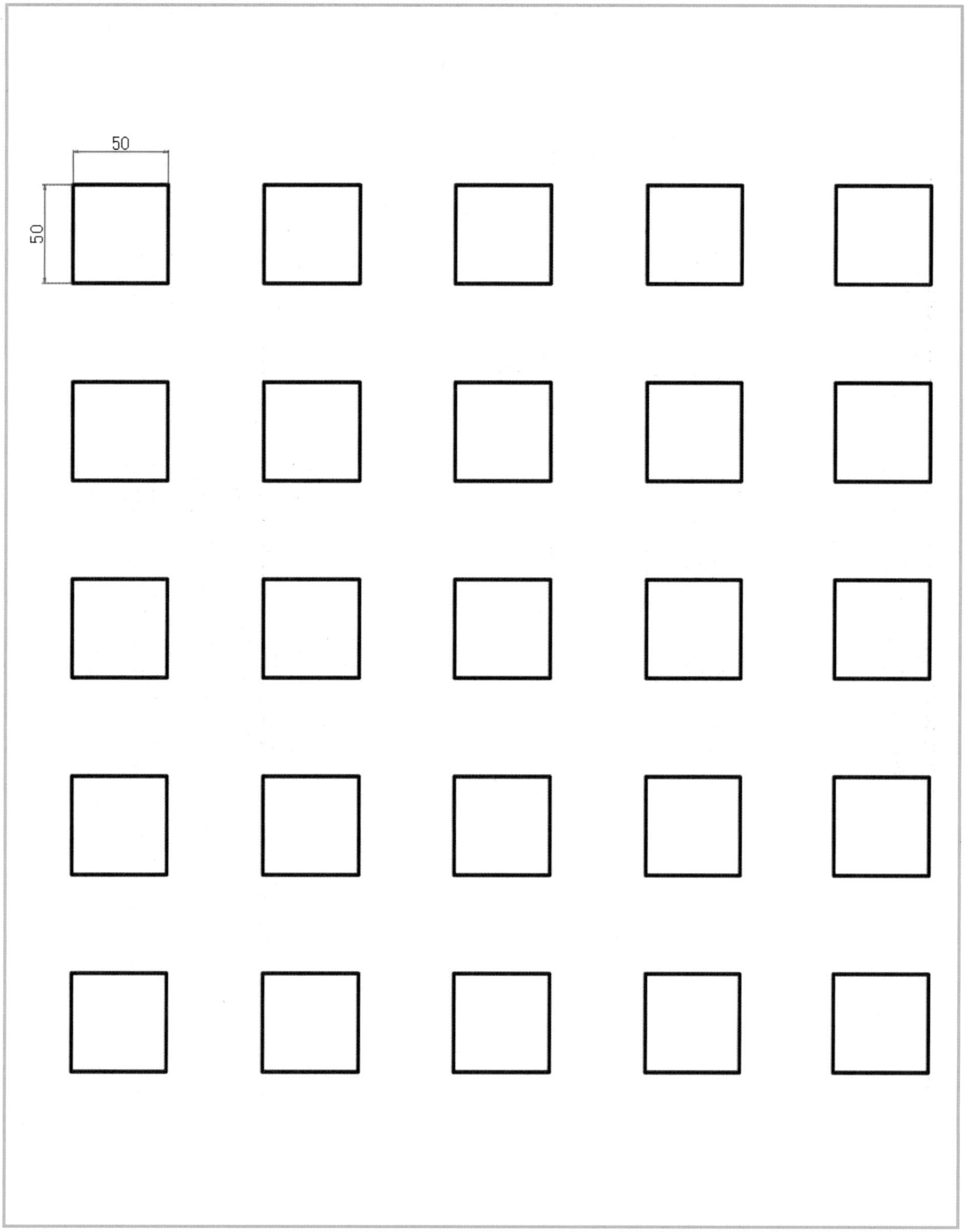

5-2 모따기(CHAMFER 단축키: CHA)

정사각형에 아래와 같이 모따기를 할 수 있다.

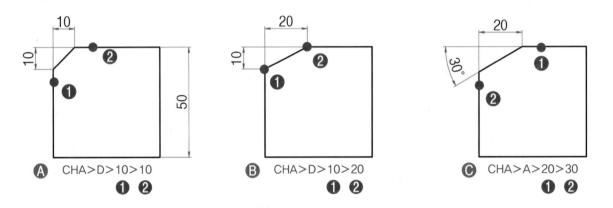

Ⓐ CHA>D>10>10
Ⓑ CHA>D>10>20
Ⓒ CHA>A>20>30

Ⓐ 모따기를 거리값 10X10으로 적용했을 때 모습
Ⓑ 모따기를 거리값 10X20으로 적용했을 때 모습
Ⓒ 모따기를 거리 20과 각도 30으로 적용했을 때 모습

따라하기

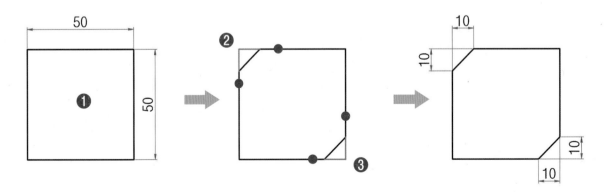

❶ 그림과 같이 정사각형 50X50을 그린다.

● CHA(모따기)를 입력한다.

● D(거리)를 입력한다.

● 첫 번째 모따기 거리는 10을 입력한다.

● 두 번째 모따기 거리는 첫 번째 모따기와 동일하다.

● 따라서 Space bar 키를 누른다.

❷ 그림과 같이 두 선을 선택한다.

● 아래 모따기도 동일하다.

● 따라서 Space bar 키를 누른다.

❸ 그림과 같이 두 선을 선택한다.

● 모따기 10이 적용된 것을 확인할 수 있다.

참고 자르기/자르지 않기 기능: **CHA >T 기능**은 모깎기(**F>T**) **기능**과 **동일**하다.

연습하기 **1. 동일 거리 값 적용**

정사각형 50×50을 그리고, 100mm 간격으로 복사해서 모따기 단축키 **CHA>D>10>10**으로 아래와 같이 그려보자.

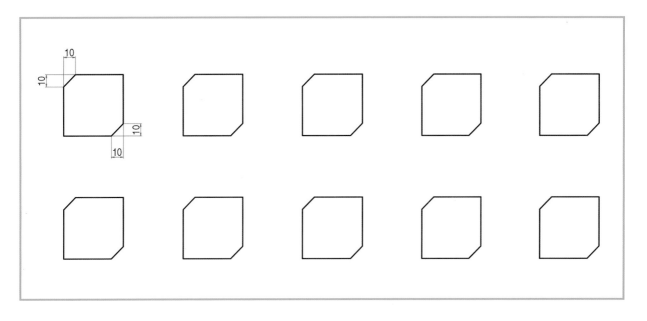

연습하기 2. 다른 거리 값 적용

정사각형 50×50을 그리고, 100mm 간격으로 복사해서 모따기 단축키 **CHA>D>10>20**으로 아래와 같이 그려보자.

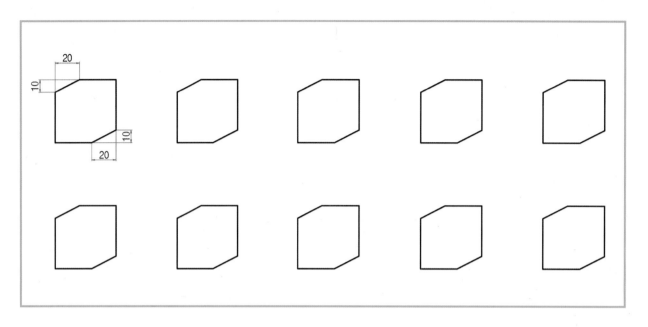

연습하기 3. 각도 적용

정사각형 50×50을 그리고, 100mm 간격으로 복사해서 모따기 단축키 **CHA>A>20>30**으로 아래와 같이 그려보자.

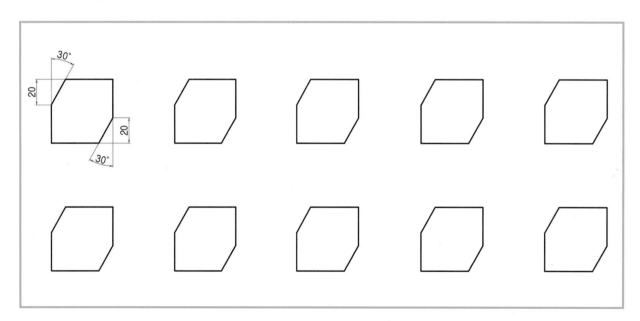

5-3 간격띄우기(OFFSET 단축키: O)

아래와 같이 간격띄우기를 할 수 있다.

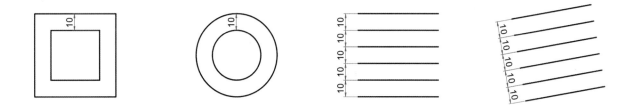

따라하기

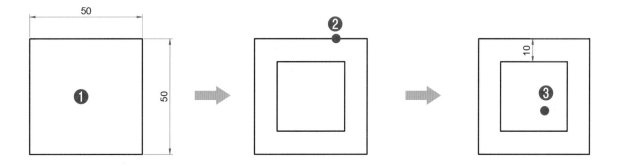

① 그림과 같이 정사각형 50X50을 그린다.

⬤ O(간격 띄우기)를 입력한다.

⬤ 10을 입력한다.

② 그림과 같이 선을 선택한다.

⬤ 마우스를 아래 방향으로 향한다.

⬤ 안쪽으로 간격 띄워지는 모습을 확인할 수 있다.

③ 임의의 점을 선택한다.

연습하기 정사각형 50×50을 그리고, 100mm 간격으로 복사해서 간격띄우기 단축키 O를 이용해 아래와 같이 그려보자.

5-4   연장하기(EXTEND 단축키: EX)

→ 연장

아래 그림과 같이 선을 연장할 수 있다.

따라하기 1.

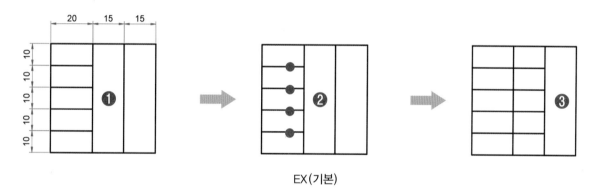

EX(기본)

❶ 그림과 같이 그린다.

⬤ EX(연장하기)를 입력한다.

❷ 그림과 같이 선을 선택한다.

❸ 결과물을 확인한다.

따라하기 2.

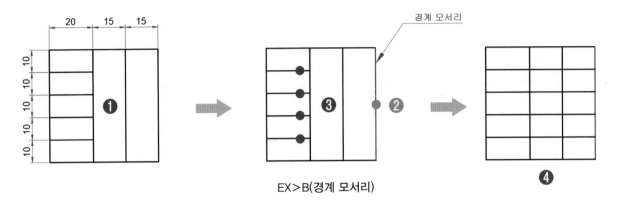

EX>B(경계 모서리)

❶ 그림과 같이 그린다.

● EX(연장하기)를 입력한다.

● B(경계 모서리)를 입력한다.

❷ 경계 모서리를 선택한다.

❸ 선을 선택한다.

❹ 경계 모서리까지 선이 연장된 것을 알 수 있다.

따라하기 3.

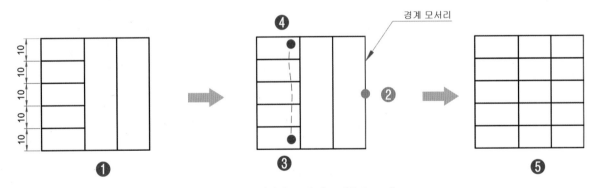

TR>B(경계 모서리)>마우스 드래그

❶ 그림과 같이 그린다.

● EX(연장하기)를 입력한다.

● B(경계 모서리)를 입력한다.

❷ 경계 모서리를 선택한다.

❸ 그림 위치에서 클릭한 상태에서 드래그하여

❹ 그림 위치에서 클릭을 해제한다.

❺ 그림과 같이 기준선까지 연장된 것을 확인할 수 있다.

5주 차

연습하기 1. 아래 그림과 같이 그리고, 100mm씩 복사해서 **EX(기본)**를 이용해 연장하는 것을 연습해 보자.

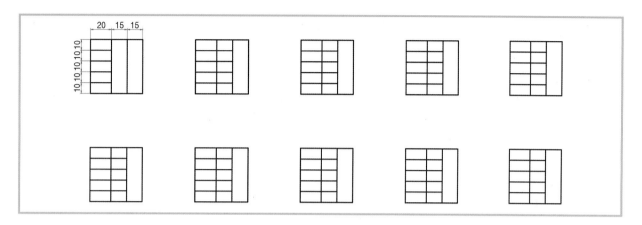

연습하기 2. 아래 그림과 같이 그리고, 100mm씩 복사해서 **EX>B**를 이용해 연장하는 것을 연습해 보자.

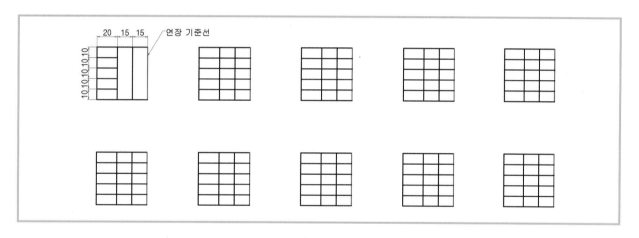

연습하기 3. 아래 그림과 같이 그리고, 100mm씩 복사해서 **EX>B>마우스 드래그**를 이용해 연장하는 것을 연습해 보자.

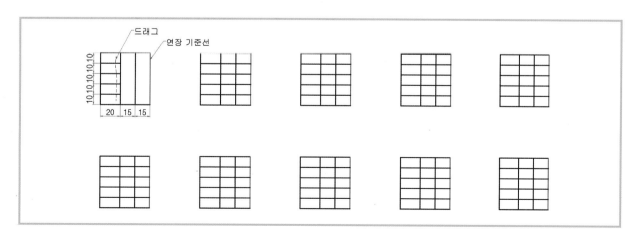

5-5 다각형(POLYGON 단축키: POL)

아래 그림과 같이 다각형을 생성할 수 있다.

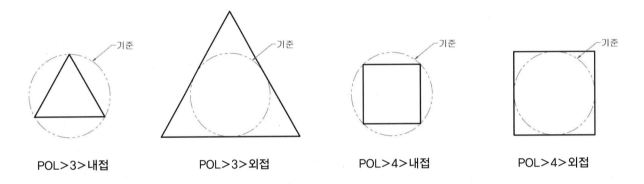

POL>3>내접   POL>3>외접   POL>4>내접   POL>4>외접

따라하기 1.

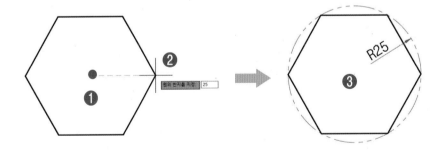

● POL(다각형)을 입력한다.

● 6(면의 수)을 입력한다.

❶ 임의의 점을 선택한다.

● I(원에 내접)를 선택한다.

❷ 마우스를 오른쪽 방향으로 하고 25를 입력한다.

❸ 내접으로 6각형이 생성된 것을 확인할 수 있다.

5주 차

따라하기 2.

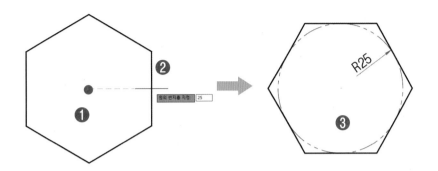

● POL(다각형)을 입력한다.

● 6(면의 수)을 입력한다.

❶ 임의의 점을 선택한다.

● C(원에 외접)를 선택한다.

❷ 마우스를 오른쪽 방향으로 하고 25를 입력한다.

❸ 외접으로 6각형이 생성된 것을 확인할 수 있다.

연습하기 1. 아래 그림과 같이 그리고, 100mm씩 복사해서 POL>6>I(원에 내접)를 선택해 다각형을 연습해 보자.

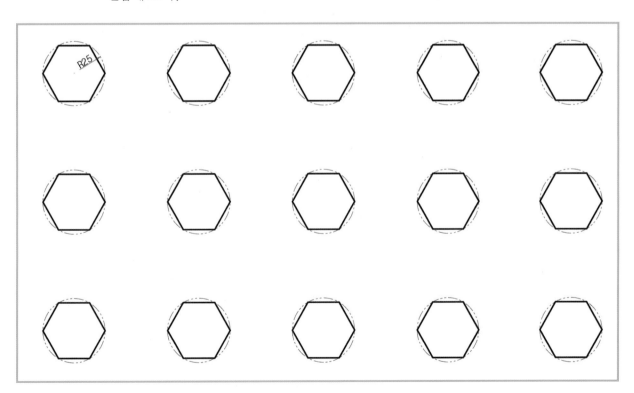

연습하기 **2.** 아래 그림과 같이 그리고, 100mm씩 복사해서 POL>6>C(**원에 외접**)를 선택해 다각형을
연습해 보자.

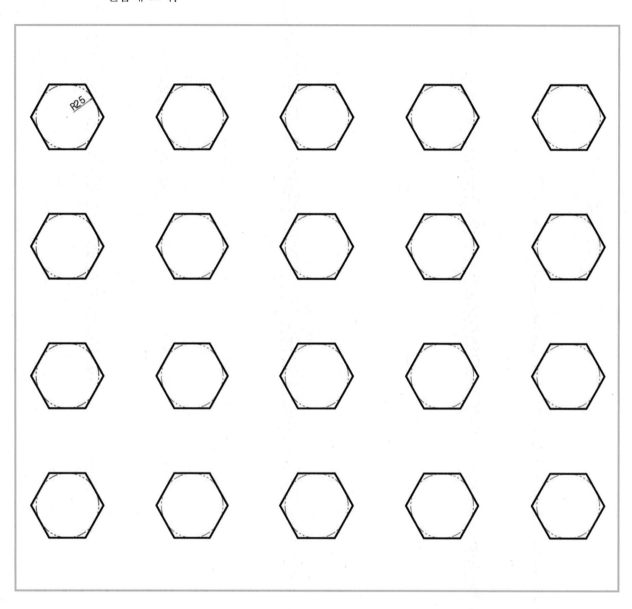

5-6 타원(ELLIPSE 단축키: EL)

타원 기능을 이용해서 아래 그림과 같이 생성할 수 있다.

선택을 이용한 방법   치수를 이용한 방법   중심을 이용한 방법   호 생성

따라하기 1. 선택을 이용한 방법

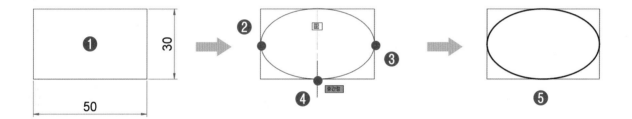

❶ 그림과 같이 그린다.

● EL(타원)을 입력한다.

❷ 중간점을 선택한다.

❸ 중간점을 선택한다.

❹ 중간점을 선택한다.

❺ 그림과 같이 그려진 것을 확인할 수 있다.

> **참고** 중간점 선택이 안 되면 **OS**(객체 스냅) 단축키를 이용해서 중간점을 체크하고 진행하면 된다.

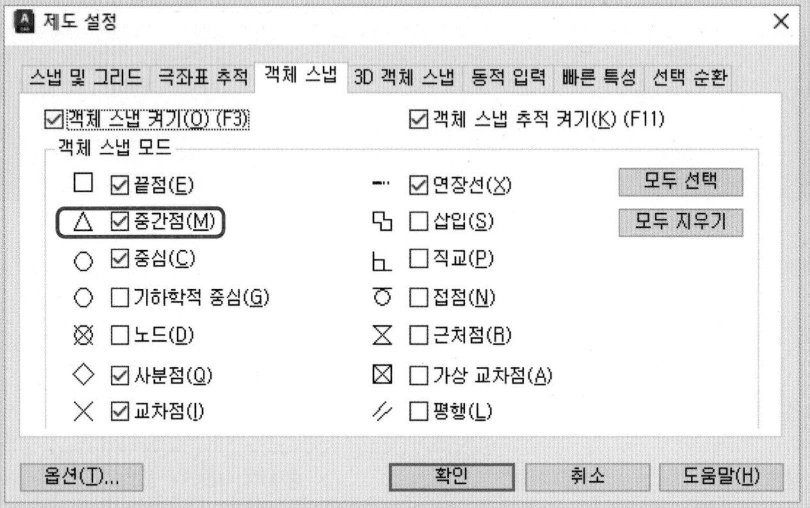

```
┌─────────────────────────────────────────────────────────┐
│ 🄰 제도 설정                                          ✕  │
├─────────────────────────────────────────────────────────┤
│ 스냅 및 그리드  극좌표 추적  객체 스냅  3D 객체 스냅  동적 입력  빠른 특성  선택 순환 │
│                                                          │
│ ☑객체 스냅 켜기(O) (F3)          ☑객체 스냅 추적 켜기(K) (F11) │
│  객체 스냅 모드                                           │
│   □ ☑끝점(E)         -- ☑연장선(X)        [ 모두 선택 ]  │
│   △ ☑중간점(M)       ⊓ □삽입(S)           [ 모두 지우기 ] │
│   ○ ☑중심(C)         ⊥ □직교(P)                         │
│   ○ □기하학적 중심(G)  ○ □접점(N)                       │
│   ⊠ □노드(D)         ╳ □근처점(R)                       │
│   ◇ ☑사분점(Q)       ⊠ □가상 교차점(A)                  │
│   ╳ ☑교차점(I)       ╱ □평행(L)                         │
│                                                          │
│  [ 옵션(T)... ]              [ 확인 ] [ 취소 ] [ 도움말(H) ] │
└─────────────────────────────────────────────────────────┘
```

따라하기 **2. 치수를 이용한 방법**

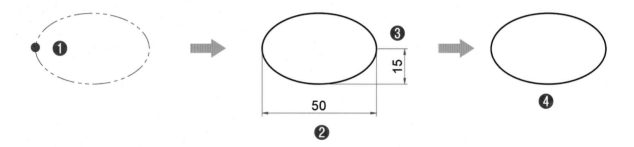

● EL(타원)을 입력한다.

❶ 임의의 점을 선택한다.

❷ 50(끝점 거리)을 입력한다.

● Space bar 키를 누른다.

❸ 15(다른 축 거리)를 입력한다.

● Space bar 키를 누른다.

❹ 그림과 같이 그려진 것을 확인할 수 있다.

따라하기 3. 중심을 이용한 방법

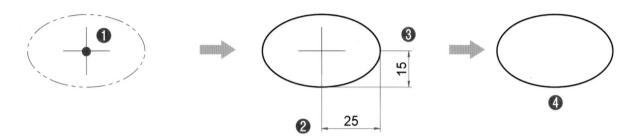

⚫ EL(타원)을 입력한다.

⚫ C(중심)를 입력한다.

❶ 임의의 점을 선택한다.

❷ 25(끝점 거리)를 입력한다.

⚫ Space bar 키를 누른다.

❸ 15(다른 축 거리)를 입력한다.

⚫ Space bar 키를 누른다.

❹ 그림과 같이 그려진 것을 확인할 수 있다.

따라하기 4. 호 생성

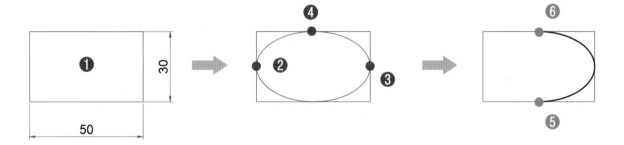

❶ 그림과 같이 그린다.

⚫ EL(타원)을 입력한다.

⚫ A(호)를 입력한다.

❷ 중간점을 선택한다.

❸ 중간점을 선택한다.

❹ 중간점을 선택한다.

❺ 중간점을 선택한다.

❻ 중간점을 선택한다.

연습하기 **1.** 아래 그림과 같이 직사각형을 그리고, 100mm씩 복사해서 **EL>중간점 선택**을 이용해 그려보자.

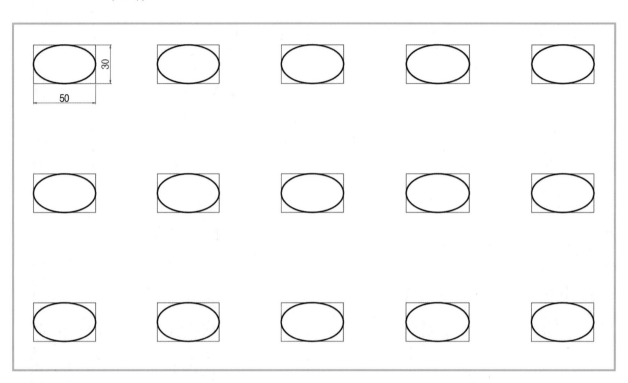

연습하기 **2.** 아래 그림과 같이 치수를 이용한 방법(EL>50>15)으로 그려보자.

연습하기 3. 아래 그림과 같이 중심을 이용한 방법(EL>C>25>15)으로 그려보자.

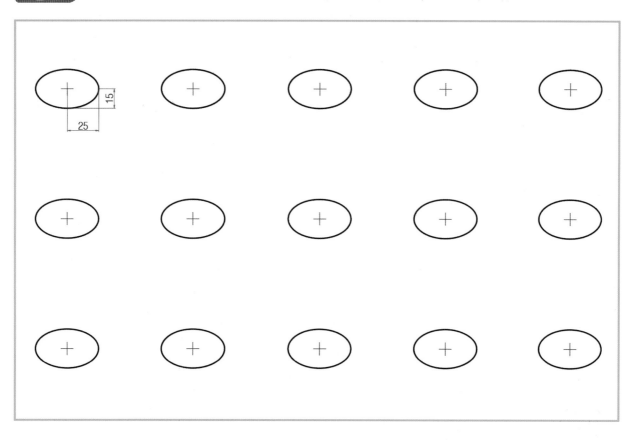

연습하기 4. 아래 그림과 같이 직사각형을 그리고, 100mm씩 복사해서 호를 생성(EL>A>중간점 선택) 해보자.

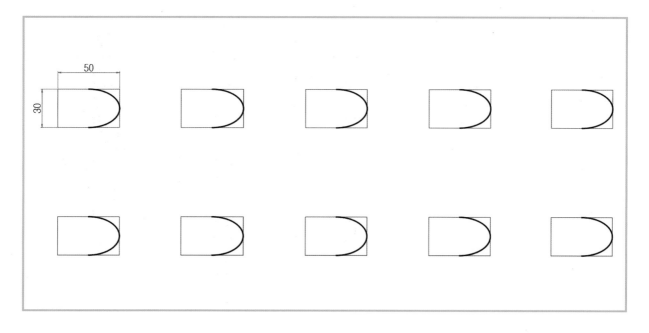

L/DLI/C/DRA/DDI/REC/CO/Ctrl+1/CM/CL/
M/RO/DAL/E/F/TR/X/CHA/O/EX/POL/EL

[5주 차 복습 예제]

아래와 같이 그리고, 치수를 적용해 보자.

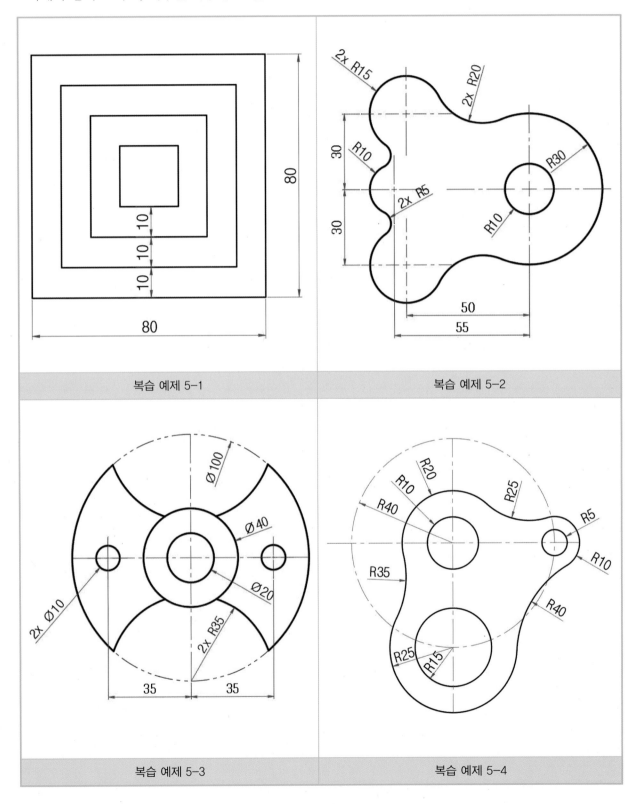

복습 예제 5-1

복습 예제 5-2

복습 예제 5-3

복습 예제 5-4

5주차

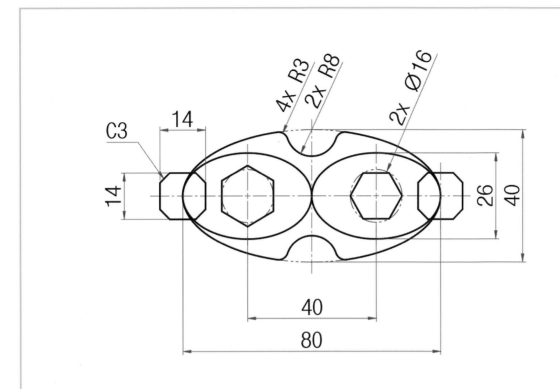

복습 예제 5-5

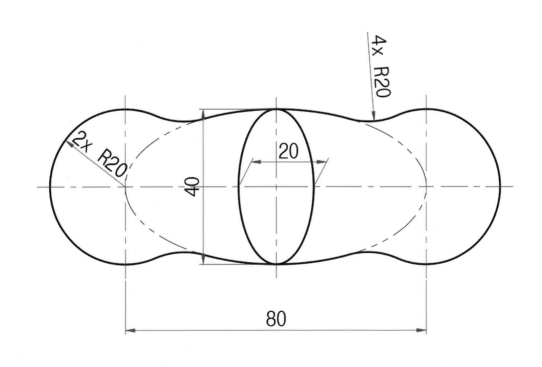

복습 예제 5-6

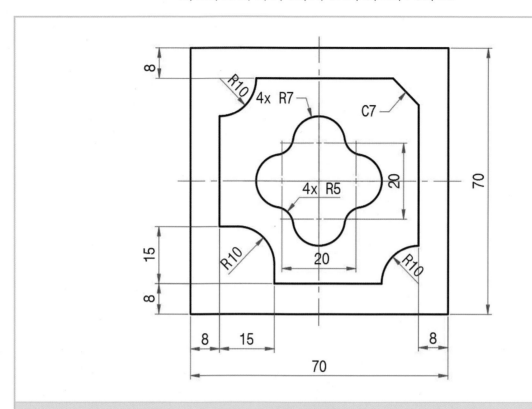

복습 예제 5-7

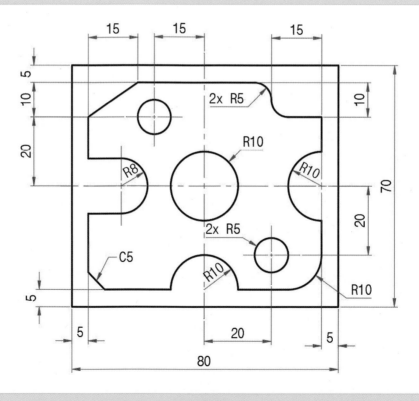

복습 예제 5-8

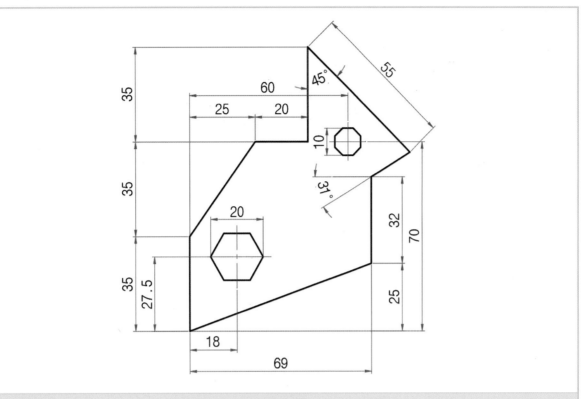

복습 예제 5-9

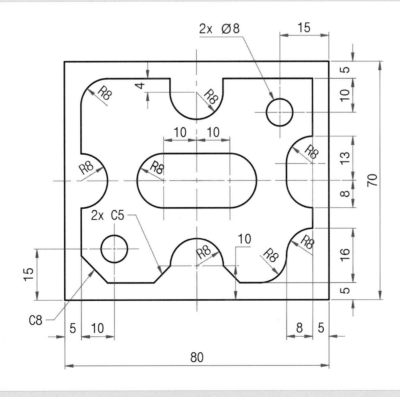

복습 예제 5-10

교육영상

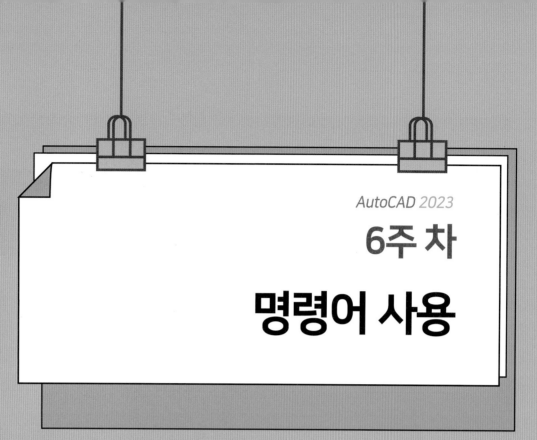

AutoCAD 2023

6주 차

명령어 사용

6-1 끊기(BREAK 단축키: BR)

아래와 같이 끊기를 진행할 수 있다.

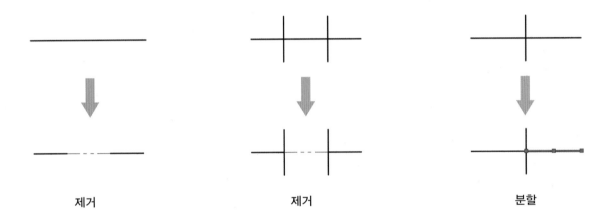

제거   제거   분할

따라하기 1.

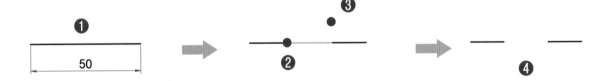

❶ 그림과 같이 그린다.

● BR(끊기)을 입력한다.

❷ 그림과 같이 선을 선택한다.

❸ 그림과 같이 빈 공간을 선택한다.

❹ 그림과 같이 끊어진 것을 확인할 수 있다.

따라하기 2.

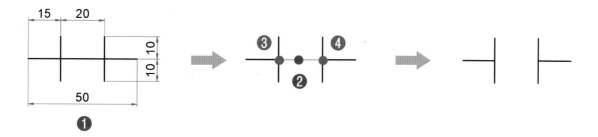

① 그림과 같이 그린다.

● BR(끊기)을 입력한다.

② 그림과 같이 선을 선택한다.

● F(첫 번째 점)를 입력한다.

③ 교차점(첫 번째 끊기점)을 선택한다.

④ 교차점(두 번째 끊기점)을 선택한다.

● 선을 기준으로 끊어진 것을 확인할 수 있다.

따라하기 3.

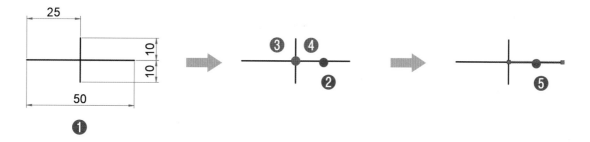

① 그림과 같이 그린다.

● BR(끊기)을 입력한다.

② 그림과 같이 선을 선택한다.

● F(첫 번째 점)를 입력한다.

③ 교차점(첫 번째 끊기점)을 선택한다.

④ 교차점(두 번째 끊기점)을 선택한다.

⑤ 선을 선택한다.

● 정확한 위치에서 선이 끊어진 것을 확인할 수 있다.

6주 차

연습하기 1. 아래 그림과 같이 그리고, 100mm씩 복사해서 끊기(BR>선택)를 연습하자.

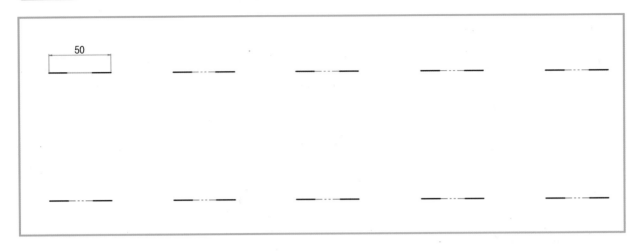

연습하기 2. 아래 그림과 같이 그리고, 100mm씩 복사해서 끊기(BR>F>선택)를 연습하자.

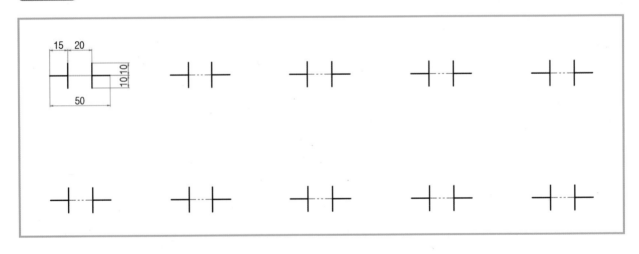

연습하기 3. 아래 그림과 같이 그리고, 100mm씩 복사해서 끊기(BR>F>선택)를 연습하자.

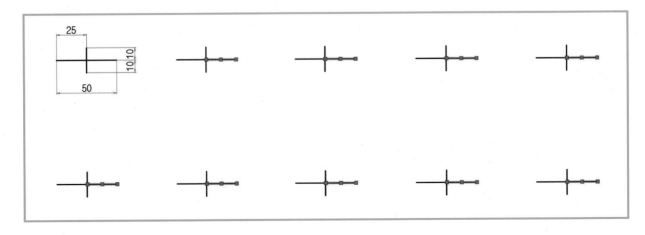

6-2   축척(SCALE 단축키: SC)

아래와 같이 배율을 진행할 수 있다.

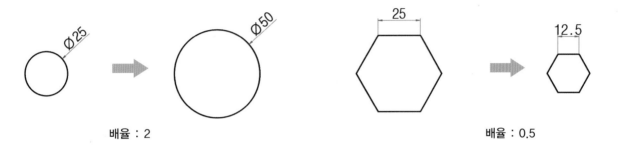

배율 : 2   배율 : 0.5

따라하기

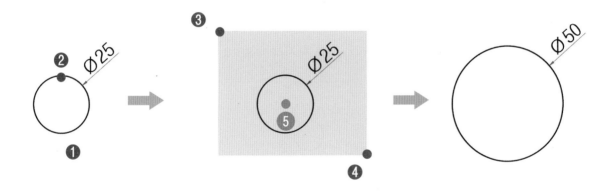

❶ 그림과 같이 원을 그린다.

⬤ DDI(지름 치수기입)를 입력한다.

❷ 그림과 같이 선택해서 치수를 기입한다.

⬤ SC(축척)를 입력한다.

⬤ 그림과 같이 ❸위치 선택 후 드래그해서 ❹를 선택한다.

❺ 원의 중심을 선택한다.

⬤ 2(축척 비율)를 입력한다.

⬤ 2배로 된 것을 확인할 수 있다.

연습하기 1. 배율 2배 적용

아래 그림과 같이 지름 25로 그리고, 100mm씩 복사해서 **SC(2배 적용)**를 연습해 보자.

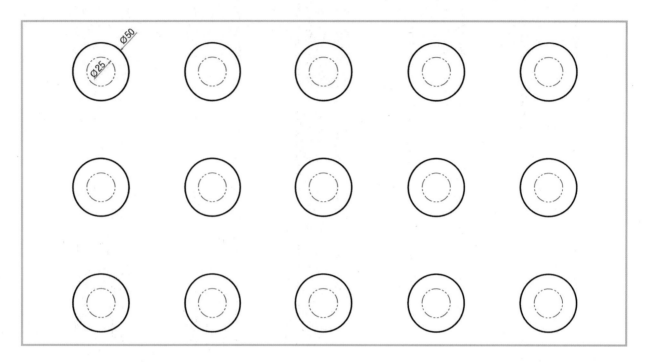

연습하기 2. 배율 0.5배 적용

아래 그림과 같이 지름 50으로 그리고, 100mm씩 복사해서 **SC(0.5배 적용)**를 연습해 보자.

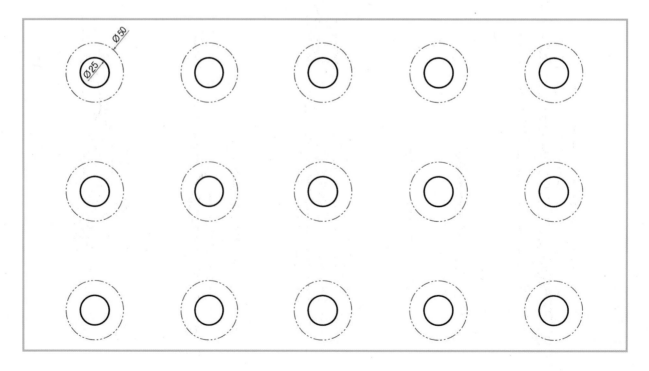

6-3 신축(STRETCH 단축키: S)

아래와 같이 신축 기능을 사용할 수 있다.

[핵심] 신축 기능은 **잡힌 선 박스 안쪽 끝점을 인식**하여 작업할 수 있다.

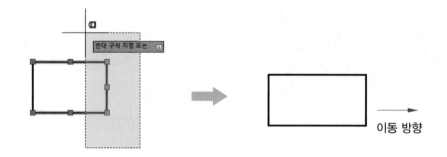

● 그림과 같이 오른쪽 → 왼쪽으로 선택했을 때
● 선이 3개 선택되고
● 기준점을 기준으로 오른쪽으로 이동했을 때
● 선택된 3개의 선 박스 안쪽 끝점을 인식하여 늘어난 모습

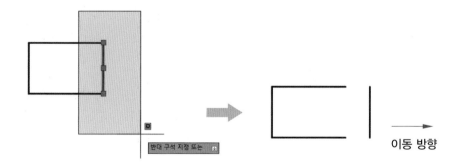

● 그림과 같이 왼쪽 → 오른쪽으로 선택했을 때
● 선이 1개 선택되고
● 기준점을 기준으로 오른쪽으로 이동했을 때
● 선택된 1개의 선 끝점을 인식하여 이동된 모습

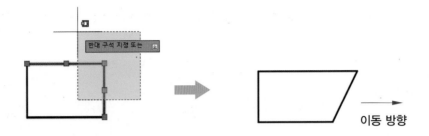

● 그림과 같이 오른쪽 → 왼쪽으로 선택했을 때
● 선이 2개 선택되고
● 기준점을 기준으로 오른쪽으로 이동했을 때
● 선택된 2개의 선 박스 안쪽 끝점을 인식하여 늘어난 모습

● 그림과 같이 왼쪽 → 오른쪽으로 선택했을 때
● 선이 모두 선택되고
● 기준점을 기준으로 오른쪽으로 이동했을 때
● 선택된 모든 선 끝점을 인식하여 이동된 모습

6주 차

따라하기 1.

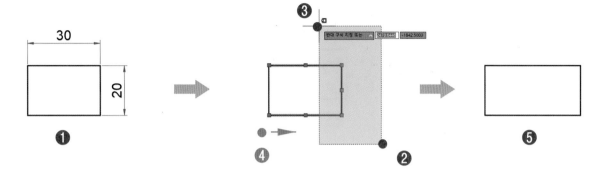

① L(선) 단축키를 이용해서 그림과 같이 그린다.

● S(신축)를 입력한다.

● 그림과 같이 ②번 위치 선택 후 드래그하여

③번 위치를 선택하고

● Space bar 키를 누른다.

● 3개의 선이 선택된 것을 확인할 수 있다.

④ 기준점으로 그림과 같이 빈 공간 선택 후

● 마우스를 오른쪽 방향으로 하고

● 10을 입력한다.

⑤ 선택된 3개의 선 박스 안쪽 끝점을 인식하여 늘어난다.

따라하기 2.

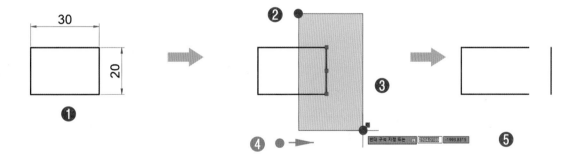

① 그림과 같이 그린다.

● S(신축)를 입력한다.

● 그림과 같이 ②번 위치 선택 후 드래그하여

③번 위치를 선택하고

● Space bar 키를 누른다.

● 1개의 선이 선택된 것을 확인할 수 있다.

④ 기준점으로 그림과 같이 빈 공간 선택 후

● 마우스를 오른쪽 방향으로 하고

● 10을 입력한다.

⑤ 선택된 1개의 선 끝점을 인식하여 이동한 것을 볼 수 있다.

따라하기 3.

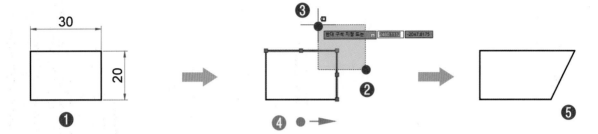

❶ 그림과 같이 그린다.

⬤ S(신축)를 입력한다.

⬤ 그림과 같이 ❷번 위치 선택 후 드래그하여

❸번 위치를 선택하고, Space bar 키를 누른다.

⬤ 2개의 선이 선택된 것을 확인할 수 있다.

❹ 기준점으로 그림과 같이 빈 공간 선택 후

⬤ 마우스를 오른쪽 방향으로 하고 10을 입력한다.

❺ 선택된 2개의 선 박스 안쪽 끝점을 인식하여 늘어난다.

따라하기 4.

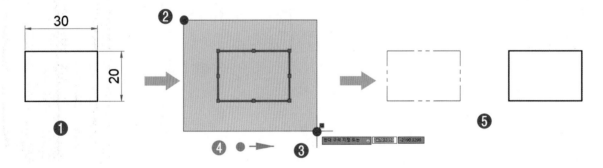

❶ 그림과 같이 그린다.

⬤ S(신축)를 입력한다.

⬤ 그림과 같이 ❷번 위치 선택 후 드래그하여

❸번 위치를 선택하고, Space bar 키를 누른다.

⬤ 선이 모두 선택된 것을 확인할 수 있다.

❹ 기준점으로 그림과 같이 빈 공간 선택 후

⬤ 마우스를 오른쪽 방향으로 하고 50을 입력한다.

❺ 선택된 모든 선의 끝점을 인식하여 이동한 것을 볼 수 있다.

6주 차

연습하기 1. 아래 그림과 같이 그리고, 100mm씩 복사해서 **S(신축) 기능**을 이용해 **10mm씩 늘려**보자.

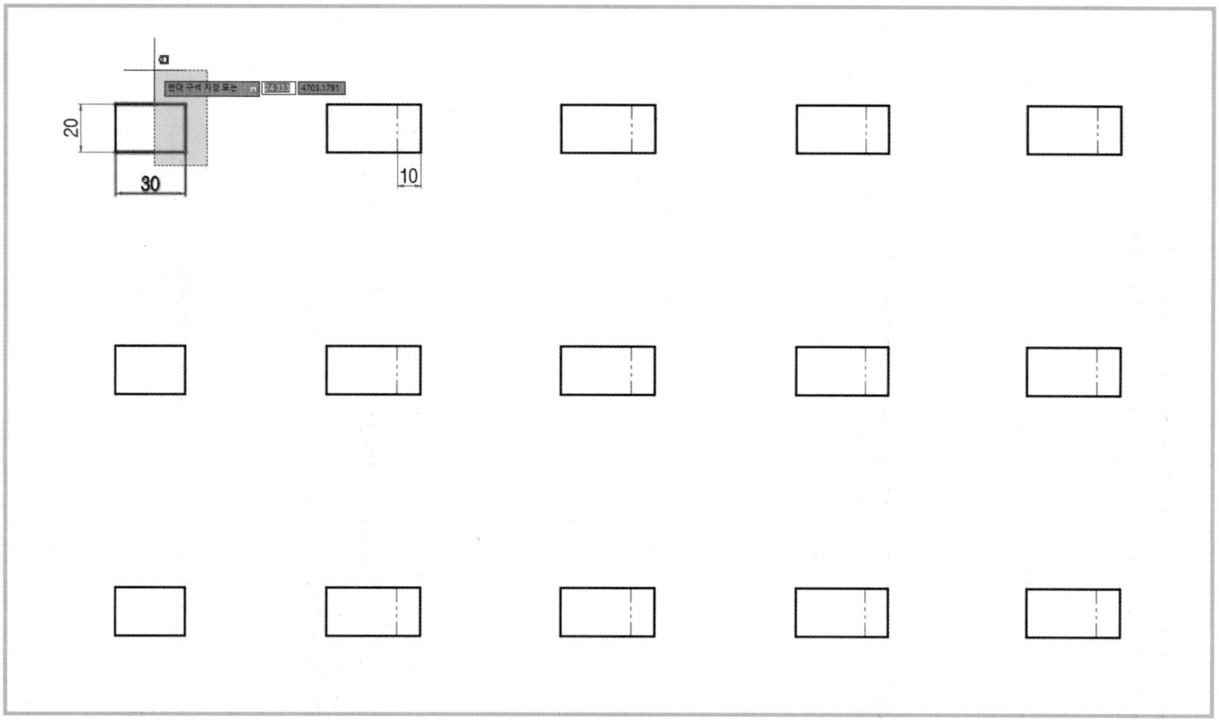

연습하기 2. 아래 그림과 같이 그리고, 100mm씩 복사해서 **S(신축) 기능**을 이용해 **10mm씩 이동**해 보자.

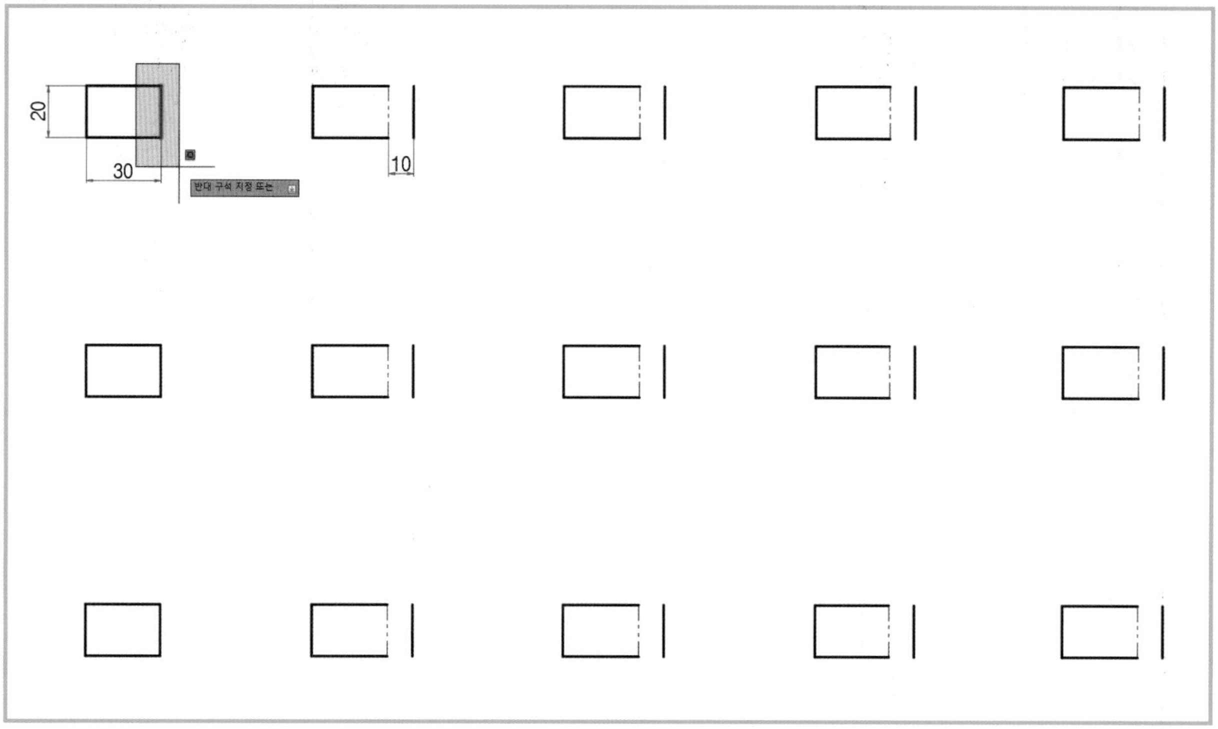

연습하기 3. 아래 그림과 같이 그리고, 100mm씩 복사해서 S(신축) 기능을 이용해 10mm씩 늘려보자.

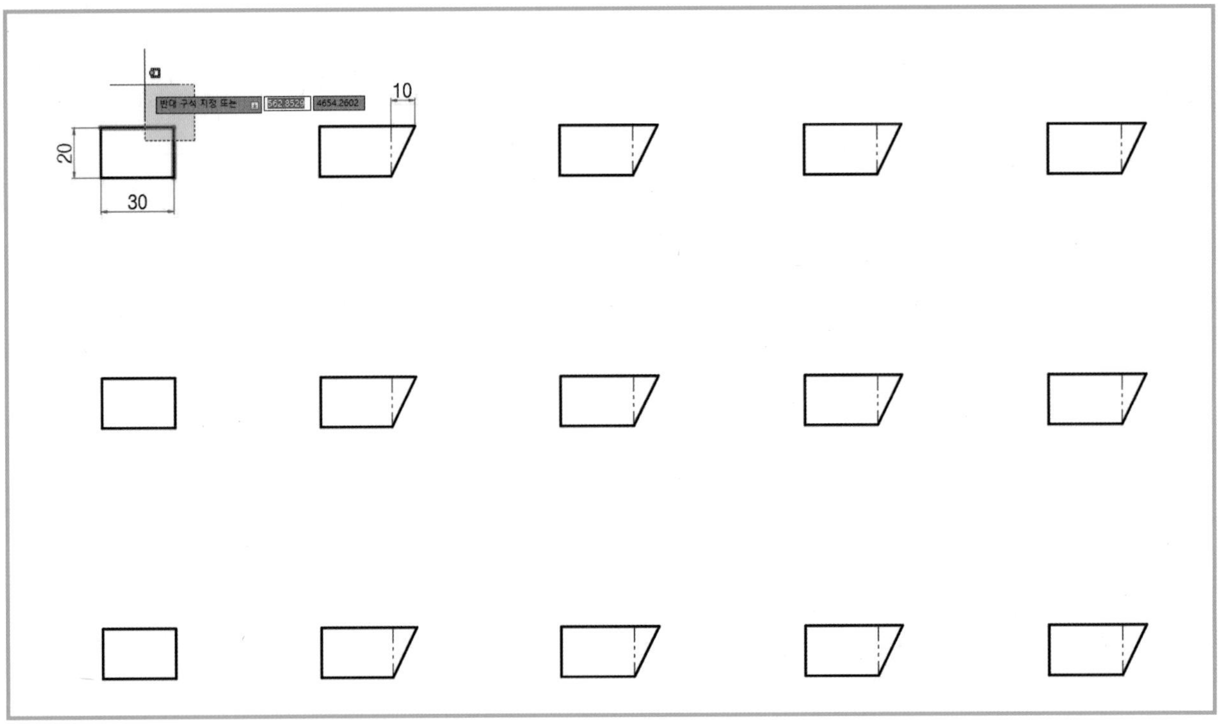

연습하기 4. 아래 그림과 같이 그리고, 100mm씩 복사해서 S(신축) 기능을 이용해 10mm씩 이동해 보자.

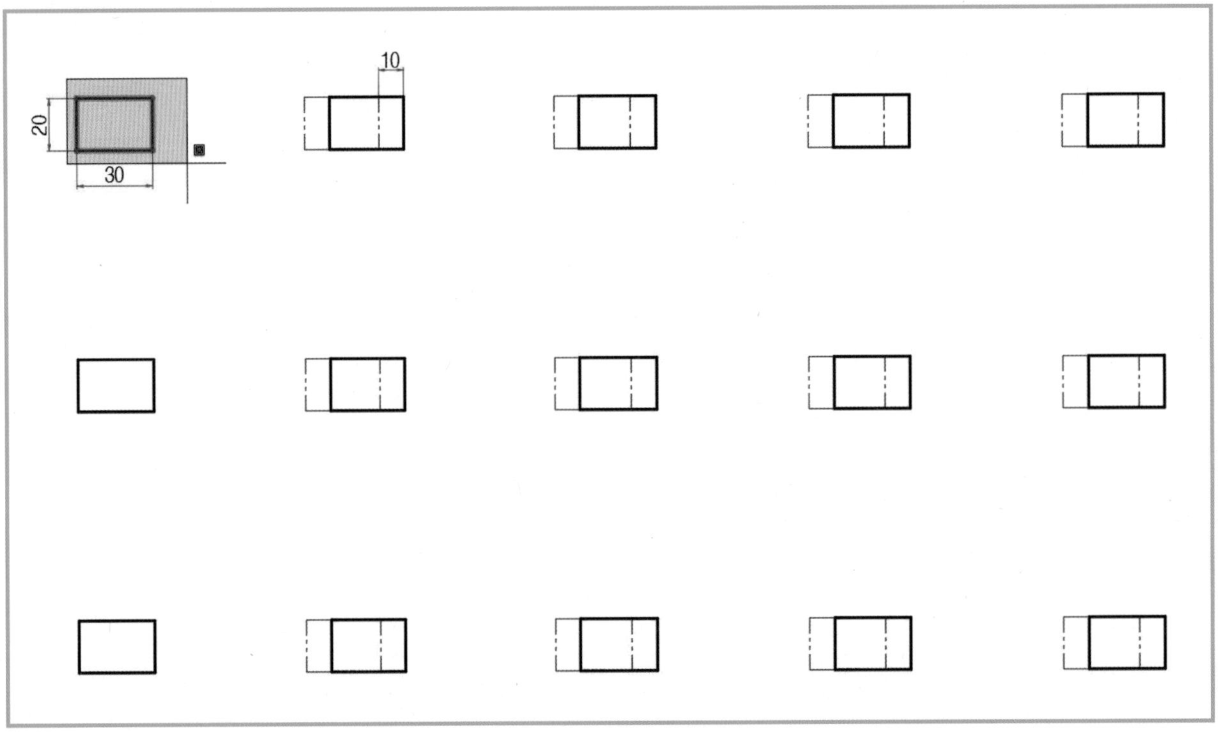

6-4 배열(ARRAY 단축키: AR)

아래와 같이 배열을 이용하여 만들 수 있다.

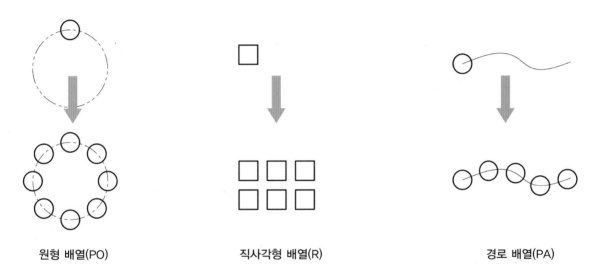

원형 배열(PO)   직사각형 배열(R)   경로 배열(PA)

따라하기 1.

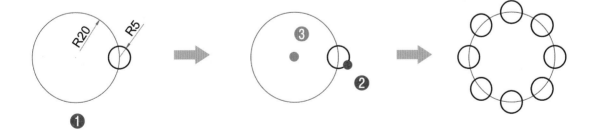

❶ 그림과 같이 그린다.
⬤ AR(배열)를 입력한다.
❷ 그림과 같이 작은 원을 선택한다.
⬤ PO(원형)를 입력한다.

❸ 그림과 같이 중심점을 선택한다.
⬤ I(항목)를 입력한다.
⬤ 8(항목 수)를 입력한다.
⬤ Space bar 키를 누른다.

따라하기 2.

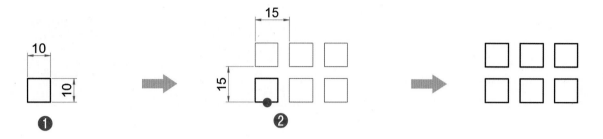

❶ 그림과 같이 그린다.

⬤ AR(배열)을 입력한다.

❷ 그림과 같이 사각형을 선택한다.

⬤ R(직사각형)을 입력한다.

⬤ COL(열)을 입력한다.

⬤ 3(열수 입력)을 입력한다.

⬤ 15(열 사이 거리)를 입력한다.

⬤ R(행)을 입력한다.

⬤ 15(열 사이 거리)를 입력한다.

⬤ 2(열수 입력)를 입력한다.

⬤ Space bar 키를 누른다.

따라하기 3.

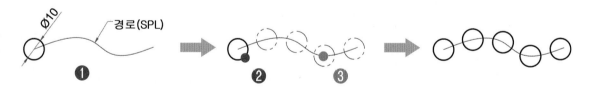

❶ 그림과 같이 원(C)과 스플라인(SPL)을 이용해서 그린다.

⬤ AR(배열)을 입력한다.

❷ 그림과 같이 원을 선택한다.

⬤ PA(경로)를 입력한다.

❸ 그림과 같이 경로를 선택한다.

⬤ I(항목)를 입력한다.

⬤ 15(항목 사이 거리)를 입력한다.

⬤ Space bar 키를 누른다.

> **참고** 배열을 이용해서 작업한 것은 결합된 상태로 **X(분해)** 단축키를 이용해서 분해할 수 있다.

6주 차

연습하기 **1. 원형 배열**

아래 그림과 같이 그리고, 100mm씩 복사해서 **AR>PO**를 이용해 그려보자.

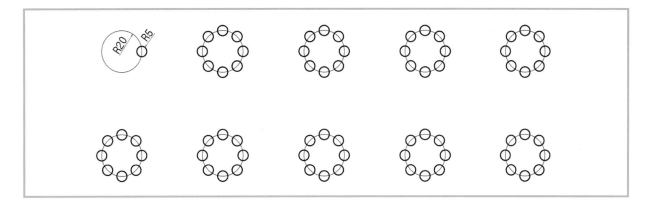

연습하기 **2. 직사각형 배열**

아래 그림과 같이 그리고, 100mm씩 복사해서 **AR>R**을 이용해 그려보자.

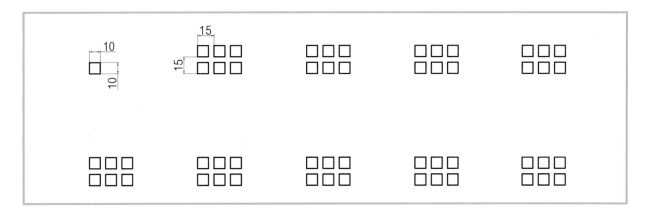

연습하기 **3. 경로 배열**

아래 그림과 같이 그리고, 100mm씩 복사해서 **AR>PA**를 이용해 그려보자.

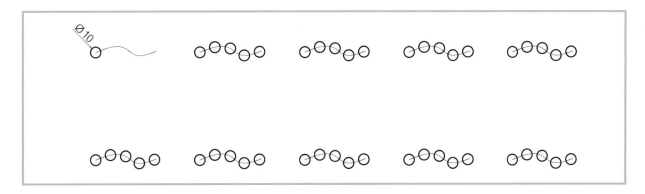

6-5 배열 수정하기(Ctrl + 1)

Ctrl + 1 을 이용해서 빠르게 배열을 수정할 수 있다.

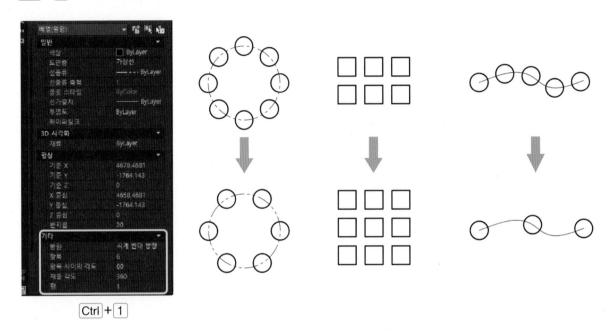

Ctrl + 1

따라하기 1.

① 8개   Ctrl + 1   6개

❶ 그림과 같이 배열(AR>PO 이용) 명령어로 그린다.

● Ctrl + 1 을 눌러 특성 창이 나타나게 한다.

❷ 그림과 같이 작은 원을 선택한다.

❸ 맨 아래쪽 기타에서 항목을 6으로 수정한다.

● 바탕화면 빈 공간을 선택한다.

● 6개로 수정된 것을 확인할 수 있다.

● Ctrl + 1 을 눌러 특성 창이 사라지게 한다.

참고 1. 키보드에서 Ctrl + 1 키를 사용하여 도면층/배열/색상 등 여러 가지를 수정할 수 있다.
2. Ctrl + 1 → **특성 창 ON/OFF**

따라하기 2.

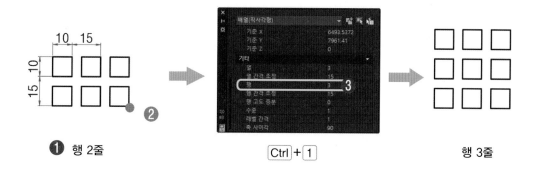

① 행 2줄   Ctrl + 1   행 3줄

❶ 그림과 같이 배열(AR>R 이용) 명령어로 그린다.

● Ctrl + 1을 눌러 특성 창이 나타나게 한다.

❷ 그림과 같이 사각형을 선택한다.

❸ 맨 아래쪽 기타에서 행을 3으로 수정한다.

● 바탕화면 빈 공간을 선택한다.

● 행이 3줄로 수정된 것을 확인할 수 있다.

● Ctrl + 1을 눌러 특성 창이 사라지게 한다.

연습하기 **1.** 아래 그림과 같이 그리고, 100mm씩 복사해서 Ctrl+1 키를 이용해 8개 → 4개로 수정해 보자.

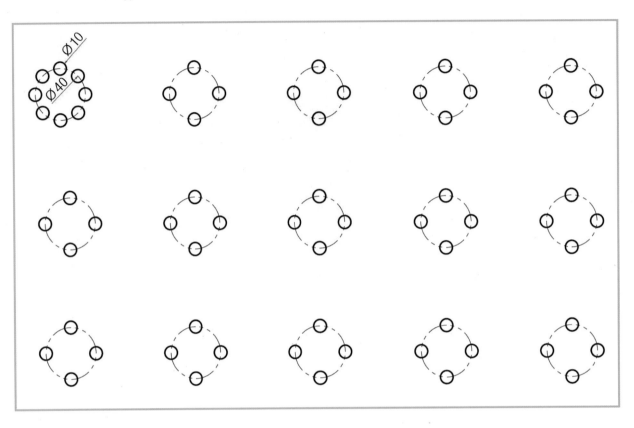

연습하기 **2.** 아래 그림과 같이 그리고, 100mm씩 복사해서 Ctrl+1 키를 이용해 **행 2줄 → 1줄로 수** 정해 보자.

6-6 호(ARC 단축키: A)

호 기능을 이용해서 아래와 같이 만들 수 있다.

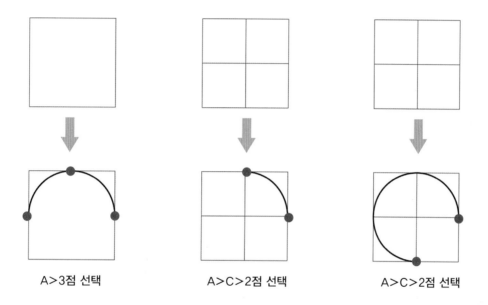

A>3점 선택   A>C>2점 선택   A>C>2점 선택

따라하기 1.

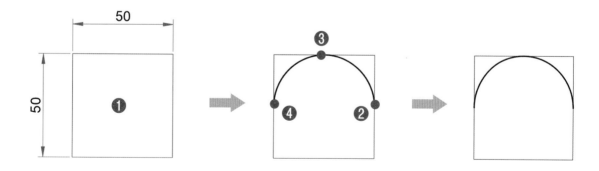

❶ 그림과 같이 그린다.
● A(호)를 입력한다.
❷ 그림과 같이 중간점을 선택한다.

❸ 그림과 같이 중간점을 선택한다.
❹ 그림과 같이 중간점을 선택한다.
● 호가 생성된 것을 확인한다.

따라하기 2.

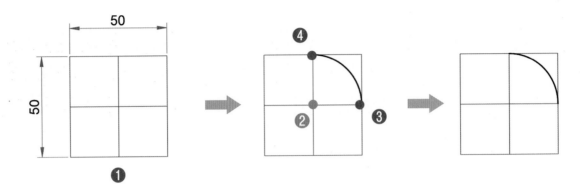

❶ 그림과 같이 그린다.

● A(호)를 입력한다.

● C(중심)를 입력한다.

❷ 그림과 같이 중심점을 선택한다.

❸ 그림과 같이 시작점을 선택한다.

❹ 그림과 같이 끝점을 선택한다.

● 호가 생성된 것을 확인한다.

따라하기 3.

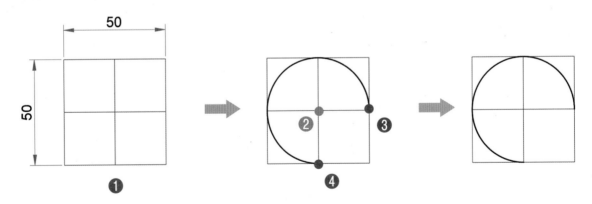

❶ 그림과 같이 그린다.

● A(호)를 입력한다.

● C(중심)를 입력한다.

❷ 그림과 같이 중심점을 선택한다.

❸ 그림과 같이 시작점을 선택한다.

❹ 그림과 같이 끝점을 선택한다.

● 호가 생성된 것을 확인한다.

참고 호를 **중심점 기준**으로 그릴 때 [Ctrl] 키를 이용해서 **방향**을 **전환**할 수 있다.

따라하기 4.

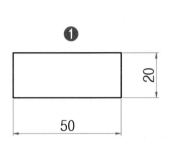

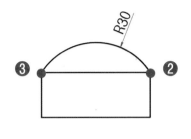

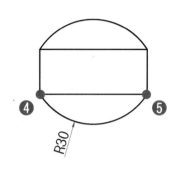

❶ 그림과 같이 그린다.

⚫ A(호)를 입력한다.

❷ 끝점을 선택한다.

⚫ E(끝)를 선택한다.

❸ 끝점을 선택한다.

⚫ R(반지름)을 입력한다.

⚫ 30을 입력한다.

⚫ A(호)를 입력한다.

❹ 끝점을 선택한다.

⚫ E(끝)를 선택한다.

❺ 끝점을 선택한다.

⚫ R(반지름)을 입력한다.

⚫ 30을 입력한다.

연습하기 **1.** 아래 그림과 같이 그리고, 100mm씩 복사해서 **A>3점 선택**을 이용해 그려보자.

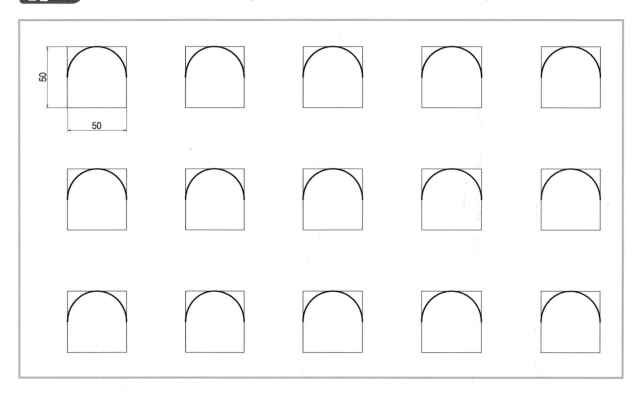

연습하기 **2.** 아래 그림과 같이 그리고, 100mm씩 복사해서 **A>C>2점 선택**을 이용해 그려보자.

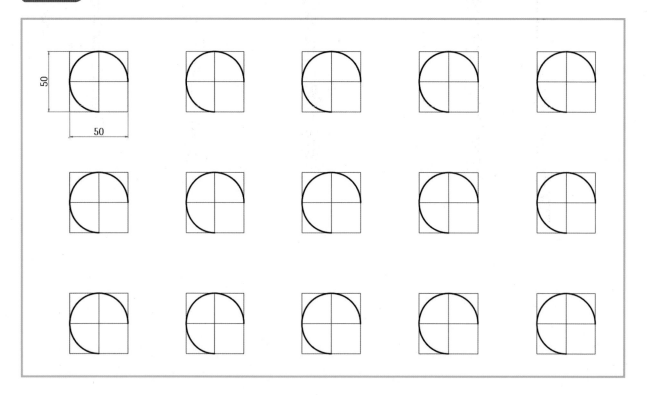

연습하기 **3.** 아래 그림과 같이 그리고, 100mm씩 복사해서 **A>C>2점 선택**을 이용해 그려보자.

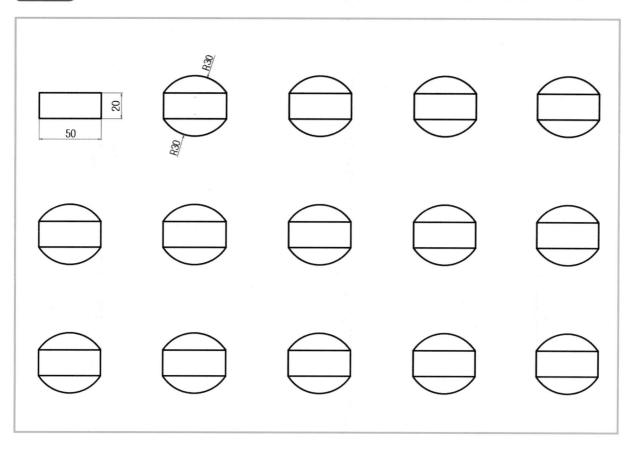

6-7 스플라인(SPLINE 단축키: SPL)

스플라인 기능을 이용해서 아래와 같이 만들 수 있다.

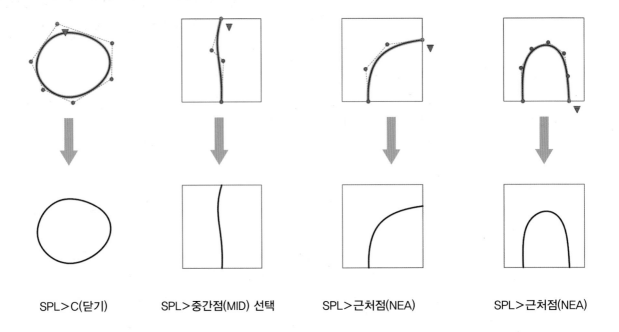

| SPL>C(닫기) | SPL>중간점(MID) 선택 | SPL>근처점(NEA) | SPL>근처점(NEA) |

참고
1. **스플라인을 그릴 때**는 **수동 선택**을 이용하면 편리한 경우가 많다.
2. 수동 선택(SNAP)은 **1번만 선택**할 수 있다.
3. 수동 선택 → INT(교차점), **MID(중간점)**, **NEA(근처점)**, END(끝점), PER(직각), QUA(사분점) 등이 있다.

따라하기 1. 닫기

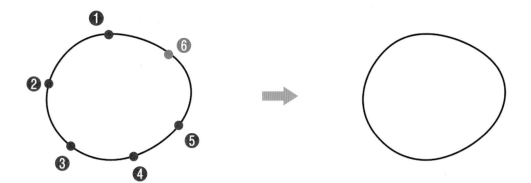

⬤ SPL(스플라인)을 입력한다.

⬤ 그림과 같이 ❶ ~ ❻을 순차적으로 선택한다.

⬤ C(닫기)를 입력한다.

⬤ 스플라인이 닫힌 것을 확인할 수 있다.

따라하기 2. 중간점 선택

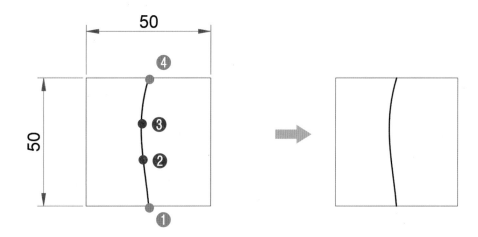

⬤ 그림과 같이 정사각형을 그린다.

⬤ SPL(스플라인)을 입력한다.

⬤ MID(중간점)을 입력한다.

❶ 그림과 같이 선을 선택한다.

❷ ~ ❸번 순으로 선택한다.

⬤ MID(중간점)을 입력한다.

❹ 그림과 같이 선을 선택한다.

⬤ Space bar 키를 누른다.

따라하기 3. 근처점 선택

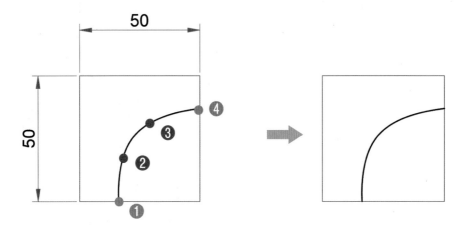

● 그림과 같이 정사각형을 그린다.

● SPL(스플라인)을 입력한다.

● NEA(근처점)를 입력한다.

❶ 그림과 같이 선을 선택한다.

❷ ~ ❸번 순으로 선택한다.

● NEA(근처점)를 입력한다.

❹ 그림과 같이 선을 선택한다.

● Space bar 키를 누른다.

따라하기 4. 근처점 선택

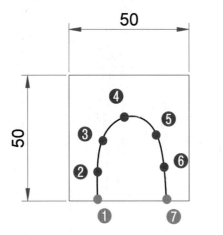
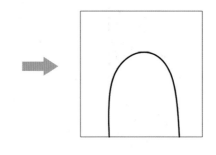

● 그림과 같이 정사각형을 그린다.

● SPL(스플라인)을 입력한다.

● NEA(근처점)를 입력한다.

❶ 그림과 같이 선을 선택한다.

❷ ~ ❻번 순으로 선택한다.

● NEA(근처점)를 입력한다.

❼ 그림과 같이 선을 선택한다.

● Space bar 키를 누른다.

6주 차

연습하기 **1.** 아래 그림과 같이 대략 100mm 간격으로 SPL>C(닫기) 기능을 이용해서 그려보자.

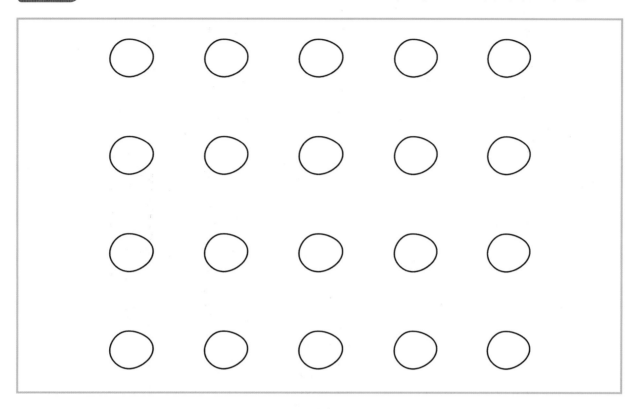

연습하기 **2.** 아래 그림과 같이 정사각형을 그리고, 100mm 간격으로 복사해서 SPL>NEA(근처점) 기능을 이용해 그려보자.

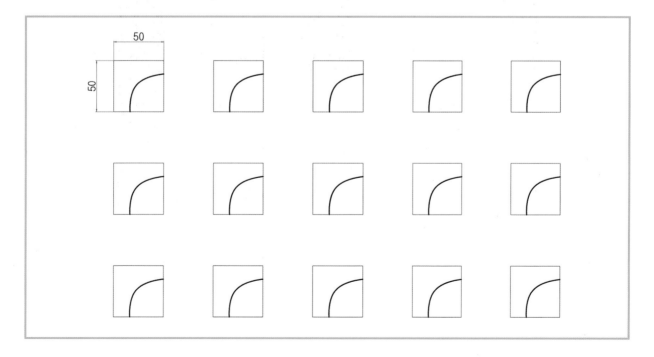

연습하기 **3.** 아래 그림과 같이 정사각형을 그리고, 100mm 간격으로 복사해서 SPL>NEA(근처점) 기능을 이용해 그려보자.

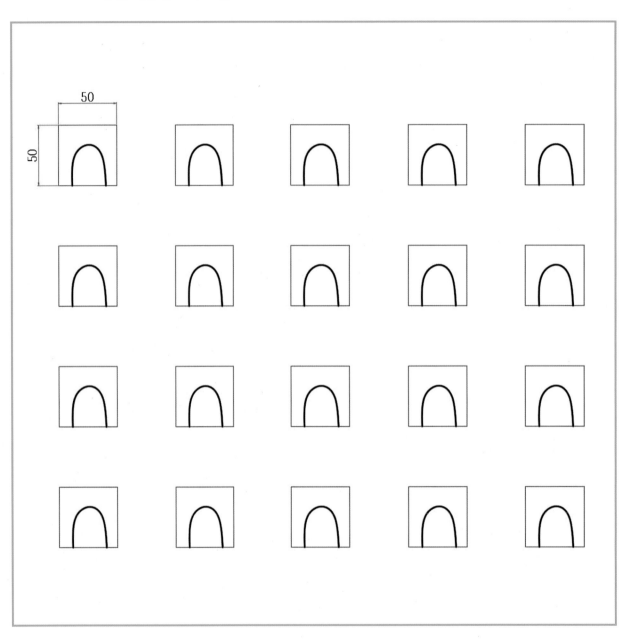

L/DLI/C/DRA/DDI/REC/CO/Ctrl+1/CM/CL/M/RO/DAL/
E/F/TR/X/CHA/O/EX/POL/EL/BR/SC/S/AR/A/SPL

[6주 차 복습 예제]

아래와 같이 그리고, 치수를 적용해 보자.

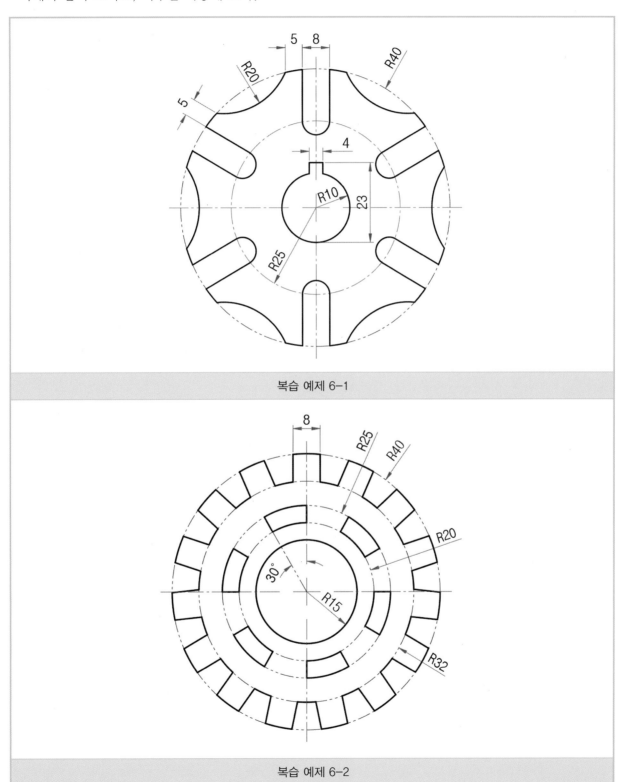

복습 예제 6-1

복습 예제 6-2

L/DLI/C/DRA/DDI/REC/CO/Ctrl+1/CM/CL/M/RO/DAL/
E/F/TR/X/CHA/O/EX/POL/EL/BR/SC/S/AR/A/SPL

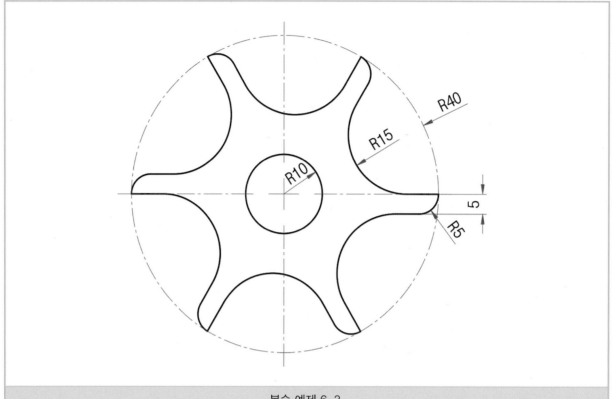

복습 예제 6-3

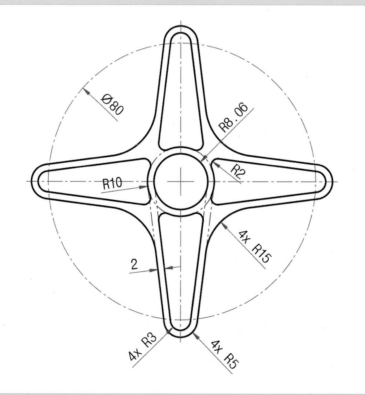

복습 예제 6-4

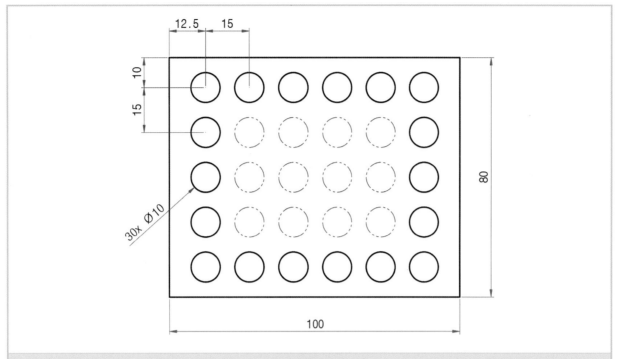

복습 예제 6-5

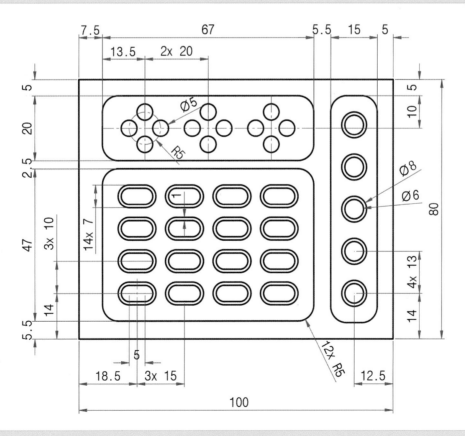

복습 예제 6-6

교육영상

AutoCAD 2023

7주 차

AutoCAD 환경 설정

7-1 해치(HATCH 단축키: -H)

해치 기능을 이용해서 아래와 같이 만들 수 있다.

따라하기 1. 해치 생성하기

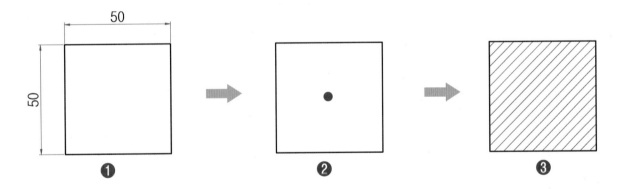

❶ 그림과 같이 그린다.

● -H(해치)를 입력한다.

❷ 사각형 안쪽을 선택한다.

● Space bar 키를 누른다.

❸ 해치가 생성된 것을 볼 수 있다.

● 모양은 그림과 달라도 상관없다.

참고 1. 위에서 설명한 기능은 닫혀진 상태만 가능하다.
2. 단축키 'H'를 사용하여 해치 창에서 '추가: 객체 선택'을 하면 열린 상태에서도 해칭이 가능하다.

따라하기 2. 해치 모양 수정하기

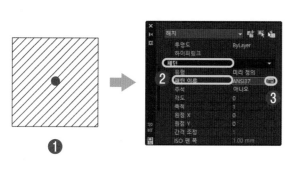

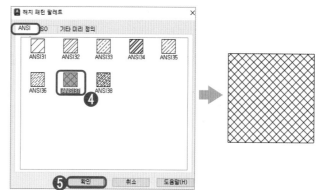

● Ctrl + 1 을 눌러 특성 창이 나타나게 한다.

❶ 해치를 선택한다.

❷ 패턴 → 패턴 이름 선택 후

❸ 아이콘을 선택한다.

❹ ANSI 탭에서 ANSI37을 선택한다.

❺ 확인을 선택한다.

● Ctrl + 1 을 눌러 특성 창이 사라지게 한다.

● 패턴 모양이 변경된 것을 확인할 수 있다.

참고 Ctrl + 1 을 눌러 특성 창을 on/off 할 수 있다.

따라하기 3. 해치 간격 수정하기

● Ctrl + 1 을 눌러 특성 창이 나타나게 한다.

❶ 해치를 선택한다.

❷ 패턴에서 축척을 2로 수정한다.

● 빈 공간을 선택한다.

● Ctrl + 1 을 눌러 특성 창이 사라지게 한다.

● 패턴 모양이 변경되었다.

따라하기 4. 해치 모양 수정하기

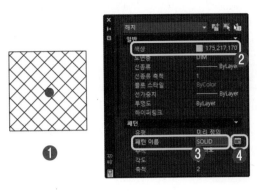
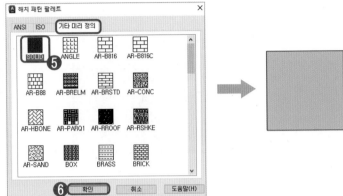

⬤ Ctrl + 1 을 눌러 특성 창이 나타나게 한다.

❶ 해치를 선택한다.

❷ 일반에서 원하는 색상으로 수정한다.

❸ 패턴에서 패턴 이름을 선택 후 ❹ 아이콘을 선택한다.

❺ 기타 미리 정의 탭에서 SOLID를 선택한다.

❻ 확인을 선택한다.

⬤ Ctrl + 1 을 눌러 특성 창이 사라지게 한다.

⬤ 패턴 모양이 변경된 것을 확인할 수 있다.

따라하기 5. 해치 모양 수정하기

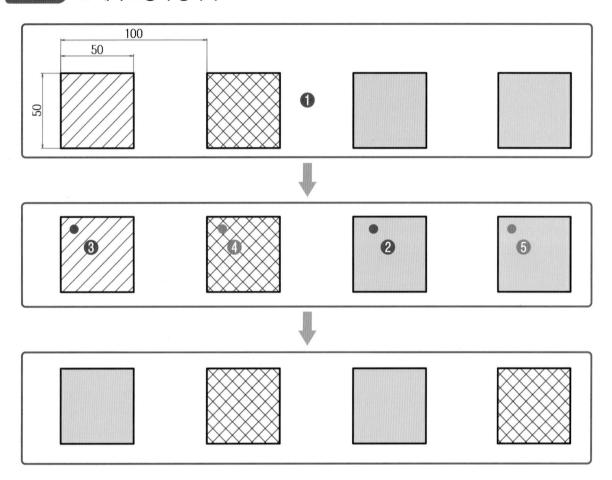

❶ 그림과 같이 사각형 4개를 그리고 비슷하게 해치한다.

⬤ MA(특성 일치)를 입력한다.

❷ 원본 객체를 선택한다.

❸ 대상 객체를 선택한다.

⬤ 모양이 변경된 것을 확인한다.

⬤ Esc 키를 눌러 기능을 취소한다.

⬤ 다시 MA(특성 일치)를 입력한다.

❹ 원본 객체를 선택한다.

❺ 대상 객체를 선택한다.

⬤ 모양이 변경된 것을 확인한다.

참고 단축키 **MA**는 특성 일치(MATCHPROP)로 **해치 및 레이어, 치수 특성, 색상** 등을 원본 객체를 기준으로 대상 객체를 **변경하는 기능**으로 단축키를 숙달시키면 작업 속도를 향상시킬 수 있다.

연습하기 **1.** 아래 그림과 같이 그리고, 100mm 간격으로 복사해서 **해치 기능을 반복적으로 연습**해 보자. (―H 단축키 사용/**모양 상관없음**)

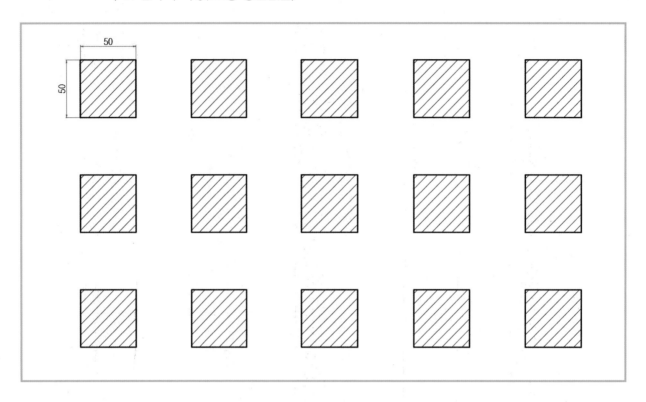

연습하기 **2.** 위에서 작성한 패턴을 이용해서 아래와 같은 형상으로 변경해 보자. (Ctrl + 1과 MA 단축키 이용) (**축척 → 2 적용**)

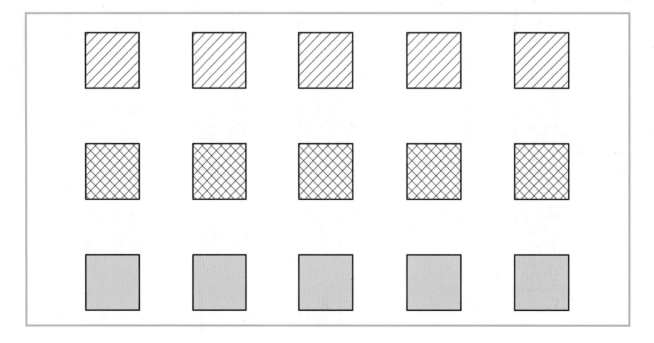

7-2   대칭(MIRROR 단축키: MI)

이 기능을 이용해서 아래와 같이 대칭 복사를 할 수 있다.

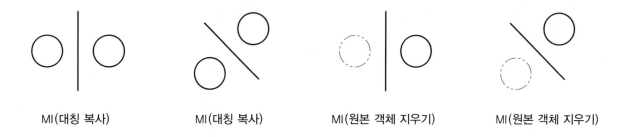

MI(대칭 복사)   MI(대칭 복사)   MI(원본 객체 지우기)   MI(원본 객체 지우기)

따라하기 ▶ 1. 대칭 복사

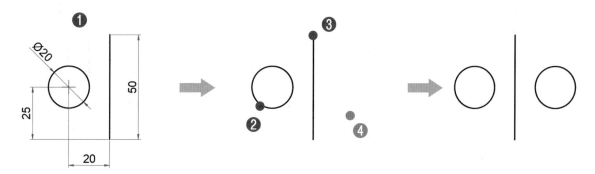

❶ 그림과 같이 그린다.

● MI(대칭 복사)를 입력한다.

❷ 원을 선택한다.

❸ 선의 끝점(END)을 선택한다.

● 수평/수직이 되어 있지 않으면 F8 키를 누른다.

❹ 그림과 같이 빈 공간을 선택한다.

● Space bar 키를 누른다.

따라하기 2. 원본 객체 지우기

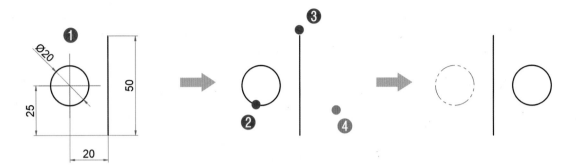

❶ 그림과 같이 그린다.

● MI(대칭 복사)를 입력한다.

❷ 원을 선택한다.

❸ 선의 끝점을 선택한다.

● 직교 켜기가 되어 있지 않으면 F8 키를 누른다.

❹ 그림과 같이 빈 공간을 선택한다.

● Y(원본 객체 지우기)를 입력한다.

● 원본 객체가 지워진 것을 확인할 수 있다.

따라하기 3. 대칭 복사

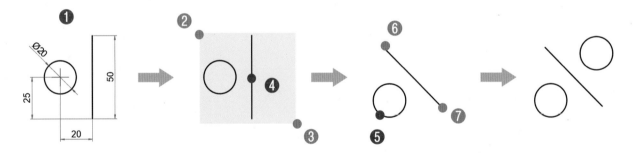

❶ 그림과 같이 그린다.

● RO(회전)를 입력한다.

❷ 그림과 같은 위치를 선택 후

❸ 드래그하여 그림과 같은 위치를 선택한다.

● Space bar 키를 누른다.

❹ 회전 기준점으로 중간점을 선택한다.

● 45를 입력한다.

● MI(대칭 복사)를 입력한다.

❺ 원을 선택한다.

❻ 대칭선의 첫 번째 점으로 끝점을 선택한다.

❼ 대칭선의 두 번째 점으로 끝점을 선택한다.

● Space bar 키를 누른다.

연습하기 **1.** 아래 그림과 같이 그리고, 100mm 간격으로 복사해서 MI를 이용해 **대칭 복사**를 해보자.

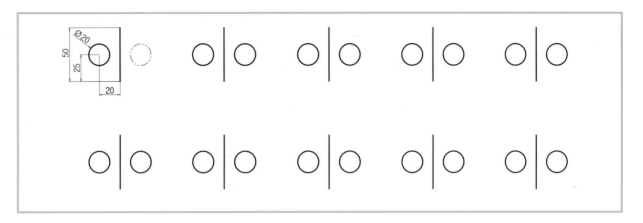

연습하기 **2.** 아래 그림과 같이 그리고, 100mm 간격으로 복사해서 MI를 이용해 **대칭 복사**를 해보자.
(원본 객체 지우기 연습)

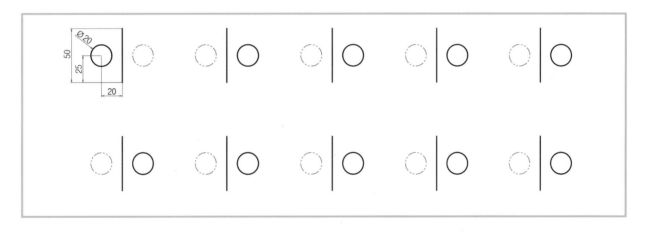

연습하기 **3.** 아래 그림과 같이 그리고, 100mm 간격으로 복사해서 MI를 이용해 **대칭 복사**를 해보자.
RO(회전) → **45도** 적용 후 진행

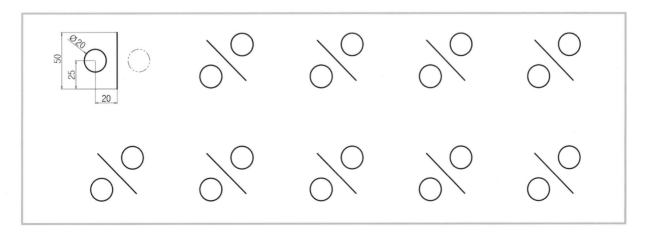

7-3 선 길이 조절(LENGTHEN 단축키: LEN)

이 기능을 이용해서 선을 늘리거나 짧게 할 수 있다.

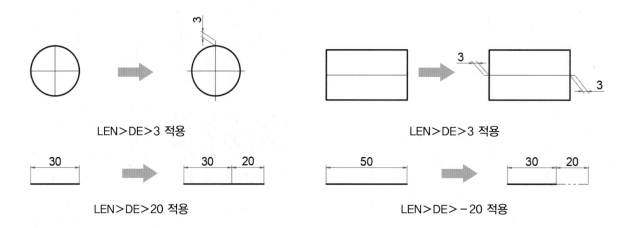

LEN>DE>3 적용

LEN>DE>3 적용

LEN>DE>20 적용

LEN>DE>-20 적용

따라하기 1. 3mm 연장

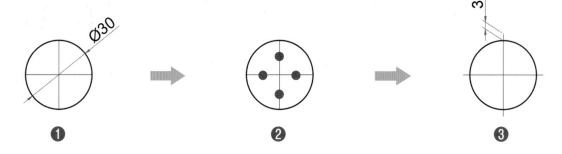

①   ②   ③

① 그림과 같이 그린다. (중심선 포함)

● LEN(선 길이 조정)을 입력한다.

● DE(증분)를 입력한다.

● 3을 입력한다.

② 그림과 같이 선을 순차적으로 선택한다.

③ 선이 3mm씩 늘어난 것을 확인할 수 있다.

따라하기 2. 20mm 연장

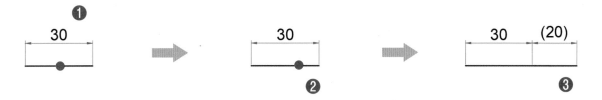

● 그림과 같이 선을 그린다.
● DLI(선형 치수)를 입력 후
❶ 그림과 같이 선을 선택해서 **치수를** 기입한다.
● LEN(선 길이 조정)을 입력한다.
● DE(증분)를 입력한다.
● 20을 입력한다.
❷ 그림과 같이 선을 선택한다.
❸ 선이 20mm 늘어난 것을 확인할 수 있다.

따라하기 3. 20mm 축소

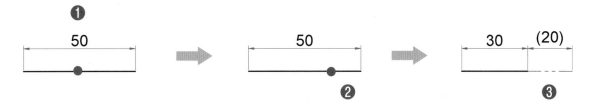

● 그림과 같이 선을 그린다.
● DLI(선형 치수)를 입력 후
❶ 그림과 같이 선을 선택해서 **치수를** 기입한다.
● LEN(선 길이 조정)을 입력한다.
● DE(증분)를 입력한다.
● −20을 입력한다.
❷ 그림과 같이 선을 선택한다.
❸ 선이 20mm 줄어든 것을 확인할 수 있다.

연습하기 **1.** 아래 그림과 같이 그리고, 100mm 간격으로 복사해서 LEN>DE>3을 적용해 중심선을 늘려보자.

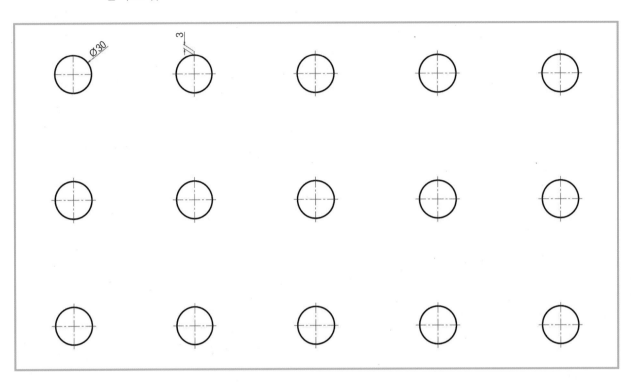

연습하기 **2.** 아래 그림과 같이 그리고, 100mm 간격으로 복사해서 LEN>DE>3을 적용해 중심선을 늘려보자.

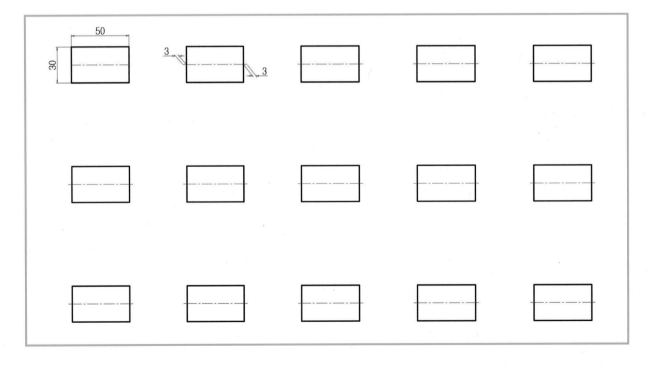

7-4 수동 스냅 사용하기

자동 스냅을 사용할 경우 선택 오류가 발생할 수 있으므로, 수동 스냅 사용하는 법을 익혀 작업의 정확성을 향상시키자.

[수동 스냅 특징]

- 1회만 적용된다.
- 적용한 스냅만 적용된다. → 오류 방지

참고	외워두면 유용한 수동스냅		
END	끝점	INT	교차점
MID	중간점	PER	직교
CEN	중심	TAN	접점
QUA	사분점	NEA	근처점

따라하기 **1. 직교 → 사용 단축키: REC(직사각형) / RO(회전)**

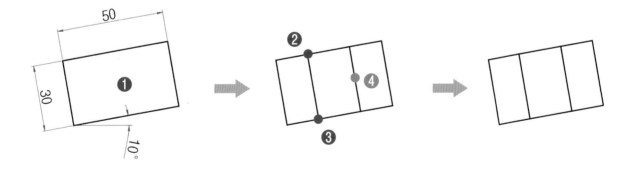

❶ 그림과 같이 그린다.

● L(라인)을 입력한다.

● NEA(근처점)를 입력한다.

❷ 그림과 같이 선택한다.

● PER(직교)을 입력한다.

❸ 그림과 같이 선택한다.

● Space bar 키를 누른다.

❹ 동일한 방법으로 나머지 선도 그린다.

따라하기 2. 근처점

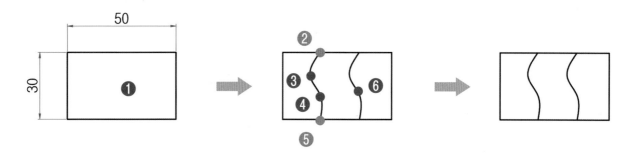

① 그림과 같이 그린다.

● F8 키를 눌러 직교 끄기를 한 상태에서 진행한다.

● SPL(스플라인)을 입력한다.

● NEA(근처점)를 입력한다.

② 그림과 같이 선택한다.

③④ 그림과 같이 선택한다.

● NEA(근처점)를 입력한다.

⑤ 그림과 같이 선택한다.

● Space bar 키를 누른다.

⑥ 동일한 방법으로 나머지 선도 그린다.

따라하기 3. 접점

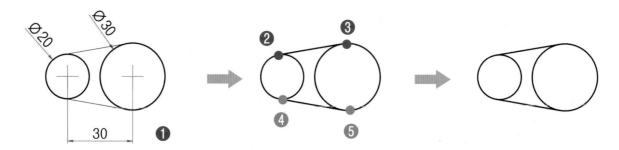

① 그림과 같이 그린다.

● L(라인)을 입력한다.

● TAN(접점)을 입력한다.

② 그림과 같이 원을 선택한다.

● TAN(접점)을 입력한다.

③ 그림과 같이 원을 선택한다.

● Space bar 키를 2번 누른다.

● TAN(접점)을 입력한다.

④ 그림과 같이 원을 선택한다.

● TAN(접점)을 입력한다.

⑤ 그림과 같이 원을 선택한다.

● Space bar 키를 누른다.

7주 차

연습하기 1. 아래 그림과 같이 그리고, 100mm 간격으로 복사해서 **NEA**(근처점)와 **PER**(직교)을 적용해 그려보자.

연습하기 2. 아래 그림과 같이 그리고, 100mm 간격으로 복사해서 **SPL**(스플라인)과 **NEA**(근처점)를 적용해 그려보자.

연습하기 **3.** 아래 그림과 같이 그리고, 100mm 간격으로 복사해서 TAN(접점)을 적용해 그려보자.

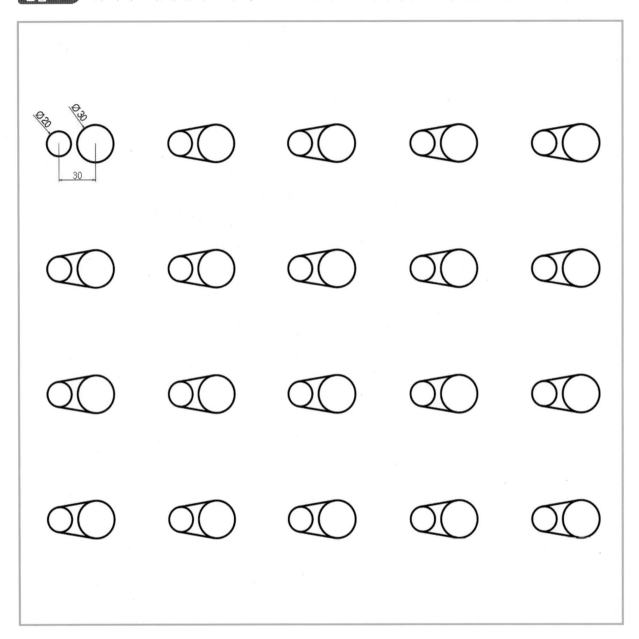

7-5 UCS 좌표계 사용하기

UCS>Z(Z축 회전 각도 지정)를 사용해서 아래와 같은 경사진 도면을 쉽게 그릴 수 있다.

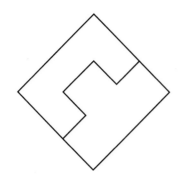

UCS>Z>45도 적용

따라하기

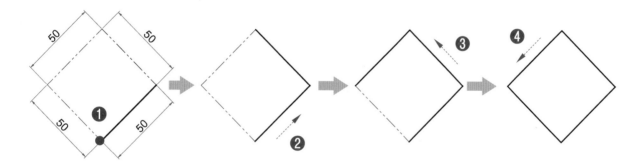

● UCS(좌표계)를 입력한다.

● Z(Z축 각도 지정)를 입력한다.

● 45를 입력한다.

● 좌표계가 45도 회전한 것을 볼 수 있다.

● L(라인)을 입력한다.

❶ 그림과 같이 임의의 점을 찍는다.

❷ 그림과 같이 마우스 방향을 위치시키고

● 50을 입력한다.

❸ 그림과 같이 마우스 방향을 위치시키고

● 50을 입력한다.

❹ 그림과 같이 마우스 방향을 위치시키고

● 50을 입력한다.

● C(닫기)를 입력한다.

● UCS(좌표계)를 입력한다.

● Space bar 키를 두 번 누른다.

● 좌표계가 정상적으로 돌아온 것을 확인할 수 있다.

연습하기 1. UCS>Z>45도를 적용해서 아래 그림과 같이 그려보자.

따라하기와 같은 **방법**으로 그린다.

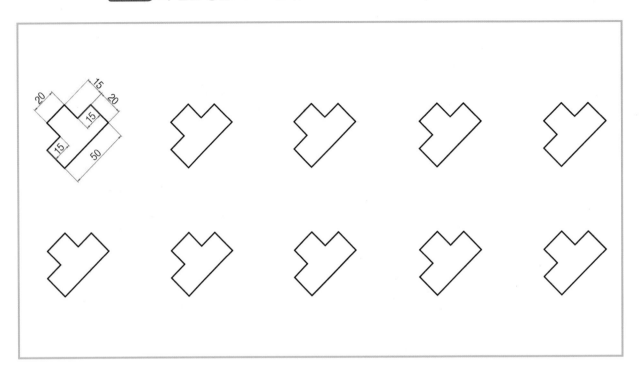

연습하기 2. UCS>Z>45도를 적용해서 아래 그림과 같이 그려보자.

따라하기와 같은 **방법**으로 그린다.

7-6 각도 치수(DIMANGULAR, 단축키: DAN)

각도 치수기입을 통해 아래 그림처럼 치수기입을 할 수 있다.

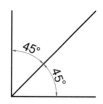 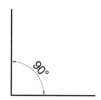

따라하기

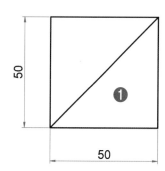 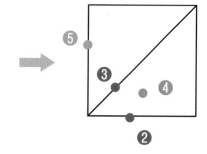 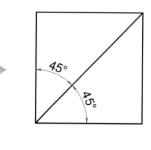

❶ 그림과 같이 그린다.

● DAN(각도 치수)을 입력한다.

❷ 그림과 같이 선을 선택한다.

❸ 그림과 같이 선을 선택한다.

❹ 그림과 같이 빈 공간을 선택한다.

● DCO(연속 치수기입)를 입력한다.

❺ 그림과 같이 선을 선택한다.

● Esc 키를 눌러 기능을 취소한다.

참고 DCO(연속 치수기입)를 숙달시키면 치수기입을 빠르게 할 수 있다.

연습하기 아래 그림과 같이 그리고, 100mm 간격으로 복사해서 DAN(각도 치수기입) / DCO(연속 치수기입) 단축키를 숙달시키자.

| 7-7 | **연속 치수기입(DIMCONTINUE, 단축키: DCO)** |

연속 치수기입을 이용하면 경사진 형상에 치수기입도 쉽게 할 수 있다.

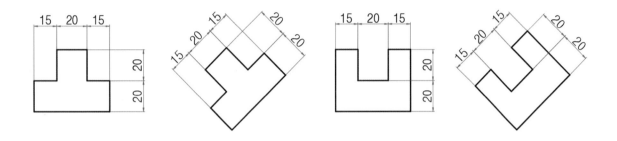

따라하기 1.

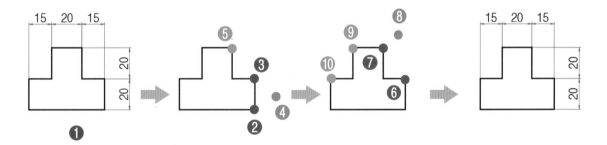

❶ 그림과 같이 그린다.

⬤ DLI(선형 치수)를 입력한다.

❷ 끝점을 선택한다.

❸ 끝점을 선택한다.

❹ 그림과 같이 빈 공간을 선택한다.

⬤ DCO(연속 치수)를 입력한다.

❺ 끝점을 선택한다.

⬤ Esc 키를 눌러 기능을 취소한다.

⬤ DLI(선형 치수)를 입력한다.

❻ 끝점을 선택한다.

❼ 끝점을 선택한다.

❽ 그림과 같이 빈 공간을 선택한다.

⬤ DCO(연속 치수)를 입력한다.

❾ 끝점을 선택한다.

❿ 끝점을 선택한다.

⬤ Esc 키를 눌러 기능을 취소한다.

따라하기 2. 경사진 형상 만들기

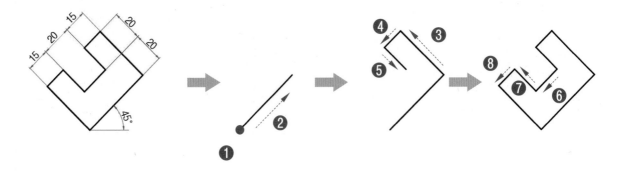

● 치수를 보고 그려보자.

● UCS(좌표계)를 입력한다.

● Z를 입력한다.

● 45를 입력한다. (좌표계가 회전된다.)

● L(라인)을 입력한다.

❶ 그림과 같이 임의의 점을 선택한다.

❷ 마우스 방향을 그림과 같이 하고 50을 입력한다.

❸ 40을 입력한다.

❹ 15를 입력한다.

❺ 20을 입력한다.

❻ 20을 입력한다.

❼ 20을 입력한다.

❽ 15를 입력한다.

● C(닫기)를 입력한다.

● UCS(좌표계)를 입력한다.

● Space bar 키를 두 번 누른다.

● 좌표계가 정상적으로 돌아온 것을 확인할 수 있다.

7주 차

따라하기 3.

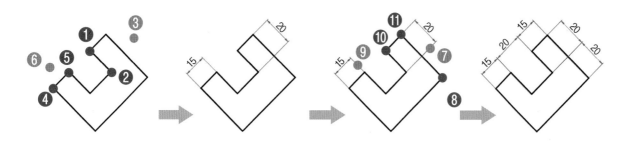

● **따라하기** 2번을 사용한다.

● DAL(경사 치수기입)을 입력한다.

❶ 끝점을 선택한다.

❷ 끝점을 선택한다.

❸ 그림과 같이 빈 공간을 선택한다.

● Space bar 키를 누른다. (명령어가 다시 실행된다.)

❹ 끝점을 선택한다.

❺ 끝점을 선택한다.

❻ 그림과 같이 빈 공간을 선택한다.

● DCO(연속 치수)를 입력한다.

● Space bar 키를 다시 누른다.

❼ 치수 보조선을 선택한다.

❽ 끝점을 선택한다.

● Space bar 키를 누른다. (명령어가 다시 실행된다.)

❾ 치수 보조선을 선택한다.

❿ 끝점을 선택한다.

⓫ 끝점을 선택한다.

● Esc 키를 누른다. (치수 명령이 취소된다.)

연습하기 **1.** 아래 그림과 같이 그리고, 100mm 간격으로 복사해서 DLI(선형 치수기입) / DCO(연속 치수기입)를 이용해 치수기입을 해보자.

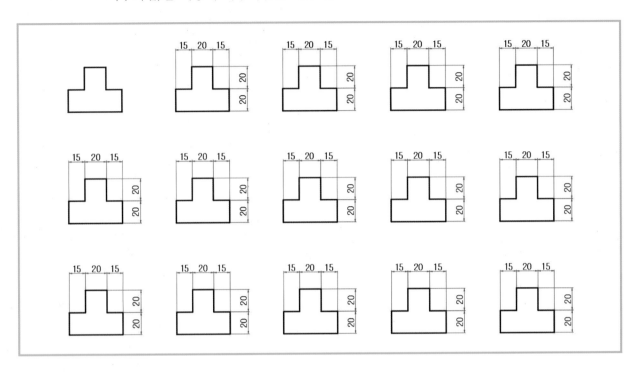

연습하기 **2.** 아래 그림과 같이 그리고, 100mm 간격으로 복사해서 DAL(경사 치수기입) / DCO(연속 치수기입)를 이용해 치수기입을 해보자.

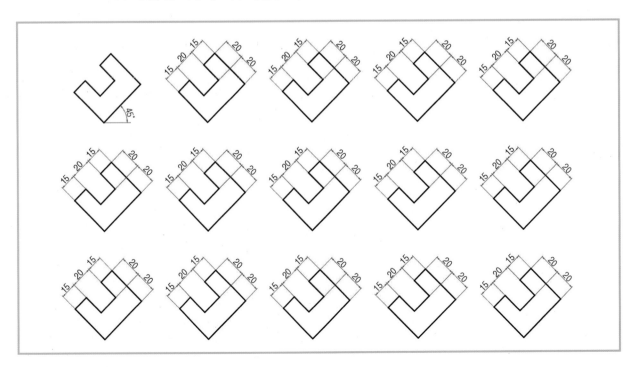

7-8 연속 기준 치수기입(DIMBASELINE, 단축키: DBA)

연속 기준 치수기입을 이용하면 경사진 형상에 치수기입도 쉽게 할 수 있다.

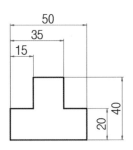
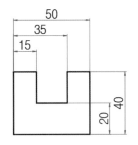
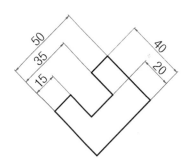

따라하기 1.

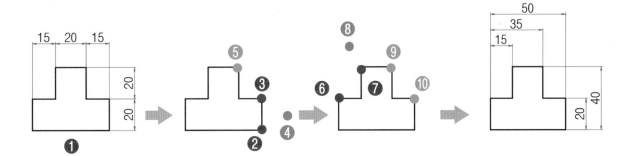

❶ 그림과 같이 그린다.

⬤ DLI(선형 치수)를 입력한다.

❷ 끝점을 선택한다.

❸ 끝점을 선택한다.

❹ 빈 공간을 선택한다.

⬤ DBA(기준 치수)를 입력한다.

❺ 끝점을 선택한다.

⬤ Esc 키를 눌러 기능을 취소한다.

⬤ DLI(선형 치수)를 입력한다.

❻ 끝점을 선택한다.

❼ 끝점을 선택한다.

❽ 빈 공간을 선택한다.

⬤ DBA(기준 치수)를 입력한다.

❾ 끝점을 선택한다.

❿ 끝점을 선택한다.

⬤ Esc 키를 눌러 기능을 취소한다.

따라하기 2.

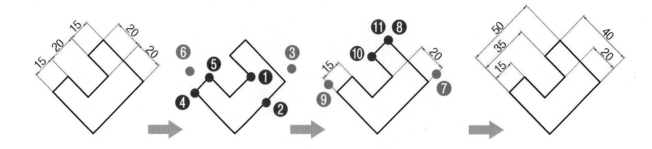

● 완성 치수를 보고 형상을 그린다.

● DAL(경사 치수)을 입력한다.

❶ 끝점을 선택한다.

● PER(직각)을 입력한다.

❷ 선을 선택한다.

❸ 그림과 같이 빈 공간을 선택한다.

● Space bar 키를 누른다. (명령어가 다시 실행된다.)

❹ 끝점을 선택한다.

❺ 끝점을 선택한다.

❻ 그림과 같이 빈 공간을 선택한다.

● DBA(기준 치수)를 입력한다.

● Space bar 키를 다시 누른다.

❼ 그림과 같이 치수 보조선을 선택한다.

❽ 끝점을 선택한다.

● Space bar 키를 누른다. (명령어가 다시 실행된다.)

❾ 그림과 같이 치수 보조선을 선택한다.

❿ 끝점을 선택한다.

⓫ 끝점을 선택한다.

● Esc 키를 누른다. (치수 명령이 취소된다.)

연습하기 1. 아래 그림과 같이 그리고, 100mm 간격으로 복사해서 DLI(선형 치수기입) / DBA(연속 기준 치수기입)를 이용해 치수기입을 해보자.

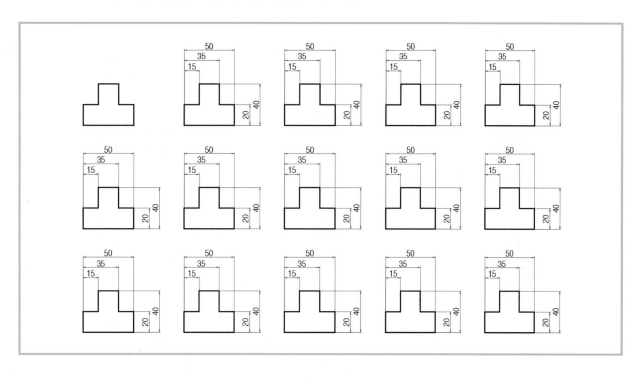

연습하기 2. 아래 그림과 같이 그리고, 100mm 간격으로 복사해서 DAL(경사 치수기입) / DBA(연속 기준 치수기입)를 이용해 치수기입을 해보자.

[7주 차 복습 예제]

아래와 같이 그리고, 치수를 적용해 보자.

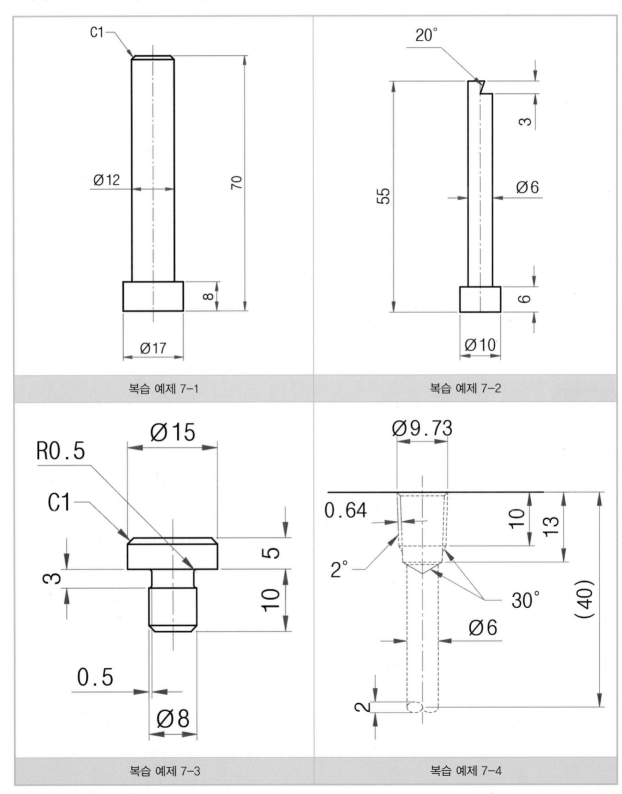

| 복습 예제 7-1 | 복습 예제 7-2 |

| 복습 예제 7-3 | 복습 예제 7-4 |

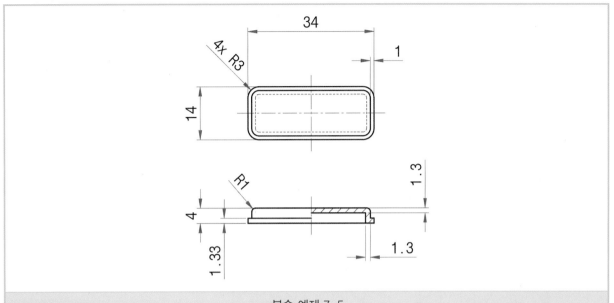

복습 예제 7-5

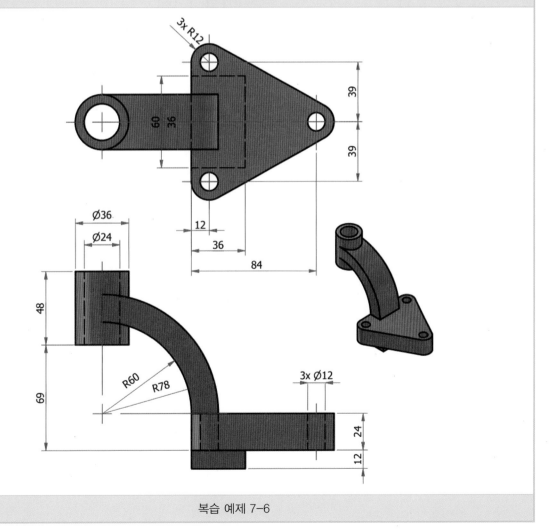

복습 예제 7-6

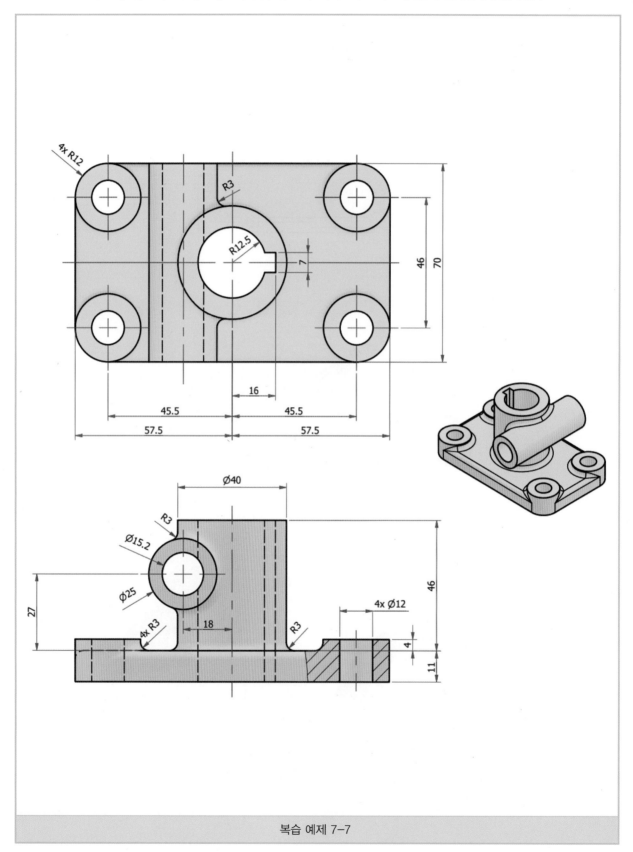

복습 예제 7-7

7주차

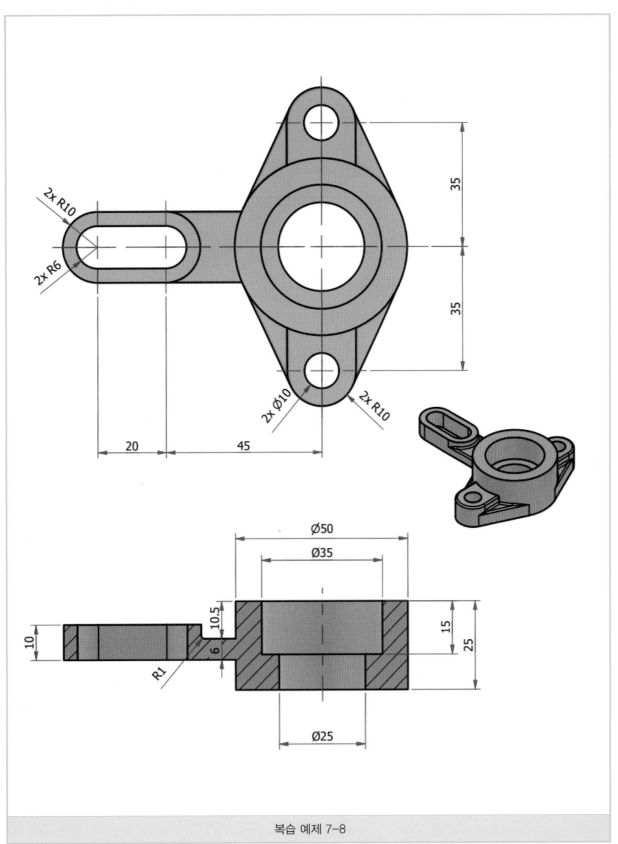

복습 예제 7-8

216

L / DLI / C / DRA / DDI / REC / CO / Ctrl+1 / CM / CL / M / RO / DAL / E / F / TR / X /
CHA / O / EX / POL / EL / BR / SC / S / AR / A / SPL / −H / MI / LEN / DAN / DCO / DBA

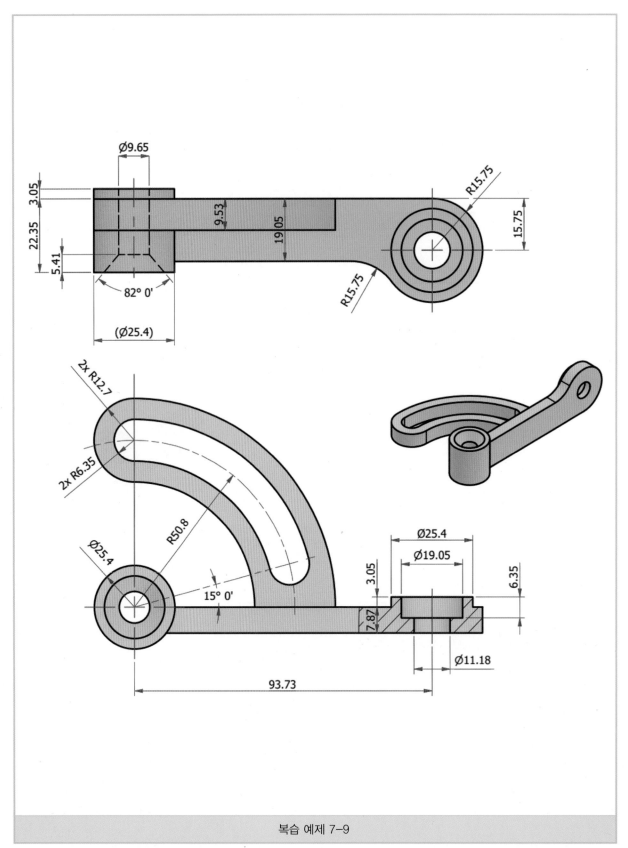

복습 예제 7-9

교육영상

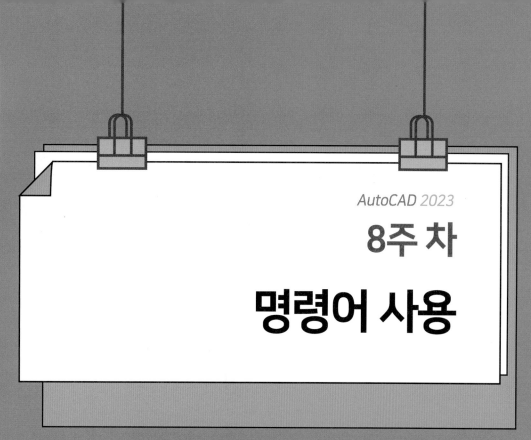

AutoCAD 2023

8주 차

명령어 사용

8-1 세로좌표 치수(DIMORDINATE, 단축키: DOR)

세로좌표 치수기입을 이용하면 도면 크기가 작아지고, 치수를 쉽게 기입할 수 있다.

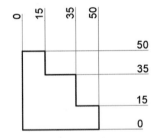
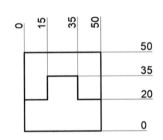
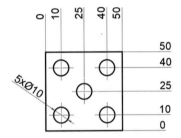

> **참고** 세로좌표 치수는 좌표계(UCS) 원점을 기준으로 한다.

따라하기 1.

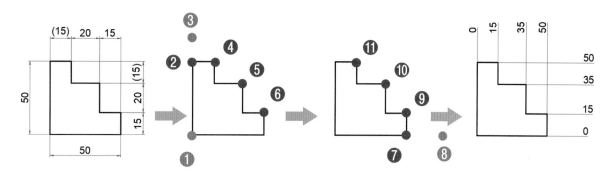

● 그림과 같이 그린다.

● UCS(좌표계)를 입력한다.

● M(이동)을 입력한다.

❶ 끝점을 선택한다. (화면 좌표계가 이동된다.)

● DOR(세로좌표 치수)을 입력한다.

❷ 끝점을 선택한다.

❸ 빈 공간을 선택한다.

● DCO(연속 치수)를 입력한다.

❹ ~ ❻ 끝점을 선택한다.

● Esc 키를 눌러 기능을 취소한다.

● DOR(세로좌표 치수)을 입력한다.

❼ 끝점을 선택한다.

❽ 빈 공간을 선택한다.

● DCO(연속 치수)를 입력한다.

❾ ~ ⓫ 끝점을 선택한다.

● Esc 키를 눌러 기능을 취소한다.

● UCS(좌표계)를 입력한다.

● Space bar 키를 두 번 누른다. (좌표계가 정상적으로 돌아온다.)

따라하기 2.

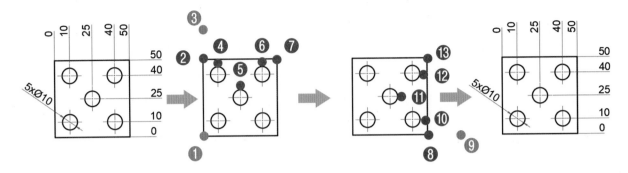

● 그림과 같이 그린다.

● UCS(좌표계)를 입력한다.

● M(이동)을 입력한다.

❶ 끝점을 선택한다. (화면 좌표계가 이동된다.)

● DOR(세로좌표 치수)을 입력한다.

❷ 끝점을 선택한다.

❸ 빈 공간을 선택한다.

● DCO(연속 치수)를 입력한다.

❹ ~ ❼ 끝점을 선택한다.

● Esc 키를 눌러 기능을 취소한다.

● DOR(세로좌표 치수)을 입력한다.

❽ 끝점을 선택한다.

❾ 빈 공간을 선택한다.

● DCO(연속 치수)를 입력한다.

❿ ~ ⓭ 끝점을 선택한다.

● Esc 키를 눌러 기능을 취소한다.

● UCS(좌표계)를 입력한다.

● Space bar 키를 두 번 누른다. (좌표계가 정상적으로 돌아온다.)

따라하기 3. **치수 간격 유지**

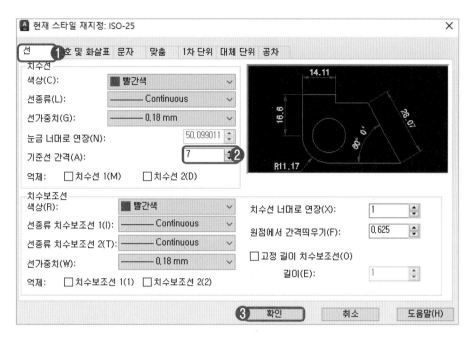

● D(치수 스타일 관리자)를 입력한다.

● 수정을 클릭한다.

❶ 선을 선택한다.

❷ 기준선 간격을 7로 입력한다.

❸ 확인을 클릭한다.

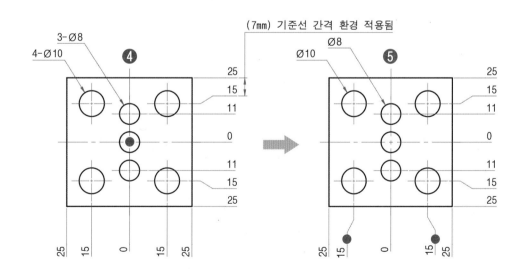

❹ 그림과 같이 그린다.

● UCS(좌표계)>M(이동)을 입력한다.

● 그림과 같이 중심점을 선택한다.

● DOR(세로좌표 치수)을 입력한다.

● 그림과 같이 치수기입한다.

● 자동으로 간격이 유지하는 것을 확인할 수 있다.

❺ 그림과 같이 치수를 선택하고 점을 드래그하여

● 수동으로 치수 간격을 조절한다.

참고 세로좌표 치수는 간격이 좁을 때 치수 스타일 관리자의 기준선 간격만큼 간격을 유지한다.

연습하기 1. 그림과 같이 그리고, 100mm 간격으로 복사해서 UCS>M과 DOR / DCO 단축키를 이용해
치수기입을 해보자.

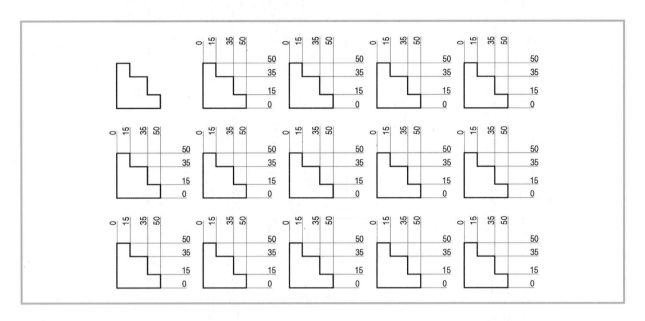

연습하기 2. 그림과 같이 그리고, 100mm 간격으로 복사해서 UCS>M과 DOR / DCO 단축키를 이용해
치수기입을 해보자.

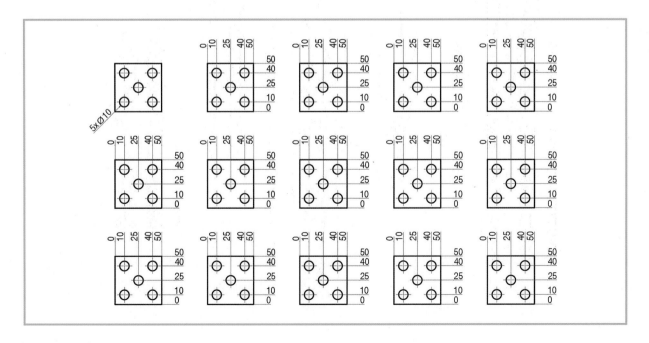

8-2 빠른 지시선(QLEADER, 단축키: LE) / 형상 공차(단축키: TOL) / 다중 지시선(단축키: MLD)

빠른 지시선(QLEADER, 단축키: LE) / 형상 공차(단축키: TOL)/다중 지시선(단축키: MLD)을 이용해서 아래와 같이 지시선을 추가할 수 있다.

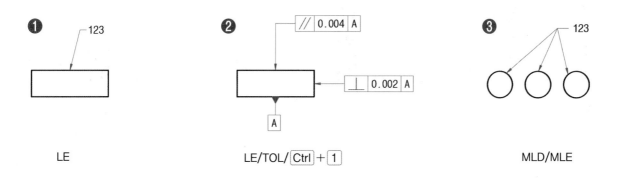

참고 기능 설명					
	❶	**❷**		**❸**	
LE	빠른 지시선	TOL	형상 공차	MLD	다중 지시선
				MLE	다중 지시선 추가
		Ctrl + 1	특성	MLEADERSTYLE	다중 지시선 스타일 편집

따라하기 1.

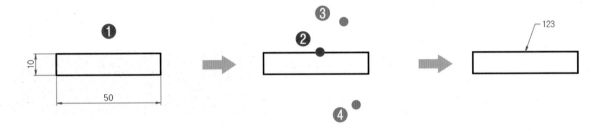

❶ 그림과 같이 그린다.

⬤ LE(빠른 지시선)를 입력한다.

❷ 선을 선택한다.

⬤ 필요한 경우 F8 키를 누른다. (수평 해제)

❸ 빈 공간을 선택한다.

⬤ Enter 키를 3번 누른다.

⬤ 123을 입력한다.

❹ 빈 공간을 선택한다.

참고 • LE 환경은 D(치수 스타일 관리자)에서 변경할 수 있다.

• LE(빠른 지시선)로 문자를 쓰고 빠져 나갈 때 한 번에 빠져 나가지 않으면 Ctrl + Enter 키를 누르면 한 번에 빠져 나갈 수 있다.

따라하기 2.

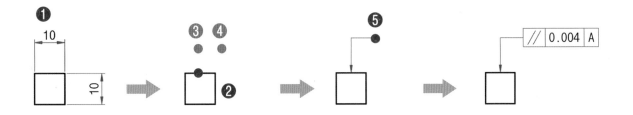

❶ 그림과 같이 그린다.

● LE(빠른 지시선)를 입력한다.

❷ 선을 선택한다.

● 필요한 경우 F8 키를 누른다. (수평 유지)

❸ 빈 공간을 선택한다.

❹ 빈 공간을 선택한다.

● Esc 키를 누른다. (명령어 취소)

● TOL(기하학적 공차)을 입력한다.

● 아래 그림을 보고 동일하게 입력하고 확인을 누른다.

❺ 끝점을 선택한다.

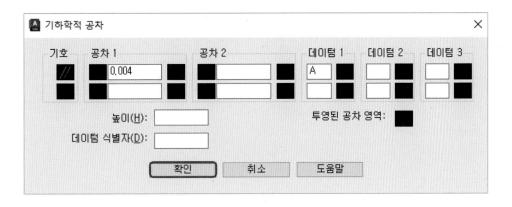

따라하기 3.

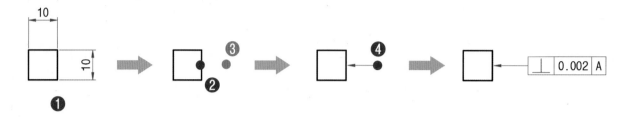

❶ 그림과 같이 그린다.

● LE(빠른 지시선)를 입력한다.

❷ 선을 선택한다.

● 필요한 경우 F8 키를 누른다. (수평 유지)

❸ 빈 공간을 선택한다.

● Esc 키를 누른다. (명령어 취소)

● TOL(기하학적 공차)을 입력한다.

● 결과물을 보고 동일하게 입력하고 확인을 누른다.

❹ 끝점을 선택한다.

따라하기 4.

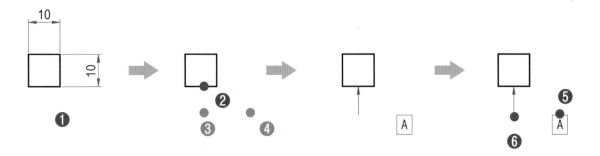

❶ 그림과 같이 그린다.

⬤ LE(빠른 지시선)를 입력한다.

❷ 선을 선택한다.

⬤ 필요한 경우 F8 키를 누른다. (수평 유지)

❸ 빈 공간을 선택한다.

⬤ Esc 키를 누른다. (명령어 취소)

⬤ TOL(기하학적 공차)을 입력한다.

⬤ 결과물을 보고 동일하게 A 입력하고 확인을 누른다.

❹ 빈 공간을 선택한다.

⬤ M(이동)을 입력한다.

❺ A에 중간점을 선택한다.

❻ 끝점을 선택한다.

❼ 지시선을 선택한다.

⬤ Ctrl + 1 키를 눌러 특성 창이 나타나게 한다.

❽ 선 및 화살표에서 화살표로 데이텀 삼각형 채우기를 선택한다.

⬤ Ctrl + 1 키를 눌러 특성 창을 사라지게 한다.

따라하기 5. 다중 지시선 스타일 편집

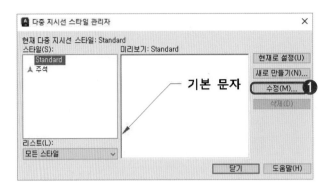

● MLEADERSTYLE(다중 지시선 스타일 편집)을 입력한다.　　　❶ 수정을 클릭한다.

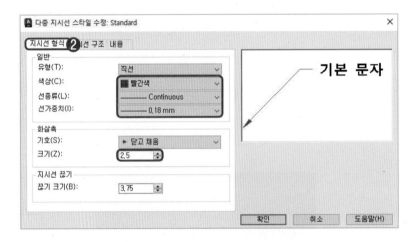

❷ 지시선 형식을 클릭한다.　　　　　　　　　　　　　● 그림과 같이 수정한다.

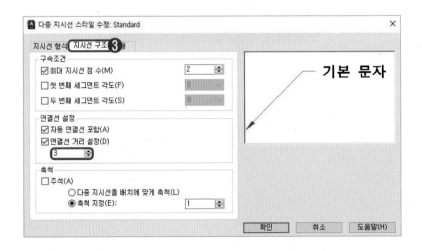

❸ 지시선 구조를 클릭한다.　　　　　　　　　　　　● 그림과 같이 수정한다.

따라하기 6.

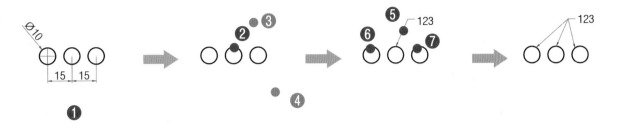

❶ 그림과 같이 그린다.

● MLD(다중 지시선)를 입력한다.

❷ NEA(근처점)를 입력하고 원을 선택한다.

● 필요한 경우 F8 키를 누른다. (수평 해제)

❸ 빈 공간을 선택한다.

● 123을 입력한다.

❹ 빈 공간을 선택한다.

● MLE(다중 지시선 추가)를 입력한다.

❺ 지시선을 선택한다.

❻ NEA(근처점)를 입력하고 원을 선택한다.

❼ NEA(근처점)를 입력하고 원을 선택한다.

● Esc 키를 눌러 기능을 취소한다.

참고 다중 지시선(MLD)은 MLEADERSTYLE(다중 치수 스타일 관리자) 명령어를 이용해서 **선 굵기 / 선 색상 / 화살표 모양 및 크기** 등을 **변경**할 수 있다.

연습하기 **1.** 그림과 같이 그리고, 100mm 간격으로 복사해서 **LE 단축키**를 이용해 **지시선**을 만들어 보자.

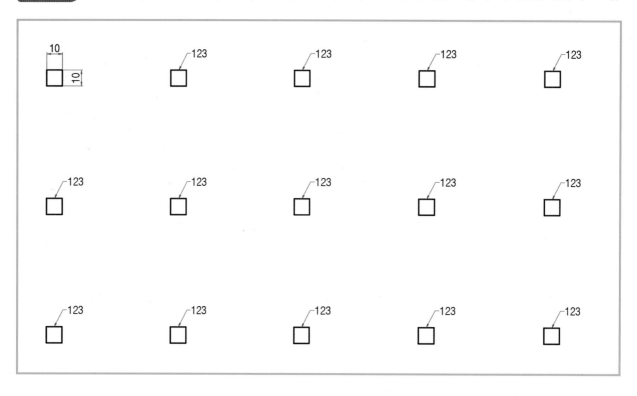

연습하기 **2.** 그림과 같이 그리고, 100mm 간격으로 복사해서 **LE / TOL 단축키**를 이용해 **형상 공차**를 기입해 보자.

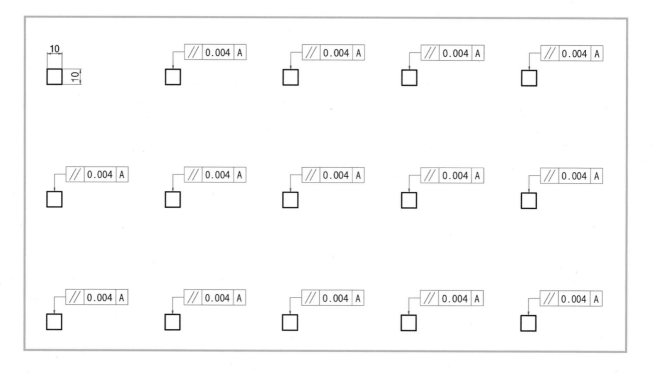

8주 차

연습하기 3. 그림과 같이 그리고, 100mm 간격으로 복사해서 LE / TOL / M / Ctrl + 1 을 이용해 **데이텀**을 만들어 보자.

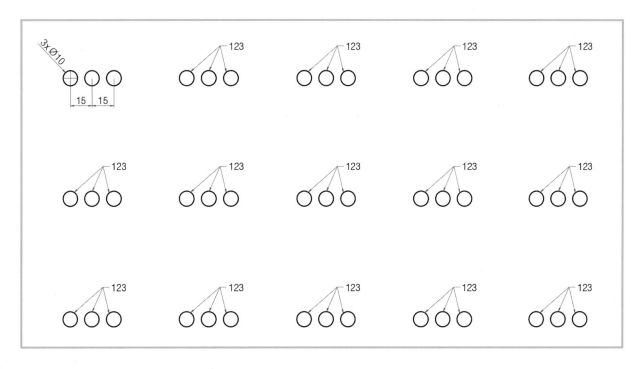

연습하기 4. 그림과 같이 그리고, 100mm 간격으로 복사해서 MLD / MLE를 이용해 **다중 지시선**을 만들어 보자.

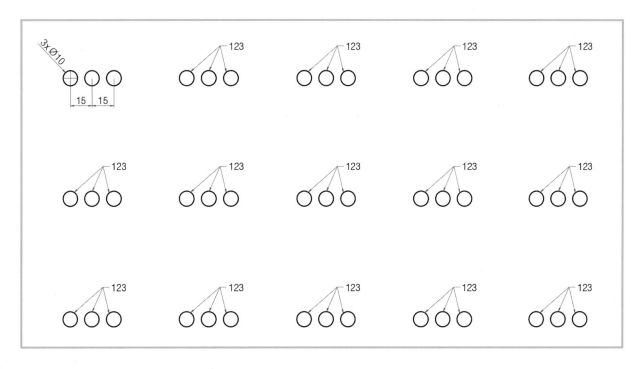

8-3　치수 기호와 공차 기입

기호를 이용해서 아래와 같이 기호와 공차를 기입할 수 있다.

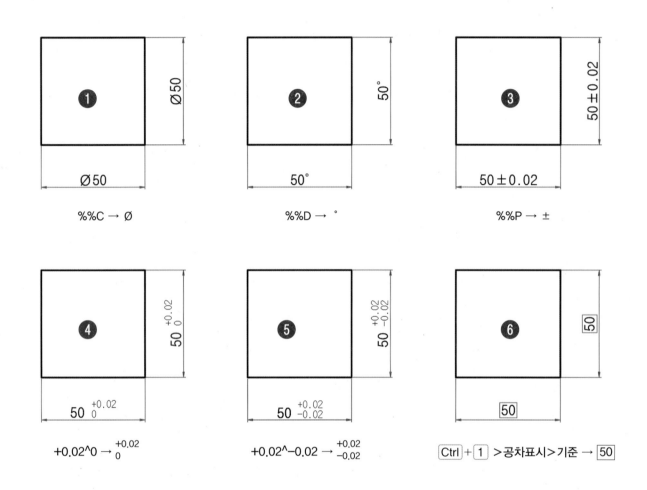

%%C → Ø

%%D → °

%%P → ±

+0.02^0 → $^{+0.02}_{0}$

+0.02^−0.02 → $^{+0.02}_{−0.02}$

Ctrl + 1 > 공차표시 > 기준 → 50

따라하기 1.

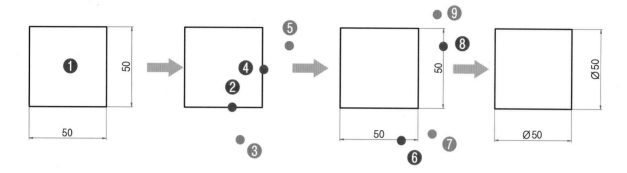

① 그림과 같이 그린다.

● DLI(선형 치수)를 입력한다.

● Space bar 키를 두 번 누른다.

② 그림과 같이 선을 선택한다.

③ 빈 공간을 선택한다.

● Space bar 키를 두 번 누른다.

④ 그림과 같이 선을 선택한다.

⑤ 빈 공간을 선택한다.

● ED(치수 수정)를 입력한다.

⑥ 그림과 같이 치수를 선택한다.

● 50 앞에 커서를 놓고 %%C를 입력한다.

⑦ 빈 공간을 선택한다.

⑧ 그림과 같이 치수를 선택한다.

● 50 앞에 커서를 놓고 %%C를 입력한다.

⑨ 빈 공간을 선택한다.

따라하기 2.

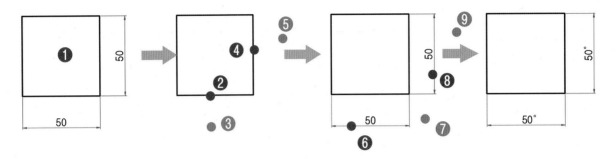

❶ 그림과 같이 그린다.

⬤ DLI(선형 치수)를 입력한다.

⬤ Space bar 키를 두 번 누른다.

❷ 그림과 같이 선을 선택한다.

❸ 빈 공간을 선택한다.

⬤ Space bar 키를 두 번 누른다.

❹ 그림과 같이 선을 선택한다.

❺ 빈 공간을 선택한다.

⬤ ED(치수 수정)를 입력한다.

❻ 그림과 같이 치수를 선택한다.

⬤ 50 뒤에 커서를 놓고 %%D를 입력한다.

❼ 빈 공간을 선택한다.

❽ 그림과 같이 치수를 선택한다.

⬤ 50 뒤에 %%D를 입력한다.

❾ 빈 공간을 선택한다.

따라하기 3.

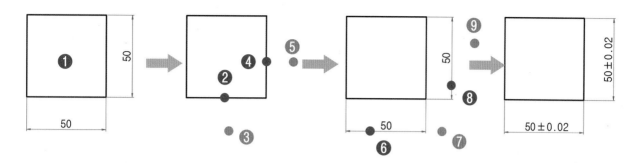

❶ 그림과 같이 그린다.

● DLI(선형 치수)를 입력한다.

● [Space bar] 키를 두 번 누른다.

❷ 그림과 같이 선을 선택한다.

❸ 빈 공간을 선택한다.

● [Space bar] 키를 두 번 누른다.

❹ 그림과 같이 선을 선택한다.

❺ 빈 공간을 선택한다.

● ED(치수 수정)를 입력한다.

❻ 그림과 같이 치수를 선택한다.

● 50 뒤에 커서를 놓고 %%P0.02를 입력한다.

❼ 빈 공간을 선택한다.

❽ 그림과 같이 치수를 선택한다.

● 50 뒤에 %%P0.02를 입력한다.

❾ 빈 공간을 선택한다.

따라하기 4.

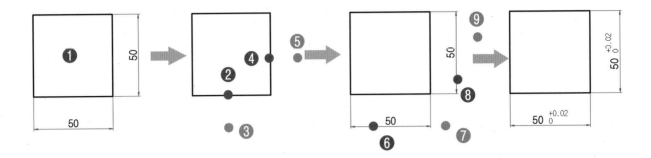

❶ 그림과 같이 그린다.

⬤ DLI(선형 치수)를 입력한다.

⬤ [Space bar] 키를 두 번 누른다.

❷ 그림과 같이 선을 선택한다.

❸ 빈 공간을 선택한다.

⬤ [Space bar] 키를 두 번 누른다.

❹ 그림과 같이 선을 선택한다.

❺ 빈 공간을 선택한다.

⬤ ED(치수 수정)를 입력한다.

❻ 그림과 같이 치수를 선택한다.

⬤ 50 뒤에 커서를 놓고 [Space bar] +0.02^0 [Space bar] 를 입력한다.

❼ 빈 공간을 선택한다.

❽ 그림과 같이 치수를 선택한다.

⬤ 50 뒤에 커서를 놓고 [Space bar] +0.02^0 [Space bar] 를 입력한다.

❾ 빈 공간을 선택한다.

따라하기 5. 공차 배율 조정

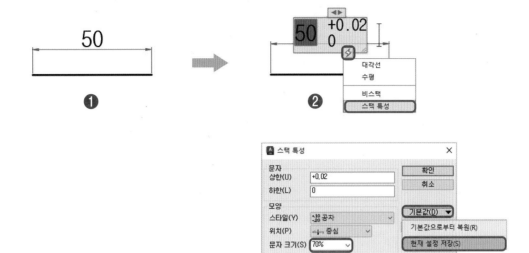

❶ 선을 그리고 DLI를 이용해서 치수기입한다.

● ED(치수 수정)를 입력한다.

● 치수를 선택한다.

● 50 뒤에 커서를 놓고 [Space bar] +0.02^0 [Space bar]를 입력한다.

❷ 번개표시 선택 후 스택 특성을 선택한다.

❸ 문자 크기를 70%하고 기본값>현재 설정 저장을 클릭한다.

따라하기 6.

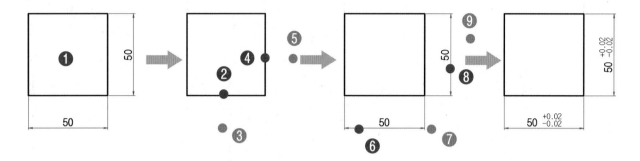

❶ 그림과 같이 그린다.

⬤ DLI(선형 치수)를 입력한다.

⬤ Space bar 키를 두 번 누른다.

❷ 그림과 같이 선을 선택한다.

❸ 빈 공간을 선택한다.

⬤ Space bar 키를 두 번 누른다.

❹ 그림과 같이 선을 선택한다.

❺ 빈 공간을 선택한다.

⬤ ED(치수 수정)를 입력한다.

❻ 그림과 같이 치수를 선택한다.

⬤ 50 뒤에 커서를 놓고 Space bar +0.02^−0.02 Space bar 를 입력한다.

❼ 빈 공간을 선택한다.

❽ 그림과 같이 치수를 선택한다.

⬤ 50 뒤에 커서를 놓고 Space bar +0.02^−0.02 Space bar 를 입력한다.

❾ 빈 공간을 선택한다.

따라하기 7.

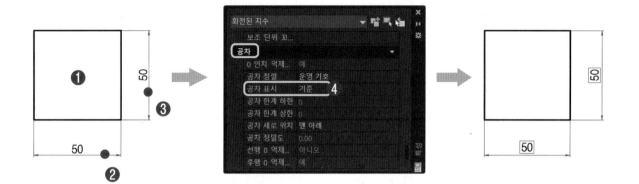

❶ 그림과 같이 그린다.

⬤ DLI(선형 치수)를 이용해서 그림과 같이 치수를 입력한다.

⬤ Ctrl + 1 키를 누른다. (특성 창이 나타남)

⬤ 그림과 같이 ❷와 ❸ 치수선을 선택한다.

❹ 공차 탭에서 공차 표시를 기준으로 변경한다.

⬤ Ctrl + 1 키를 누른다. (특성 창이 사라진다.)

연습하기 **1.** 그림과 같이 그리고, 100mm 간격으로 복사해서 **ED>%%C**를 이용해 기호를 삽입해 보자.

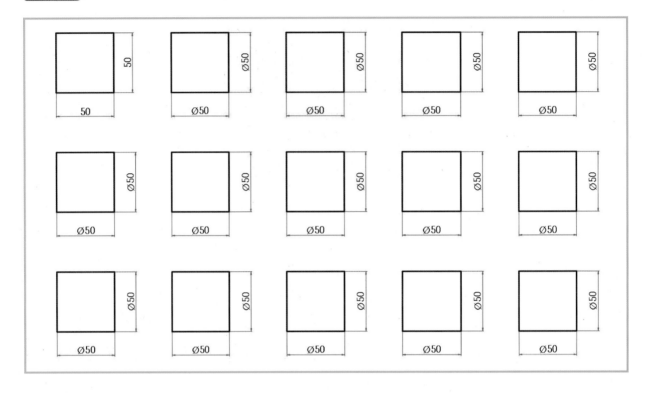

연습하기 **2.** 그림과 같이 그리고, 100mm 간격으로 복사해서 **ED>%%D**를 이용해 기호를 삽입해 보자.

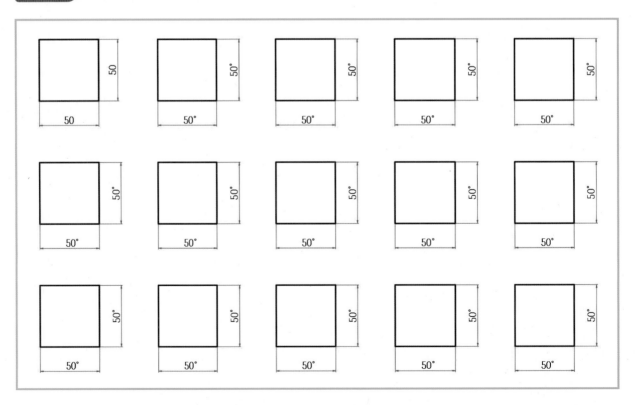

8주 차

연습하기 **3.** 그림과 같이 그리고, 100mm 간격으로 복사해서 ED> Space bar +0.02^0 Space bar 를 이용해 기호를 삽입해 보자.

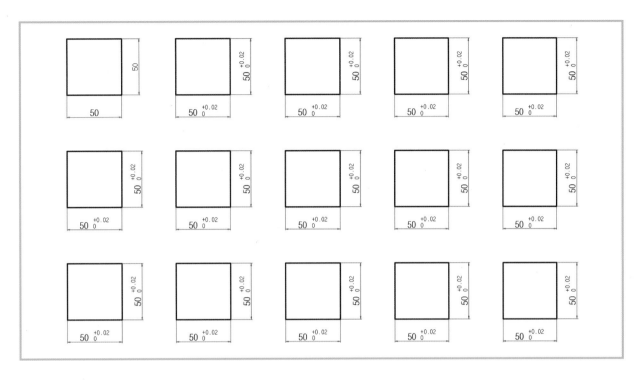

연습하기 **4.** 그림과 같이 그리고, 100mm 간격으로 복사해서 ED> Ctrl + 1 (**공차표시 → 기준**)를 이용해 기호를 삽입해 보자.

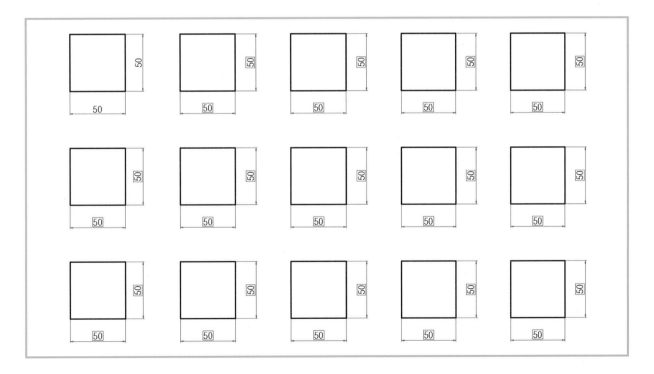

8-4 다중 치수 편집(DIMEDIT, 단축키: DED)

아래와 같이 DED 단축키를 이용해서 다중 치수를 변경할 수 있다.

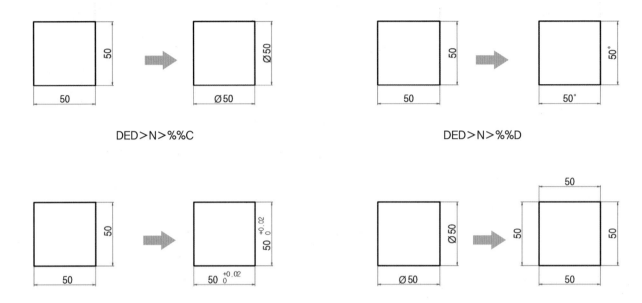

따라하기 1.

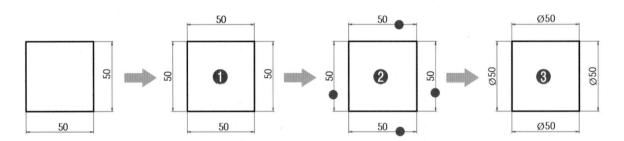

● 그림과 같이 그린다.

❶ 그림과 같이 치수를 입력한다. (DLI 단축키 이용)

● DED(다중 치수 편집)를 입력한다.

● N(새로 만들기)을 입력한다.

● %%C를 입력한다.

● Ctrl + Enter 키를 누른다. (확인 선택 가능)

❷ 그림과 같이 치수를 모두 선택한다.

● Space bar 키를 누른다.

❸ 그림과 같이 지름값으로 변경된 것을 알 수 있다.

따라하기 2.

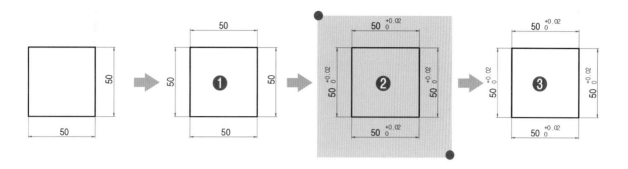

● 그림과 같이 그린다.

❶ 그림과 같이 치수를 입력한다. (DLI 단축키 이용)

● DED(다중 치수 편집)를 입력한다.

● N(새로 만들기)을 입력한다.

● 숫자 뒤에 커서를 놓는다.

● ⎡Space bar⎤ +0.02^0 ⎡Space bar⎤를 입력한다.

● ⎡Ctrl⎤+⎡Enter⎤ 키를 누른다. (확인 선택 가능)

❷ 그림과 같이 드래그해서 치수를 모두 선택한다.

● ⎡Space bar⎤ 키를 누른다.

❸ 그림과 같이 공차가 적용된 것을 알 수 있다.

따라하기 3.

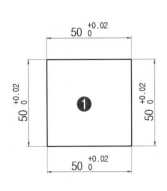
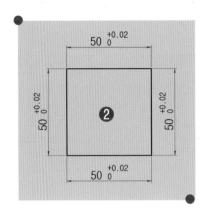
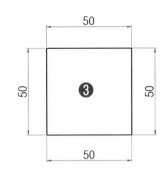

① 따라하기 2를 이용한다.

● DED(다중 치수 편집)를 입력한다.

● N(새로 만들기)을 입력한다.

● Ctrl + Enter 키를 누른다. (확인 선택 가능)

② 그림과 같이 드래그해서 치수를 모두 선택한다.

● Space bar 키를 누른다.

③ 그림과 같이 일반 치수로 되는 것을 확인할 수 있다.

연습하기 1. 그림과 같이 그리고, 100mm 간격으로 복사해서 DED>%%C를 이용해 지름 치수를 만들어 보자.

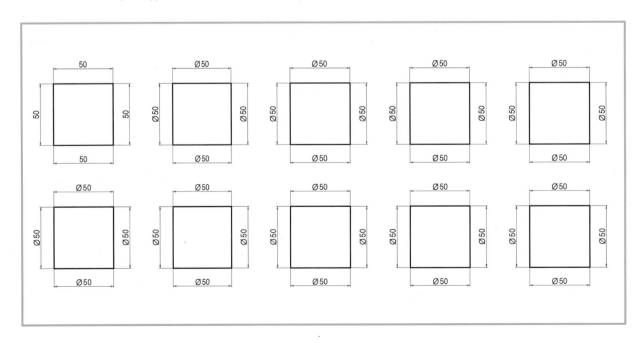

연습하기 **2.** 그림과 같이 그리고, 100mm 간격으로 복사해서 DED>[Space bar] +0.02^0 [Space bar]를 이용해 공차를 적용해 보자.

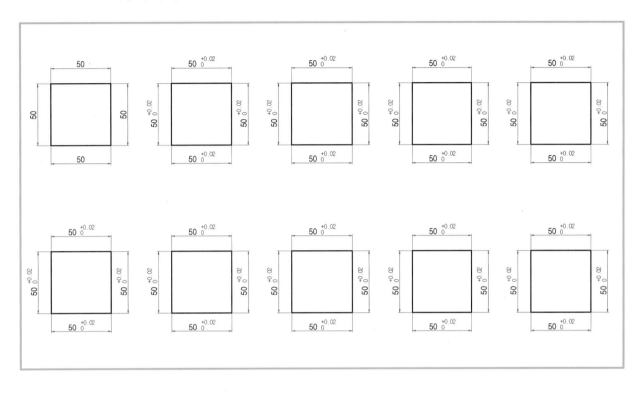

연습하기 **3.** 그림과 같이 **연습하기** 1번을 이용해서 DED>N을 이용해 일반 치수로 만들어 보자.

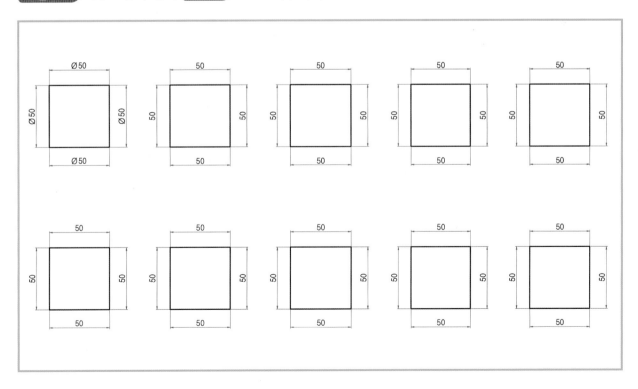

8-5 치수 기울이기(DIMEDIT, 단축키: DED>O)

아래와 같이 DED 단축키를 이용해서 치수를 기울일 수 있다.

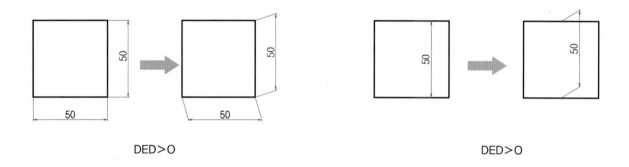

DED>O   DED>O

따라하기

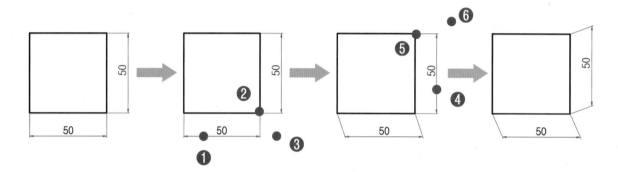

⬤ 그림과 같이 그리고, 치수기입한다.

⬤ DED(다중 치수 편집)를 입력한다.

⬤ O(기울기)를 입력한다.

❶ 그림과 같이 치수를 선택한다.

⬤ Space bar 키를 누른다.

❷ 그림과 같이 끝점을 선택한다.

⬤ 수평이 유지되어 있으면 F8 키를 눌러 수평을 해제한다.

❸ 그림과 같이 빈 공간을 선택한다.

⬤ Space bar 키를 누른다.

⬤ O(기울기)를 입력한다.

❹ 그림과 같이 치수를 선택한다.

❺ 그림과 같이 끝점을 선택한다.

❻ 그림과 같이 빈 공간을 선택한다.

연습하기 그림과 같이 그리고, 100mm 간격으로 복사해서 DED>O를 이용해 지름 치수를 만들어 보자.

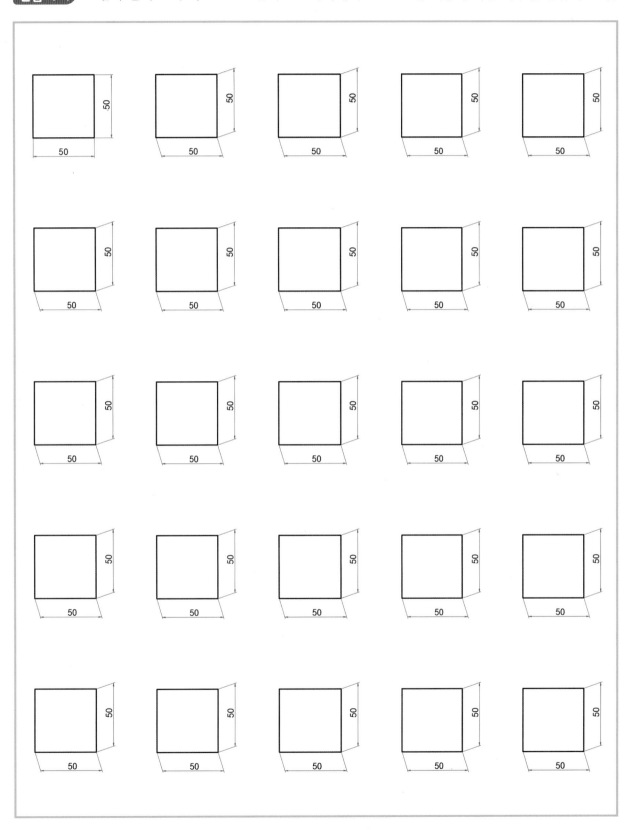

8-6　문자 기입(DT/T, MT/ST)

아래 단축키를 이용해서 문자를 기입할 수 있다.

DT(TEXT, 단일 문자 기입)	표제란 등 간단한 문자 기입할 때 사용
T, MT(MTEXT, 여러 줄 문자 기입)	주서란 등 여러 문자를 기입할 때 사용
ST(STYLE, 문자 스타일)	문자를 스타일을 적용한다.

(1) DT(단일 문자 기입 예시)

3				
2				
1				
품번	품　명	재　질	수량	비　고
과제명			척도	
			각법	

(2) T, MT(여러 줄 문자 기입 예시)

주 서

1. 도시되고 지시없는 모떼기는 1x45˚

2. 알루마이트 처리

3. 일반 모떼기 0.2x45˚

4. 표면 거칠기

$\overset{w}{\vee}$ = $\overset{25}{\vee}$, 100S , N11

$\overset{x}{\vee}$ = $\overset{6.3}{\vee}$, 25S , N9

$\overset{y}{\vee}$ = $\overset{16}{\vee}$, 6.3S , N7

$\overset{z}{\vee}$ = $\overset{0.2}{\vee}$, 0.8S , N4

따라하기 1. 문자 스타일 설정하기

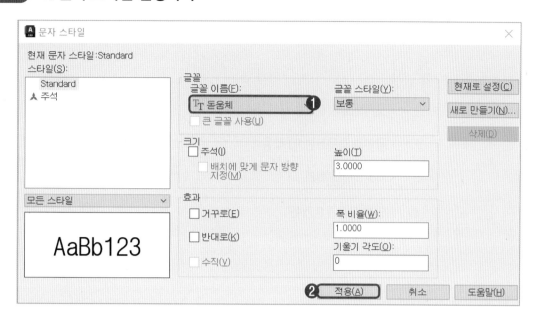

● ST(문자 스타일)를 입력한다.

❶ 돋움체(글꼴 이름)를 선택한다.

❷ 적용>닫기를 클릭한다.

따라하기 2. 단일 문자 기입하기

15	20	25	20	15	35	
3						∞
2						∞
1						∞
품 번	품　명		재　질	수 량	비　고	∞
과제명				척 도		∞
				각 법		∞

● 그림과 같이 표를 스케치한다.

● DT(단일 문자)를 입력한다.

● J(자리 맞추기)를 입력한다.

● MC(중간 중심)를 선택한다.

● 그림과 같이 문자를 기입한다.

따라하기 3. 여러 줄 문자 기입하기

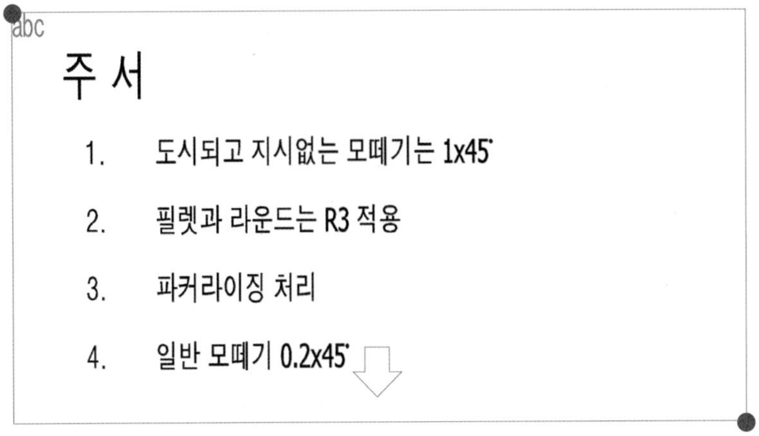

● T(여러 줄 문자)를 입력한다.
● 그림과 같이 영역을 선택한다.
● 주서는 문자 크기 5를 적용하고, 나머지 문자는 3을 적용한다.
● 그림과 같이 완성한다.

연습하기 1. 문자 스타일 설정하기

아래와 같이 10번씩 반복해 보자.

① ST(문자 스타일) > **돋움체**(글꼴 이름) > **적용**
② ST(문자 스타일) > **돋움체**(글꼴 이름) > **적용**
③ ST(문자 스타일) > **돋움체**(글꼴 이름) > **적용**
④ ST(문자 스타일) > **돋움체**(글꼴 이름) > **적용**
⑤ ST(문자 스타일) > **돋움체**(글꼴 이름) > **적용**
⑥ ST(문자 스타일) > **돋움체**(글꼴 이름) > **적용**
⑦ ST(문자 스타일) > **돋움체**(글꼴 이름) > **적용**
⑧ ST(문자 스타일) > **돋움체**(글꼴 이름) > **적용**
⑨ ST(문자 스타일) > **돋움체**(글꼴 이름) > **적용**
⑩ ST(문자 스타일) > **돋움체**(글꼴 이름) > **적용**

연습하기 **2. 단일 문자 기입하기**

그림과 같이 표를 그리고, 복사해서 단일 문자를 입력해 보자. (10번 반복)

15	20	25	20	15	35	
3						∞
2						∞
1						∞
품번	품 명		재 질	수량	비 고	∞
과제명				척도		∞
				각법		∞

① 표 스케치 > DT > J > MC > 그림과 같이 문자 기입

② 표 스케치 > DT > J > MC > 그림과 같이 문자 기입

③ 표 스케치 > DT > J > MC > 그림과 같이 문자 기입

④ 표 스케치 > DT > J > MC > 그림과 같이 문자 기입

⑤ 표 스케치 > DT > J > MC > 그림과 같이 문자 기입

⑥ 표 스케치 > DT > J > MC > 그림과 같이 문자 기입

⑦ 표 스케치 > DT > J > MC > 그림과 같이 문자 기입

⑧ 표 스케치 > DT > J > MC > 그림과 같이 문자 기입

⑨ 표 스케치 > DT > J > MC > 그림과 같이 문자 기입

⑩ 표 스케치 > DT > J > MC > 그림과 같이 문자 기입

연습하기 3. 여러 줄 문자 기입하기

그림과 같이 문자를 입력해 보자. (5번 반복)

주 서

1.   도시되고 지시없는 모떼기는 1x45˚

2.   필렛과 라운드는 R3 적용

3.   파커라이징 처리

4.   일반 모떼기 0.2x45˚

---

① T > **영역 선택** > **주서** 문자 크기 5, **나머지** 문자 3 적용 > 그림과 같이 완성

② T > **영역 선택** > **주서** 문자 크기 5, **나머지** 문자 3 적용 > 그림과 같이 완성

③ T > **영역 선택** > **주서** 문자 크기 5, **나머지** 문자 3 적용 > 그림과 같이 완성

④ T > **영역 선택** > **주서** 문자 크기 5, **나머지** 문자 3 적용 > 그림과 같이 완성

⑤ T > **영역 선택** > **주서** 문자 크기 5, **나머지** 문자 3 적용 > 그림과 같이 완성

8-7 원형문자 생성

한글 "ㅇ"과 한자키를 이용해서 아래와 같은 원형문자를 쉽게 생성할 수 있다.
(이 기능은 다른 문서나 3D프로그램에서도 사용할 수 있다.)

① ② ③ ④ ⑤ ⑥ ⑦ ⑧ ⑨ ⑩

따라하기 ▶

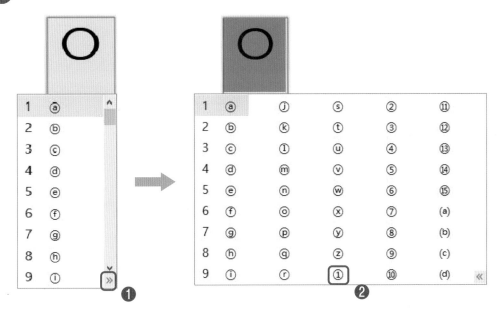

● DT(단일 문자)를 입력한다.
● 임의 위치를 선택한다.
● Space bar 를 두 번 누른다.
● 한글 'ㅇ'를 입력 후 한자키를 누른다.

❶ 화살표를 클릭한다.
❷ 그림과 같이 ①을 선택한다.
● 동일한 방법으로 ②~⑩ 원형문자도 만든다.

연습하기 ▶ 아래 원형문자를 만들어 보자.

① ① ② ③ ④ ⑤ ⑥ ⑦ ⑧ ⑨ ⑩   ④ ① ② ③ ④ ⑤ ⑥ ⑦ ⑧ ⑨ ⑩

② ① ② ③ ④ ⑤ ⑥ ⑦ ⑧ ⑨ ⑩   ⑤ ① ② ③ ④ ⑤ ⑥ ⑦ ⑧ ⑨ ⑩

③ ① ② ③ ④ ⑤ ⑥ ⑦ ⑧ ⑨ ⑩   ⑥ ① ② ③ ④ ⑤ ⑥ ⑦ ⑧ ⑨ ⑩

[8주 차 복습 예제]

아래와 같이 그리고, 치수를 적용해 보자.

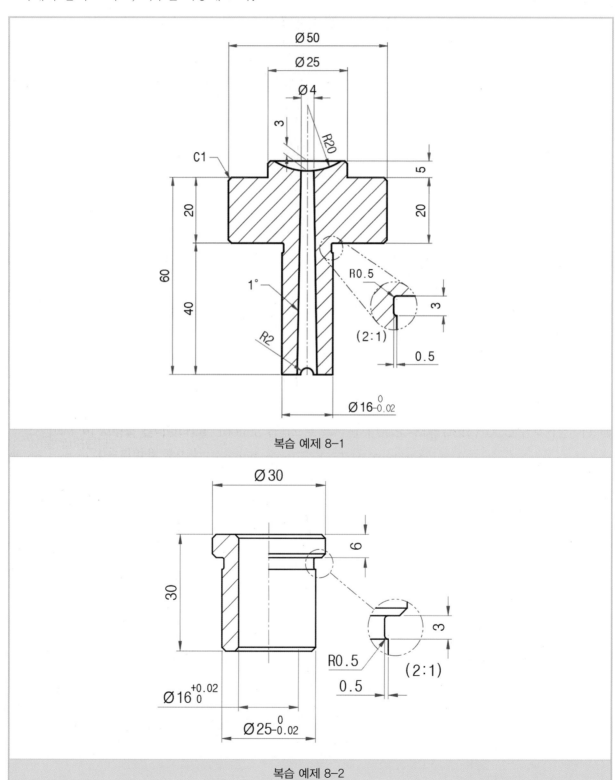

복습 예제 8-1

복습 예제 8-2

L / DLI / C / DRA / DDI / REC / CO / Ctrl+1 / CM / CL / M / RO / DAL /
E / F / TR / X / CHA / O / EX / POL / EL / BR / SC / S / AR / A / SPL / −H /
MI / LEN / DAN / DCO / DBA / DOR / LE / TOL / MLD / DED / DT / T

255

8주차

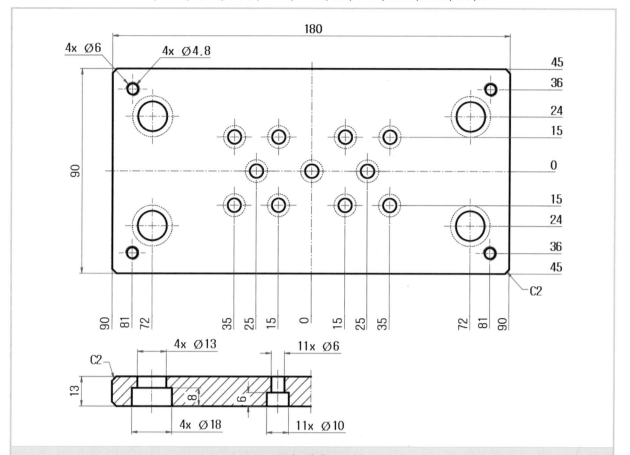

복습 예제 8-3

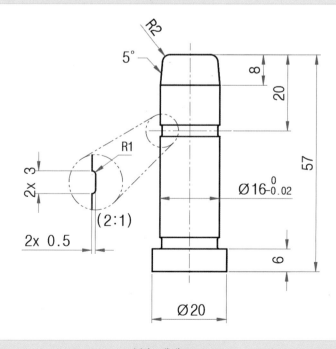

복습 예제 8-4

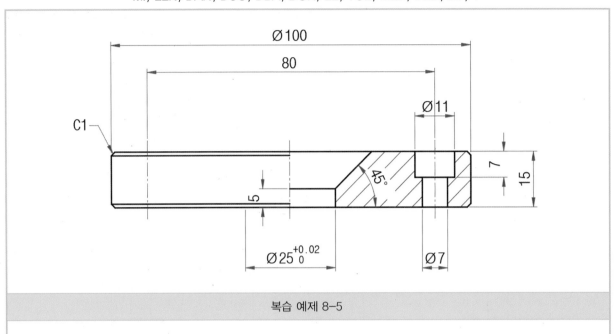

복습 예제 8-5

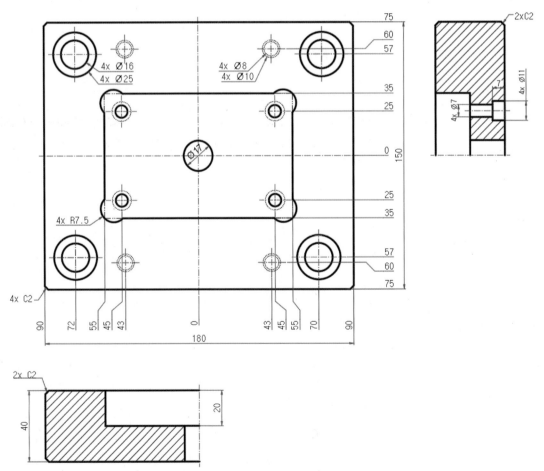

복습 예제 8-6

교육영상

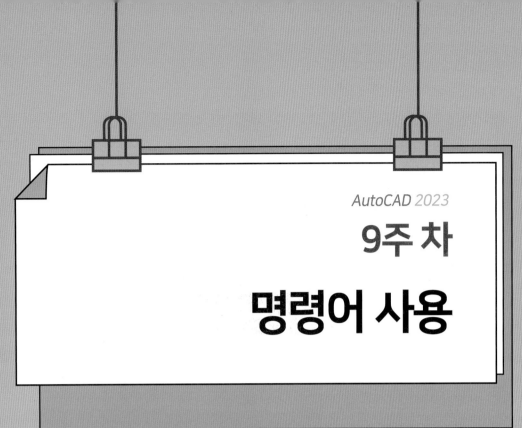

AutoCAD 2023

9주 차

명령어 사용

9-1 특성 창(Ctrl + 1)

Ctrl + 1 키를 이용해서 아래와 같이 특성을 변화시킬 수 있다.

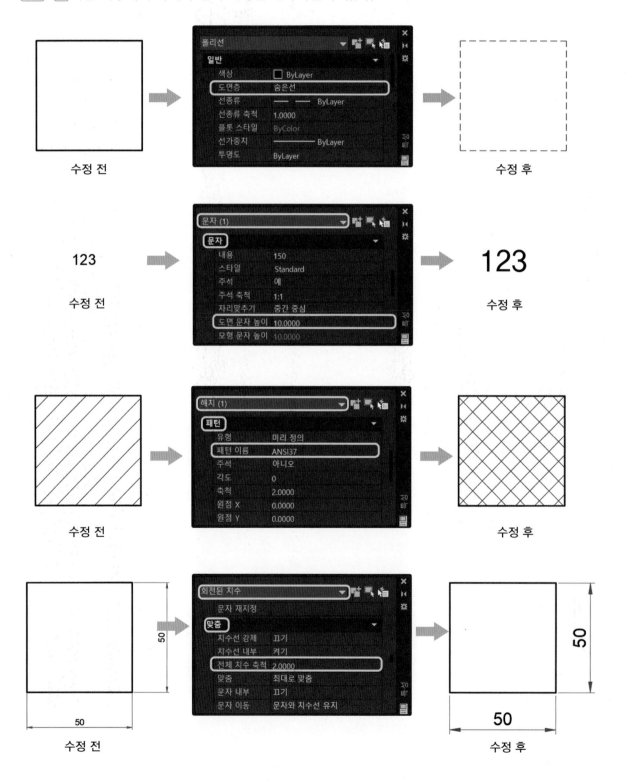

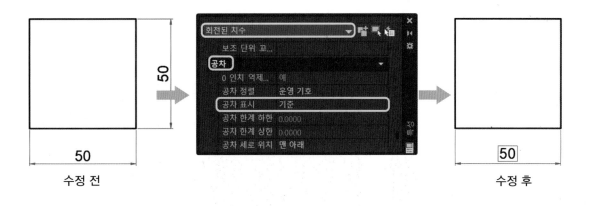

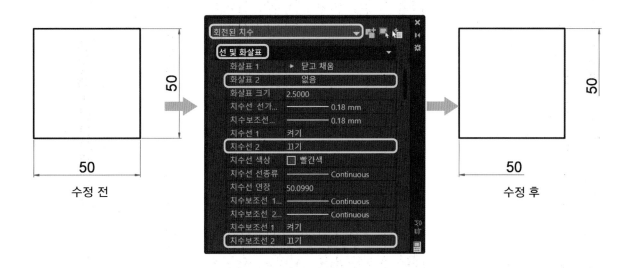

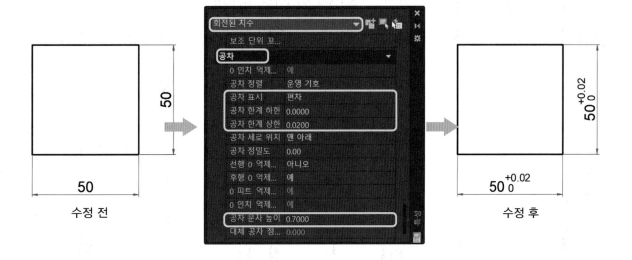

따라하기 1.

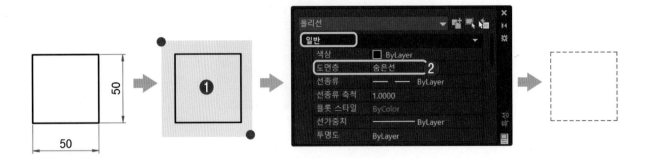

● 그림과 같이 그린다.

❶ 그림과 같이 드래그해서 선택한다.

● Ctrl + 1 키를 누른다. (특성 창이 나타난다.)

❷ 도면층에서 숨은선을 선택한다.

● Ctrl + 1 키를 누른다. (특성 창이 사라진다.)

● 숨은선으로 변경된 것을 확인할 수 있다.

따라하기 2.

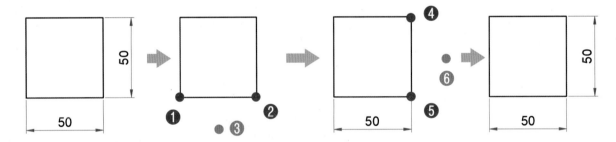

● 그림과 같이 그린다.

● DLI(선형 치수)를 입력한다.

❶ 끝점을 선택한다.

❷ 끝점을 선택한다.

❸ 그림과 같이 빈 공간을 선택한다.

● Space bar 키를 누른다.

❹ 끝점을 선택한다.

❺ 끝점을 선택한다.

❻ 그림과 같이 빈 공간을 선택한다.

❶ 그림과 같이 치수를 모두 선택한다.

⬤ Ctrl + 1 키를 누른다. (특성 창이 나타난다.)

❷ 선 및 화살표에서 그림과 같이 수정한다.

⬤ Ctrl + 1 키를 누른다. (특성 창이 사라진다.)

⬤ 치수가 절반만 나온 것을 확인할 수 있다.

따라하기 3.

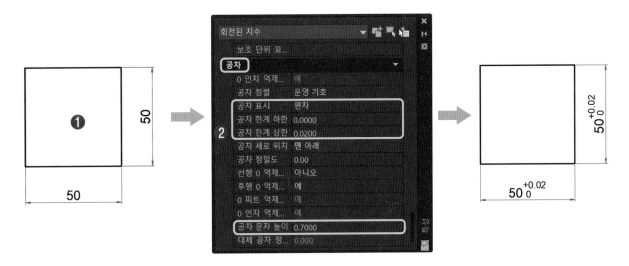

❶ 그림과 같이 그리고, 치수를 기입한다.

⬤ 치수를 모두 선택한다.

❷ Ctrl + 1 키를 누른다. (특성 창이 나타난다.)

⬤ 그림과 같이 수정한다.

⬤ Ctrl + 1 키를 누른다. (특성 창이 사라진다.)

⬤ 공차가 적용된 것을 확인한다.

연습하기 1. 그림과 같이 그리고, 100mm 간격으로 복사 후 Ctrl + 1 키를 이용해서 **레이어**를 **변경**해 보자.

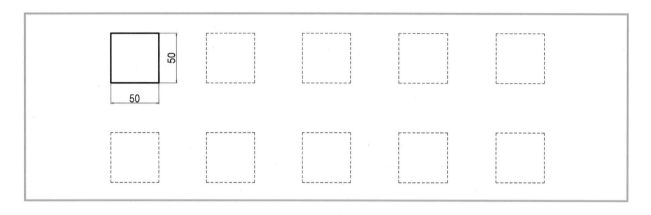

연습하기 2. 그림과 같이 치수를 기입하여 100mm 간격으로 복사 후 Ctrl + 1 키를 이용해서 **절반 치수**로 **변경**해 보자.

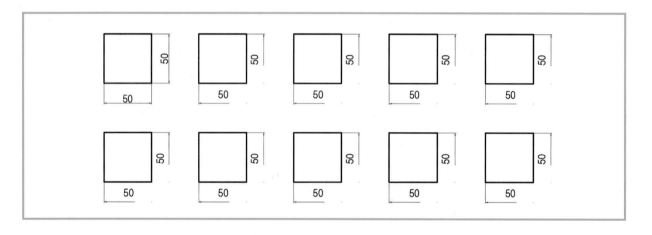

연습하기 3. 그림과 같이 치수를 기입하여 100mm 간격으로 복사 후 Ctrl + 1 키를 이용해서 **공차**를 **적용**해 보자.

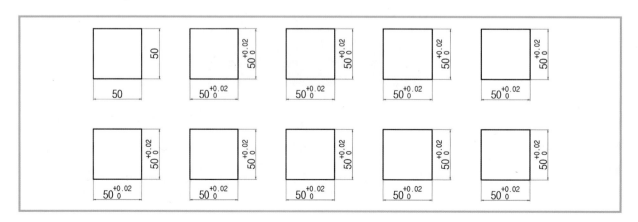

9-2 특성 일치(MATCHPROP, 단축키: MA)

아래와 같이 MA 단축키를 이용해서 특성을 일치시킬 수 있다.

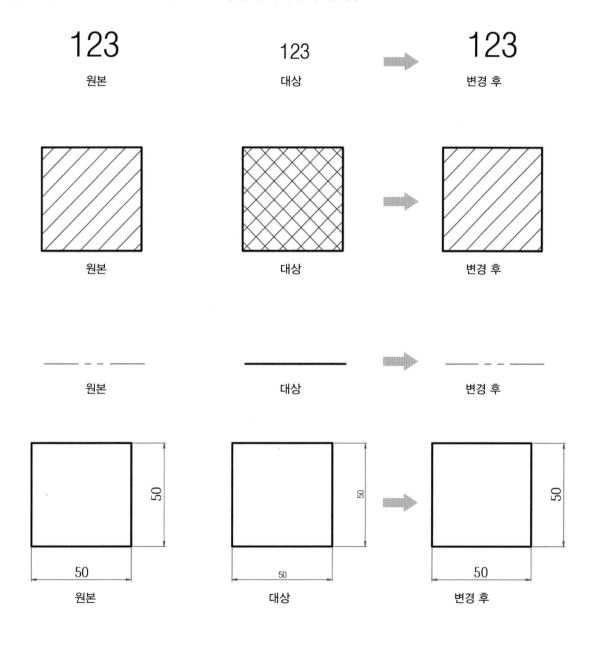

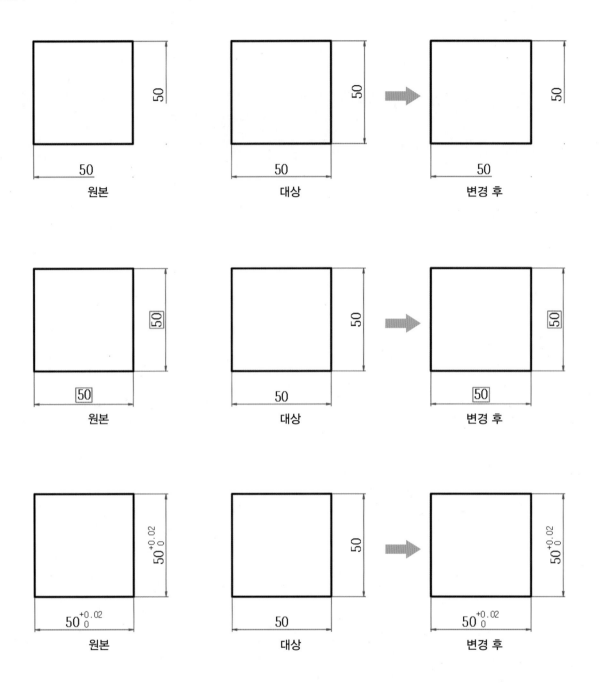

원본　　　　　대상　　　　　변경 후

원본　　　　　대상　　　　　변경 후

원본　　　　　대상　　　　　변경 후

따라하기 1.

❶ 그림과 같이 그리고, 치수기입한다.

⬤ Ctrl + 1 키를 누른다. (특성 창이 나타난다.)

❷ 치수를 선택한다.

❸ 맞춤에서 전체 치수 축적을 2로 수정한다.

⬤ Ctrl + 1 키를 누른다. (특성 창이 사라진다.)

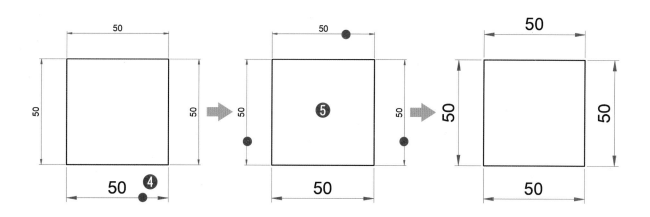

⬤ MA(특성 일치)를 입력한다.

❹ 치수(원본 객체)를 선택한다.

❺ 그림과 같이 치수를 모두 선택한다.

⬤ Space bar 키를 누른다.

따라하기 2.

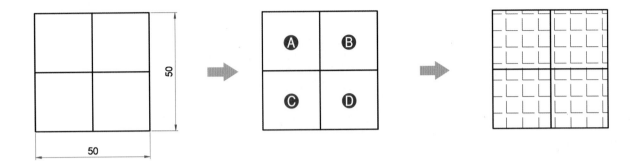

● 그림과 같이 그린다.

● −H(해칭)를 입력한다.

Ⓐ 구역을 선택한다.

● Space bar 키를 2번 누른다.

Ⓑ 구역을 선택한다.

● Space bar 키를 2번 누른다.

Ⓒ 구역을 선택한다.

● Space bar 키를 2번 누른다.

Ⓓ 구역을 선택한다.

● Space bar 키를 누른다.

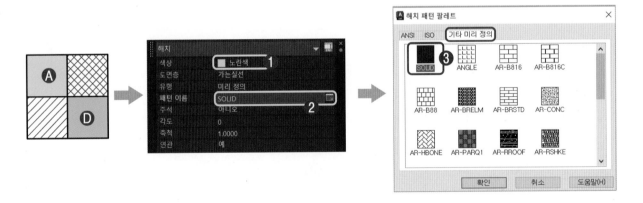

● A구역과 D구역을 그림과 같이 수정해 보자.

Ⓐ A구역을 선택한다.

● QP(빠른 특성)를 입력한다.

❶ 색상을 노란색으로 변경한다.

❷ 패턴 이름에서 탭을 선택한다.

❸ 기타 미리 정의에서 SOLID>확인을 선택한다.

● Esc 키를 눌러 빠른 특성 창을 닫는다.

Ⓓ D구역도 동일한 방법으로 그림처럼 수정한다.

9주 차

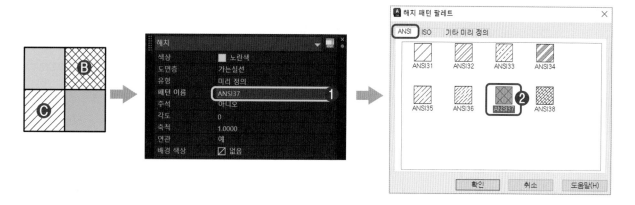

● B구역과 C구역을 그림과 같이 수정해 보자.

Ⓑ B구역을 선택한다.

● QP(빠른 특성)를 입력한다.

❶ 패턴 이름에서 탭을 선택한다.

❷ ANSI에서 ANSI37>확인을 선택한다.

● Esc 키를 눌러 빠른 특성 창을 닫는다.

Ⓒ 구역도 동일한 방법으로 그림처럼 수정한다.

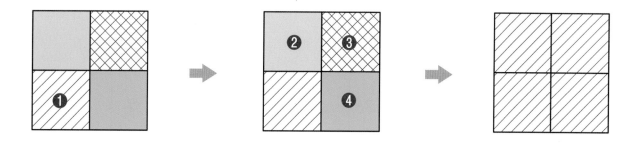

● MA(특성 일치)를 선택한다.

❶ 그림과 같이 원본 객체를 선택한다.

❷ ~ ❹를 순차적으로 선택한다.

● Space bar 키를 누른다.

● 해치가 된경된 것을 확인할 수 있다.

참고
1. 해치를 수정할 때는 해치를 **더블 클릭** 또는 **QP(빠른 특성)** 단축키와 Ctrl + 1 키를 이용해서 수정할 수 있다.

2. **QP(빠른 특성)** 단축키를 이용해서 선택된 객체를 빠르게 수정할 수 있다.

연습하기 **1.** 그림과 같이 그리고, 치수기입한다. 100mm 간격으로 복사 후 **MA 단축키**를 이용해서 치수를 일치시켜 보자. (따라하기 1번 참조)

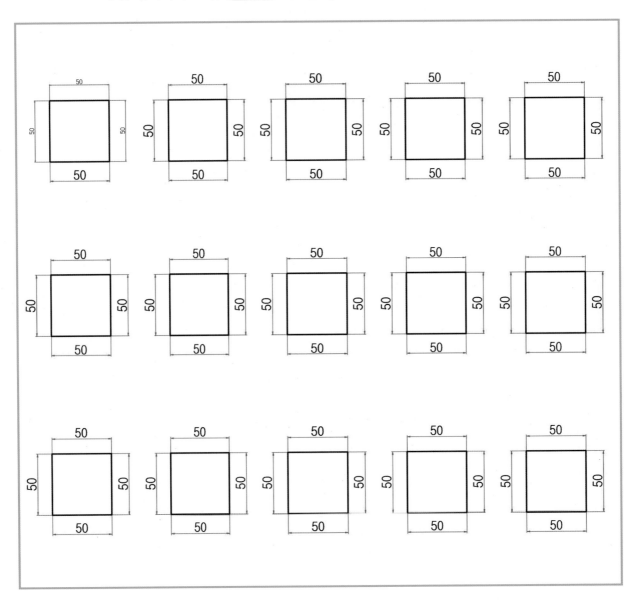

연습하기 2. 그림과 같이 그리고, 해치한다. 100mm 간격으로 복사 후 MA 단축키를 이용해서 해치를 일치시켜 보자. (**따라하기** 2번 참조)

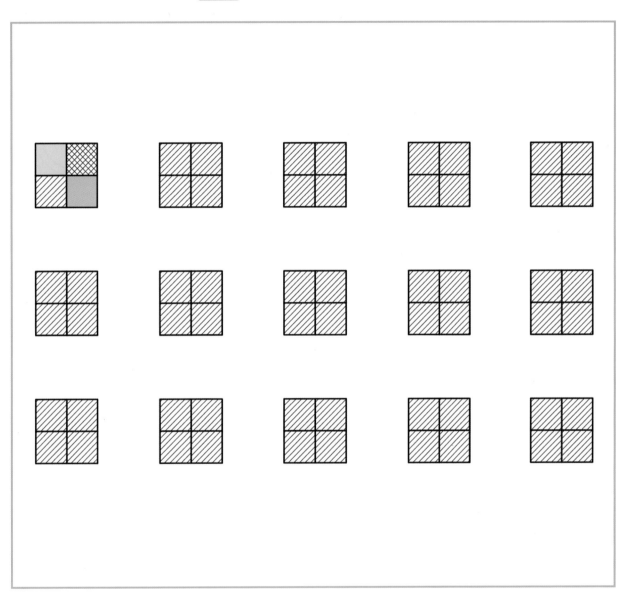

9-3 | 표현식(단축키 'CAL)

OFFSET 등 명령어 안에서 'CAL 단축키를 이용해서 계산을 쉽게 할 수 있다.

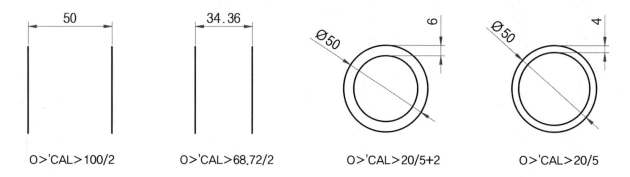

O>'CAL>100/2　　　　O>'CAL>68.72/2　　　　O>'CAL>20/5+2　　　　O>'CAL>20/5

따라하기 1.

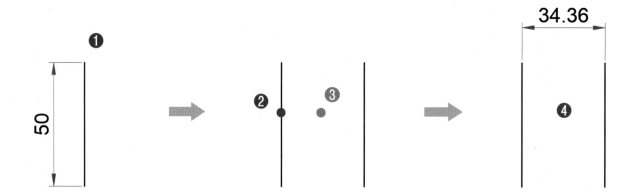

❶ 그림과 같이 그린다.

● O(간격띄우기)를 입력한다.

● 'CAL(표현식)을 입력한다.

● 68.72/2를 입력한다.

● Enter 키를 누른다.

❷ 선을 선택한다.

❸ 그림과 같이 빈 공간을 선택한다.

● Space bar 키를 누른다.

❹ DLI(선형 치수)를 이용해서 그림과 같이 치수기입한다.

● 간격이 34.36으로 된 것을 알 수 있다.

따라하기 2.

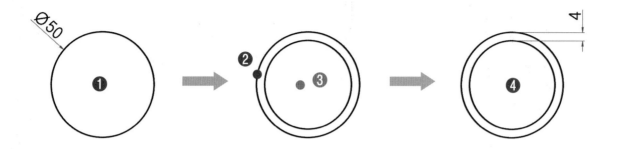

❶ 그림과 같이 그린다.

● O(간격띄우기)를 입력한다.

● 'CAL(표현식)을 입력한다.

● 20/5을 입력한다.

● Enter 키를 누른다.

❷ 선을 선택한다.

❸ 그림과 같이 빈 공간을 선택한다.

● Space bar 키를 누른다.

❹ DLI(선형 치수)를 이용해서 그림과 같이 치수기입한다.

● 간격이 4로 된 것을 알 수 있다.

연습하기 **1.** 그림과 같이 그리고, 치수기입한다. 100mm 간격으로 복사 후 O>'CAL>68.72/2를 이용해서 간격띄우기를 해보자.

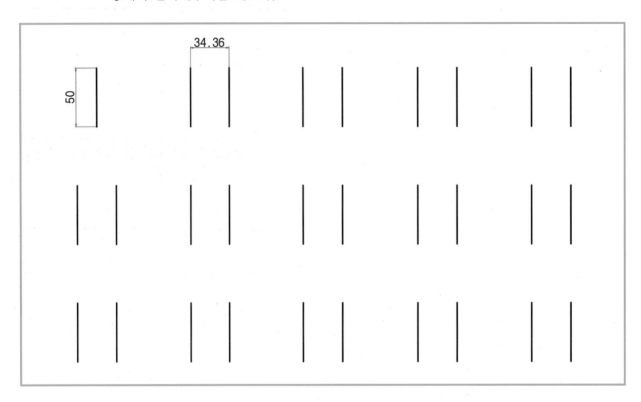

연습하기 **2.** 그림과 같이 그리고, 치수기입한다. 100mm 간격으로 복사 후 O>'CAL>20/5을 이용해서 간격띄우기를 해보자.

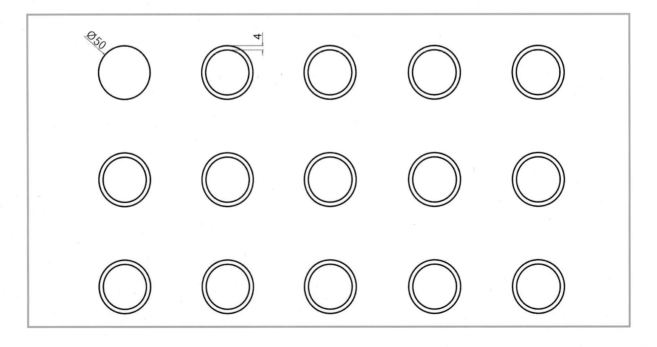

9-4 폴리선(PLINE 단축키: PL)

단축키 PL을 이용해서 결합된 선과 굵은 선, 화살표 등을 만들 수 있다.

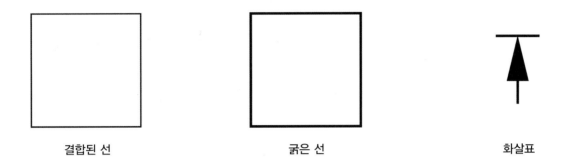

| 결합된 선 | 굵은 선 | 화살표 |

따라하기 1.

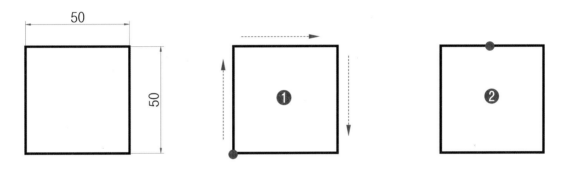

● PL(폴리선)을 입력한다.

● 임의의 점을 선택한다.

● W(폭)을 입력한다.

● 2(시작폭 지정)를 입력한다.

● 2(끝폭 지정)를 입력한다.

❶ 점선 화살표 방향으로 50mm씩 연속으로 그린다.

● 마지막에 C(닫기)를 입력한다.

❷ 선을 선택한다.

● 하나로 결합된 것을 확인할 수 있다.

참고 폴리선은 X(분해) 단축키를 이용해서 분해할 수 있다.

따라하기 2.

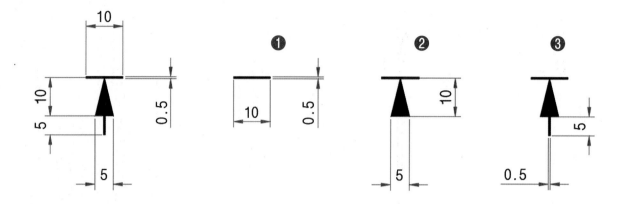

● PL(폴리선)을 입력한다.

● 임의의 점을 선택한다.

● W(폭)을 입력한다.

● 0.5(시작폭 지정)를 입력한다.

● Space bar 키를 다시 누른다. (끝폭 0.5)

❶ 오른쪽 방향으로 10을 입력한다.

● Space bar 키를 두 번 눌러 기능을 재실행한다.

❷ 선의 중간점을 선택한다.

● W(폭)을 입력한다.

● 0(시작폭 지정)을 입력한다.

● 5(끝폭 지정)를 입력한다.

❷ 아래쪽 방향으로 10을 입력한다.

● W(폭)을 입력한다.

● 0.5(시작폭 지정)를 입력한다.

● Space bar 키를 두 번 누른다. (끝폭 0.5)

❸ 아래쪽 방향으로 5를 입력한다.

● Space bar 키를 누른다.

9주차

연습하기 1. 그림과 같이 PL 단축키를 이용해서 **굵기 2mm** 정사각형을 그려보자.

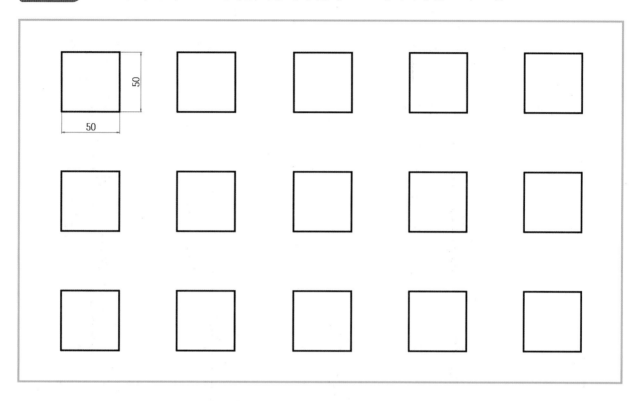

연습하기 2. 그림과 같이 PL 단축키를 이용해서 화살표 그리기를 연습해 보자.

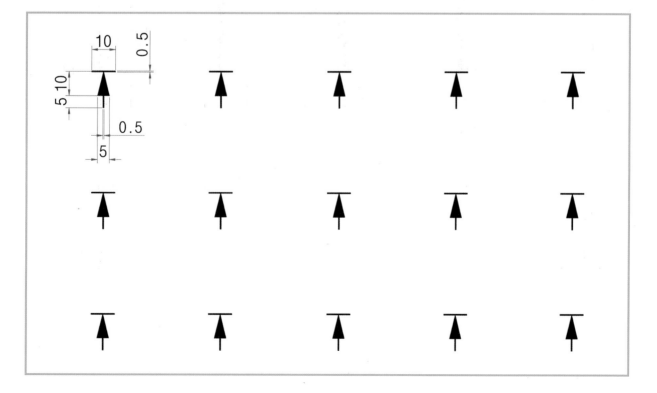

9-5 테이블(TABLE 단축키: TB)

단축키 TB를 이용해서 아래와 같이 표제란을 만들 수 있다.

따라하기 1.

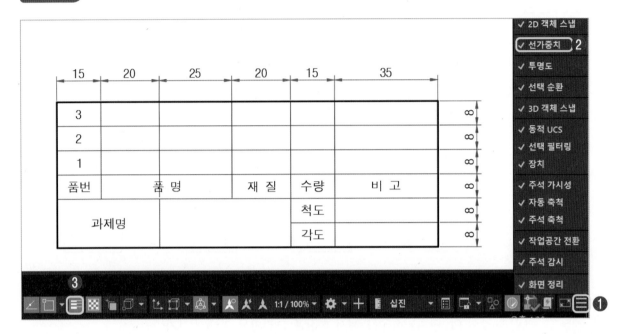

3				
2				
1				
품번	품 명	재 질	수량	비 고
과제명			척도	
			각법	

수험번호		전산응용기계제도기능사
성 명		
감독확인		

● 완성된 표제란을 참고해서 만들어보자.

❶ ∼ ❸ 순으로 클릭해서 그림과 같이 선가중치를 켠다.

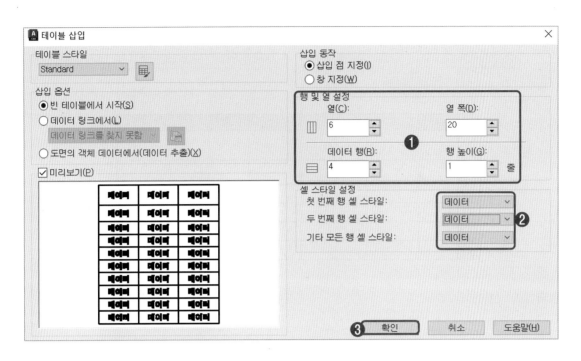

● TB(테이블)를 입력한다.

❶ 그림과 같이 행과 열을 수정한다.

❷ 그림과 같이 셀 스타일을 설정한다.

❸ 확인을 선택한다.

● 임의의 점을 선택한다.

● Esc 키를 두 번 눌러 기능을 취소한다.

❶ 그림과 같이 선택한다.

● Ctrl + 1 키를 누른다.

Ⓐ 그림과 같이 셀 폭을 15로 변경한다.

❷ 그림과 같이 선택한다.

Ⓐ 셀 폭을 25로 변경한다.

❸ 그림과 같이 선택한다.

Ⓐ 셀 폭을 15로 변경한다.

❹ 그림과 같이 선택한다.

Ⓐ 셀 폭을 35로 변경한다.

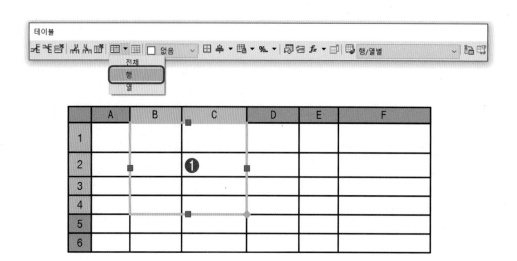

❶ 그림과 같이 선택한다.　　　　　　　　● 셀 병합에서 행을 선택한다.

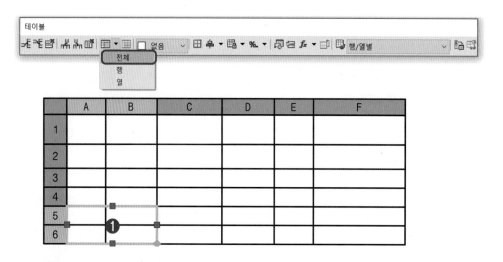

❶ 그림과 같이 선택한다.　　　　　　　　● 셀 병합에서 전체를 선택한다.

	A	B	C	D	E	F
1	3					
2	2					
3	1					
4	품번		품 명	재질	수량	비고
5		과제명			척도	
6					각법	

● 그림과 같이 나머지도 병합한다.

● 그림과 같이 Tab 키와 화살표 버튼을 이용해서 문자를 기입한다.

9주차

	A	B	C	D	E	F
1	3					
2	2			❶		
3	1					
4	품번	품 명		재 질	수량	비 고
5					척도	
6					각도	

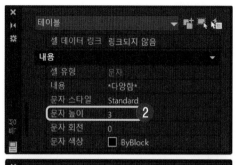

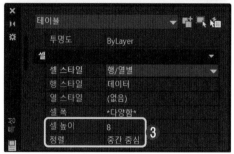

❶ 그림과 같이 전체를 선택한다.

● Ctrl + 1 을 눌러 창이 나타나게 한다.

❷ 내용에서 문자 높이 3을 선택한다.

❸ 셀에서 셀 높이 8과 정렬에서 중간 중심을 선택한다.

● Ctrl + 1 을 눌러 창을 닫는다.

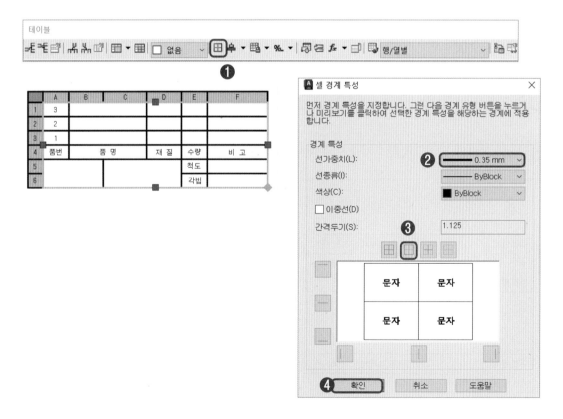

❶ ~ ❹ 순으로 선택한다.

● Esc 키를 눌러 기능을 취소한다.

연습하기 1. 그림과 같이 **TB 단축키**를 이용해서 테이블을 만들어 보자.

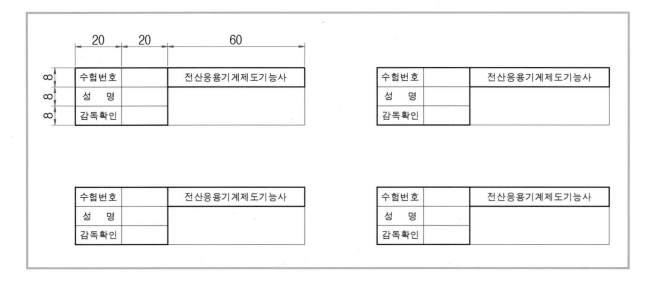

15	20	25	20	15	35

3					
2					
1					
품번	품 명		재 질	수량	비 고
과제명				척도	
				각법	

연습하기 2. 그림과 같이 **TB 단축키**를 이용해서 테이블을 만들어 보자.

20	20	60

수험번호		전산응용기계제도기능사
성 명		
감독확인		

9-6 확대 및 축소 도면 작업하기(DIMSCALE: 치수 배율 조정)

도면를 확대/축소하는 경우 형상은 1:1로 하고, 나머지를 줄인 상태로 작업 후 배율을 조정해서 출력하면 좋다.

예 배율 1:1 도면 모습

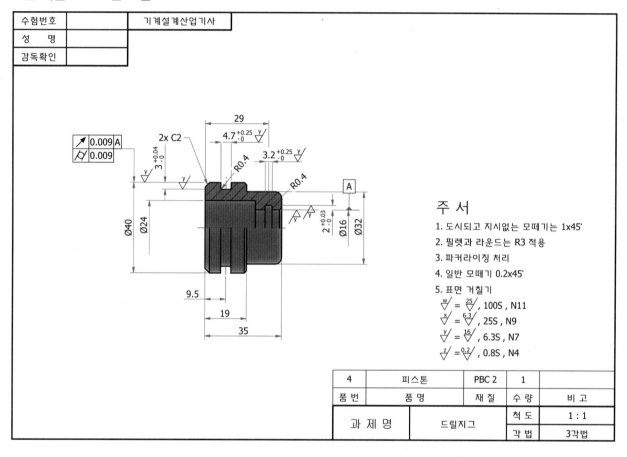

예 배율 2:1 도면 모습

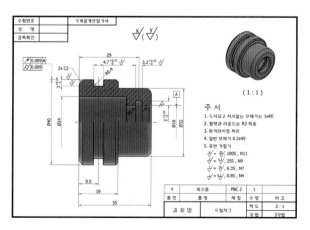

[도면 작성 방법 및 출력] → 배율 2:1 도면 예시

1. 형상은 1:1로 그린다.

2. 치수와 문자, 화살표는 배율을 조정해서 작업한다.
   예 0.5배로 축소(DIMSCALE 0.5 조정)

3. 도면에 크기와 표제란 등은 배율을 조정한다.
   예 0.5배로 축소

4. 출력 시 축척을 맞춰서 출력한다.
   예 2배로 출력

참고

DIMSCALE를 이용해서 **치수**와 **화살표 배율**을 **조정**할 수 있다.

● **치수 배율 조정 시 크기 비교**

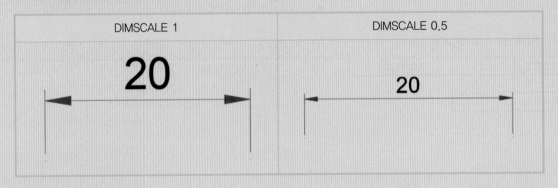

DIMSCALE 1	DIMSCALE 0.5
20	20

● **출력 시 축척 조절 모습**

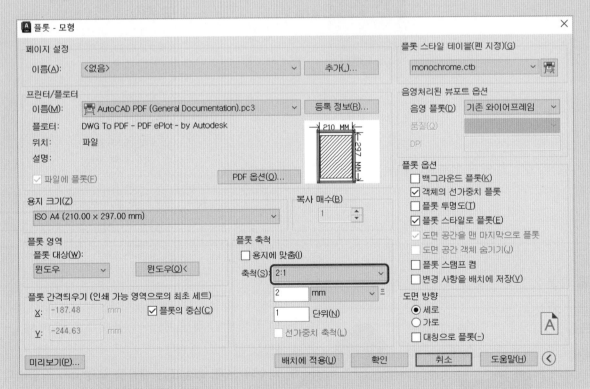

L/DLI/C/DRA/DDI/REC/CO/Ctrl+1/CM/CL/M/RO/DAL/E/F/
TR/X/CHA/O/EX/POL/EL/BR/SC/S/AR/A/SPL/−H/MI/LEN/DAN/
DCO/DBA/DOR/LE/TOL/MLD/DED/DT/T/MA/‘CAL/PL/TB

283

[9주 차 복습 예제 1]

아래와 같이 그리고, 치수를 적용해 보자.

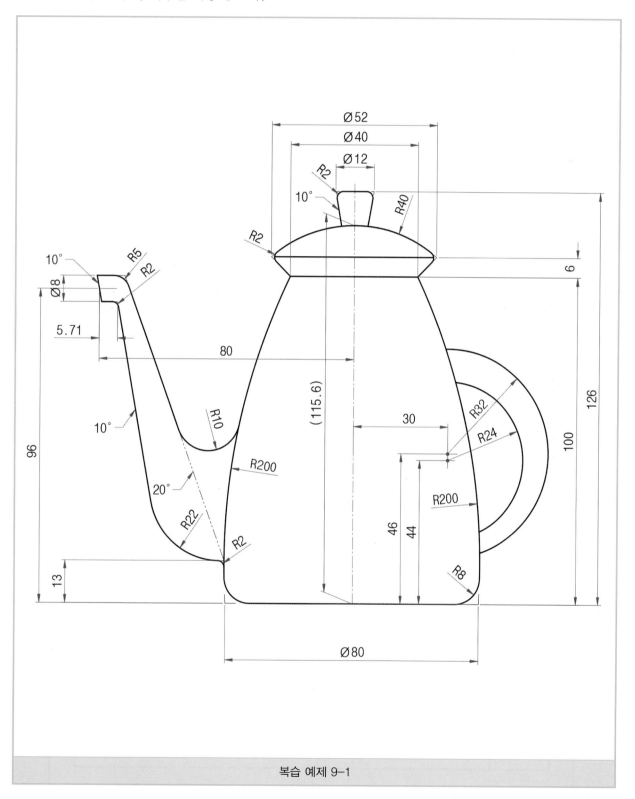

복습 예제 9-1

L/DLI/C/DRA/DDI/REC/CO/Ctrl+1/CM/CL/M/RO/DAL/E/F/
TR/X/CHA/O/EX/POL/EL/BR/SC/S/AR/A/SPL/−H/MI/LEN/DAN/
DCO/DBA/DOR/LE/TOL/MLD/DED/DT/T/MA/'CAL/PL/TB

[9 주 차 복습 예제 2]

A4/A3 규격을 이용해서 아래 도면과 같이 만들자. (3D 형상은 작업 → X)

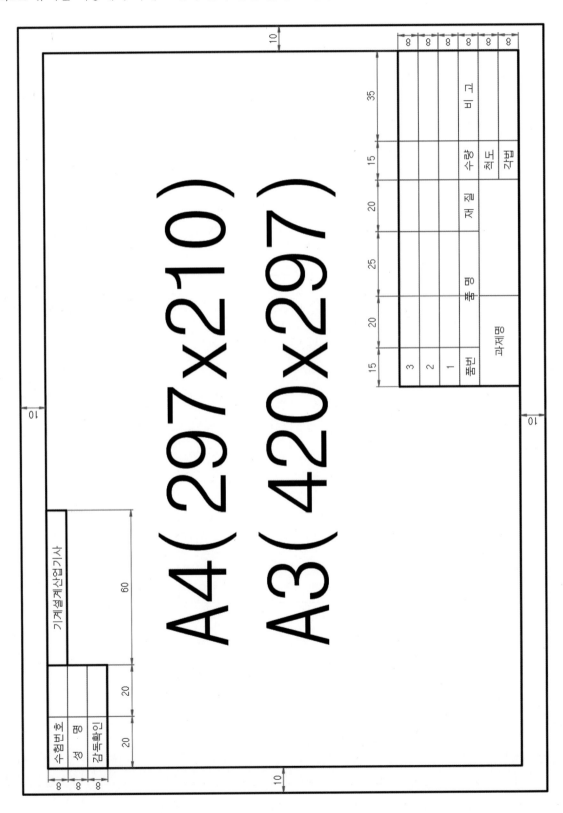

L/DLI/C/DRA/DDI/REC/CO/Ctrl+1/CM/CL/M/RO/DAL/E/F/
TR/X/CHA/O/EX/POL/EL/BR/SC/S/AR/A/SPL/−H/MI/LEN/DAN/
DCO/DBA/DOR/LE/TOL/MLD/DED/DT/T/MA/,´CAL/PL/TB

285

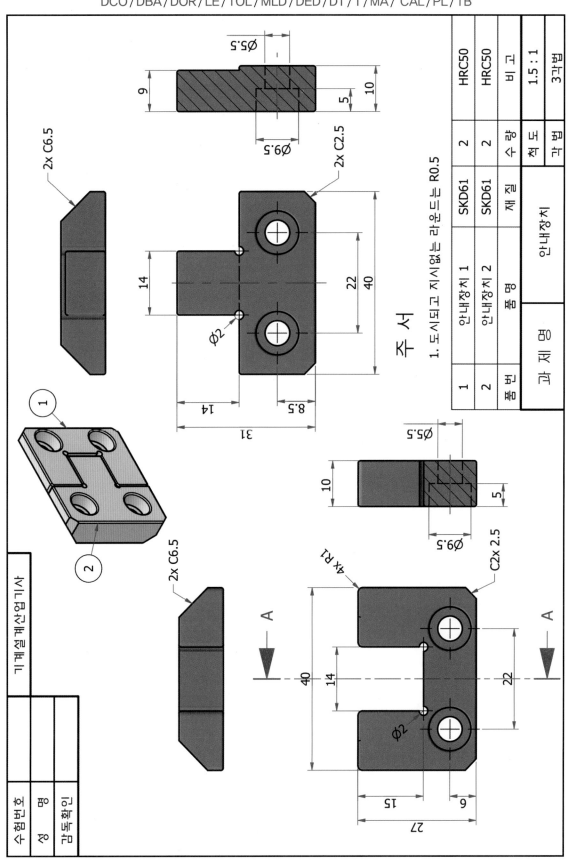

주 서
1. 도시되고 지시없는 라운드는 R0.5

품번	품 명	재 질	수 량	비 고
1	안내장치 1	SKD61	2	HRC50
2	안내장치 2	SKD61	2	HRC50

안내장치

과 제 명

척 도 1.5 : 1
각 법 3각법

기계설계산업기사

수험번호		
성 명		
감독확인		

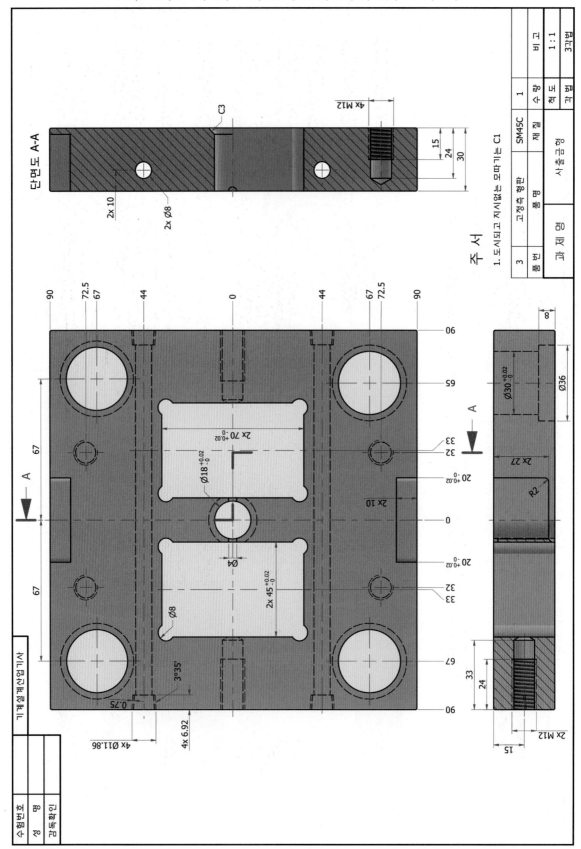

L/DLI/C/DRA/DDI/REC/CO/Ctrl+1/CM/CL/M/RO/DAL/E/F/
TR/X/CHA/O/EX/POL/EL/BR/SC/S/AR/A/SPL/−H/MI/LEN/DAN/
DCO/DBA/DOR/LE/TOL/MLD/DED/DT/T/MA/'CAL/PL/TB

287

9주차

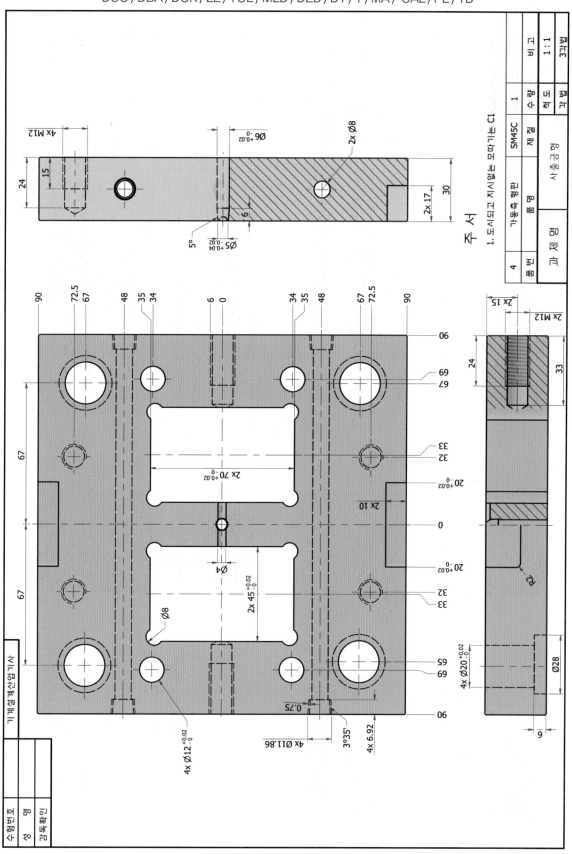

AutoCAD 2023

10주 차

도면 크기, 표면 거칠기

10-1　도면 크기

도면 크기	Size(mm)	비고
A4	297 × 210	
A3	420 × 297	
A2	594 × 420	산업기사 도면 크기
A1	841 × 594	
A0	1189 × 841	

10-2　도면 A2(기계설계산업기사 기준)

아래 도면을 만들어 보자.

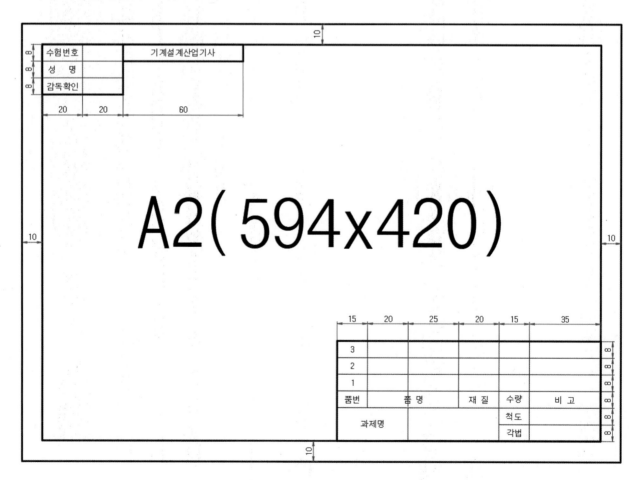

10-3　도면 A4(가로)

아래 도면을 만들어 보자.

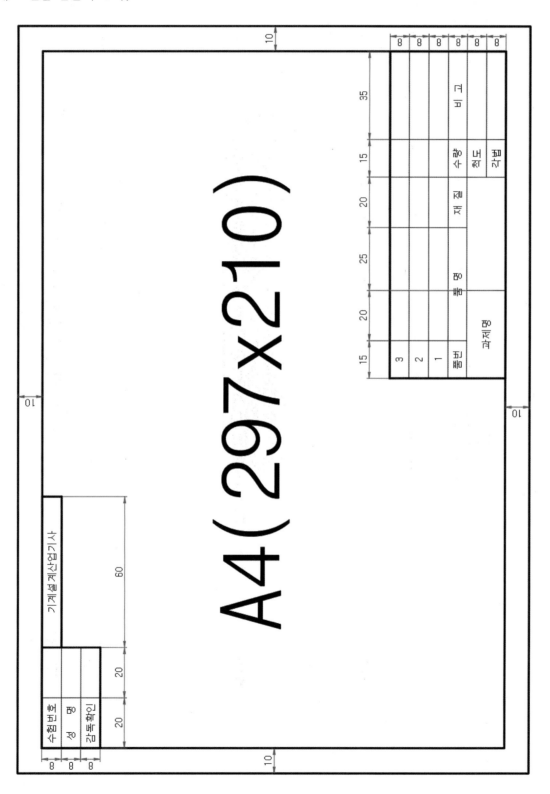

10-4 도면 A4(세로)

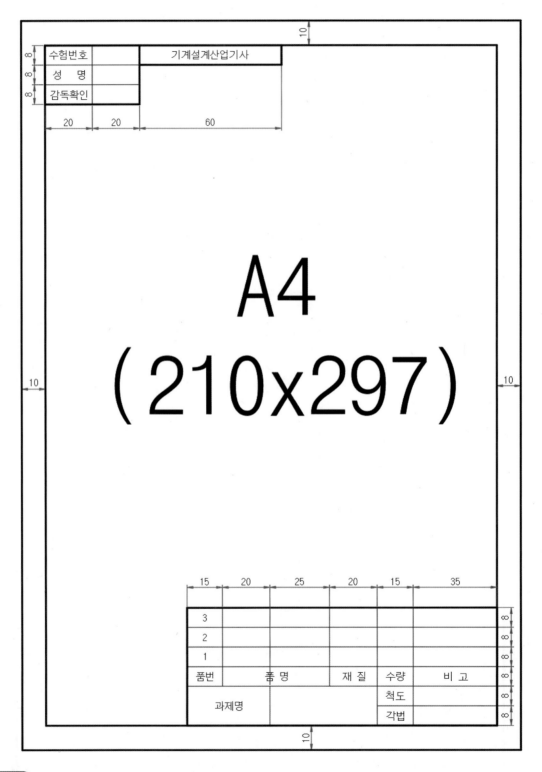

따라하기 위의 도면을 보고 여러 번 연습해서 자신의 것으로 만들자.

10-5 표면 거칠기

기계제도기능사, 기계설계산업기사에서 사용하는 표면 거칠기를 만들 수 있다.

따라하기 표면 거칠기 생성

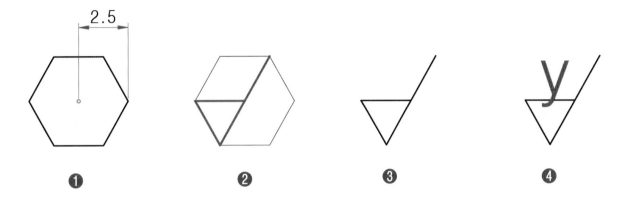

❶ ❷ ❸ ❹

⬤ POl(폴리곤)를 입력한다.

⬤ 6을 입력한다.

⬤ 임의의 점을 선택한다.

⬤ I(원에 내접)를 선택한다.

⬤ 오른쪽으로 방향을 향한다.

❶ 2.5 입력 후 Space bar 키를 선택한다.

⬤ L(선)을 입력한다.

❷ 그림과 같이 그린다.

⬤ E(지우기)를 입력한다.

❸ 그림과 같이 6각형을 지운다.

⬤ DT(문자)>J(자리맞추기)>MC(중앙 중심)를 입력한다.

❹ 그림과 같은 위치를 선택하고 문자 높이 2.5를 선택한다.

⬤ y를 입력한다.

참고 치수 문자 크기에 따라서 표면 거칠기 문자 크기를 조절해서 사용하면 된다.

연습하기 표면 거칠기 생성

POI> 6 >I(원에 내접)>2.5와 DT>J>MC>2.5 기능을 이용해서 아래와 같이 만들어 보자.

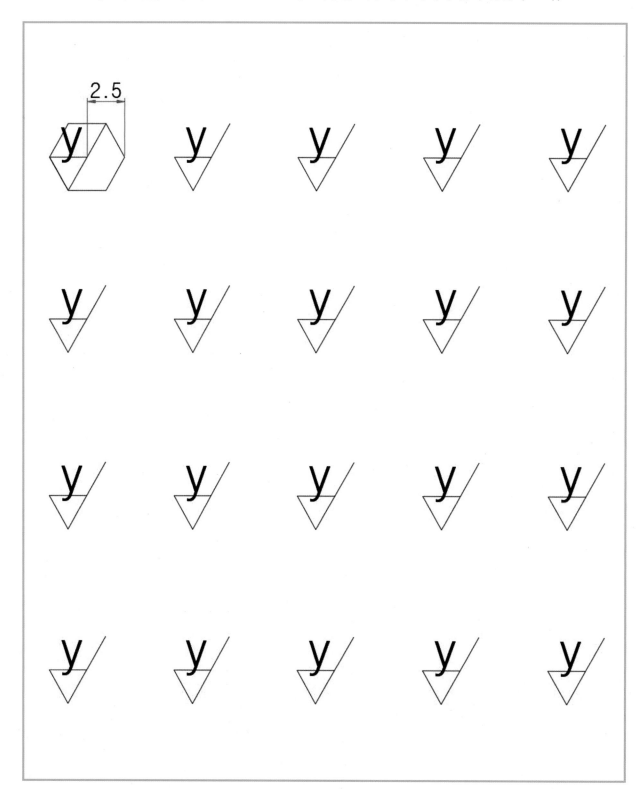

표면 거칠기 원본을 만들어 놓고 사용하면 편리하다.

따라하기 ▶ 표면 거칠기 원본 만들기

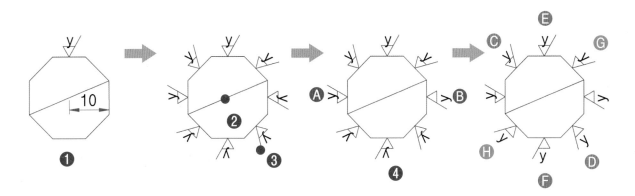

※ ❶ 번 그림과 같이 만들어 보자.

● POL(다각형)을 입력한다.

● 8(수량)을 입력한다.

● 임의의 점을 선택한다.

● C(원에 외접)를 선택한다.

● 오른쪽으로 방향을 향한다.

● 10입력 후 [Space bar] 키를 누른다.

❶ L(선)을 입력 후 그림과 같이 그린다.

● 기존에 만든 표면 거칠기를 그림 위치에 복사한다.

※ 표면 거칠기를 원형 패턴하고 제도 규격에 맞게 방향을 변경해 보자.

● AR(패턴)>표면 거칠기 선택>PO(원형)을 선택한다.

❷ 그림과 같이 선의 중간점을 선택한다.

● I(항목)>8(수량)을 입력한다.

● X(분해)를 입력한다.

❸ 표면 거칠기를 선택한다.

● MA(특성 일치)를 입력한다.

❹ ❹(원본 객체) y문자를 선택 후 ❹(대상 객체) y문자를 선택한다.

● [Esc] 키(명령어 취소)를 누른다.

● MA 입력 후 ❹~❹ 순으로 선택하고 [Esc] 키를 누른다.

● MA 입력 후 ❹~❹ 순으로 선택하고 [Esc] 키를 누른다.

● MA 입력 후 ❹~❹ 순으로 선택하고 [Esc] 키를 누른다.

> **참고** 만들어진 표면 거칠기 원본을 이용해서 도면 작성 시 **복사(CO)**해서 **사용**하면 된다.

연습하기 표면 거칠기 원본 만들기

위의 **따라하기** 를 참고해서 아래와 같이 연습해 보자.

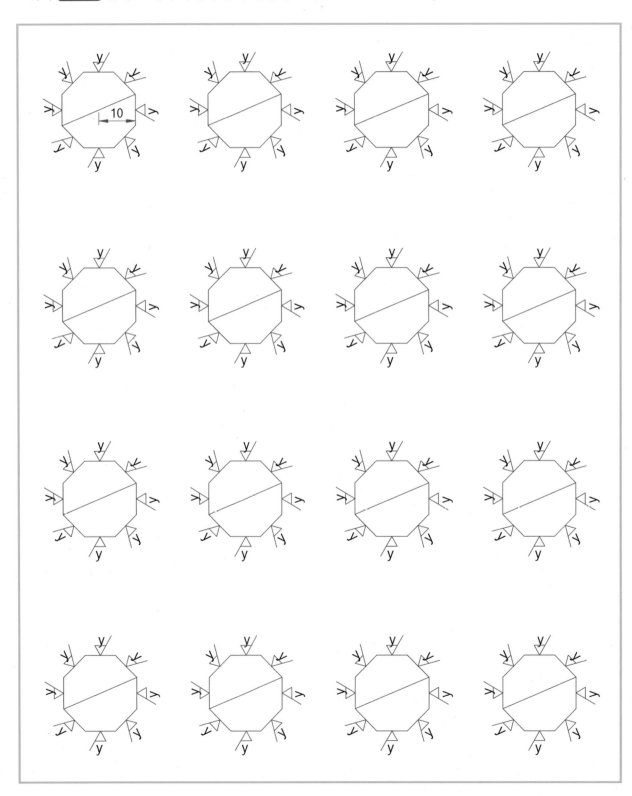

L/DLI/C/DRA/DDI/REC/CO/Ctrl+1/CM/CL/M/RO/DAL/E/F/TR/X/
CHA/O/EX/POL/EL/BR/SC/S/AR/A/SPL/−H/MI/LEN/DAN/DCO/
DBA/DOR/LE/TOL/MLD/DED/DT/T/MA/'CAL/PL/TB/DO

297

[10주 차 복습 예제]

A4/A3 규격을 이용해서 아래 도면과 같이 만들자. (3D 형상은 작업 → X)

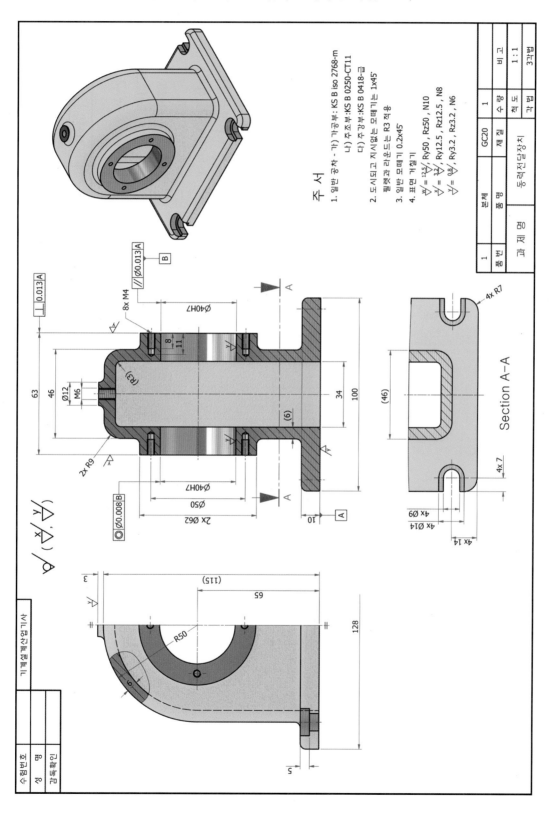

298

L／DLI／C／DRA／DDI／REC／CO／Ctrl+1／CM／CL／M／RO／DAL／E／F／TR／X／
CHA／O／EX／POL／EL／BR／SC／S／AR／A／SPL／−H／MI／LEN／DAN／DCO／
DBA／DOR／LE／TOL／MLD／DED／DT／T／MA／'CAL／PL／TB／DO

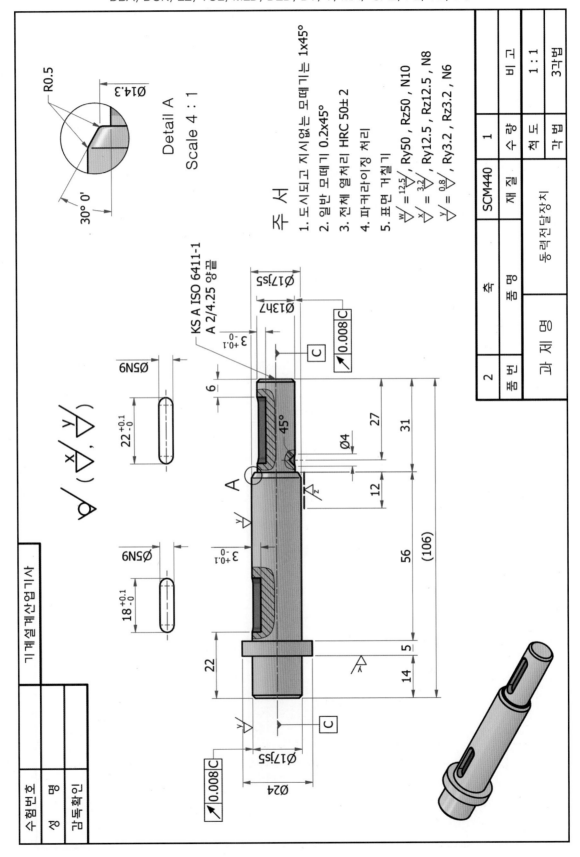

Detail A
Scale 4 : 1

R0.5

Ø14.3

30° 0'

주 서

1. 도시되고 지시없는 모떼기는 1x45°
2. 일반 모떼기 0.2x45°
3. 전체 열처리 HRC 50±2
4. 파카라이징 처리
5. 표면 거칠기

$\frac{w}{\nabla} = \frac{12.5}{\nabla}$, Ry50 , Rz50 , N10
$\frac{x}{\nabla} = \frac{3.2}{\nabla}$, Ry12.5 , Rz12.5 , N8
$\frac{y}{\nabla} = \frac{0.8}{\nabla}$, Ry3.2 , Rz3.2 , N6

2	축	SCM440	1	비 고
품 번	품 명	재 질	수 량	

과 제 명	동력전달장치	척 도	1 : 1
		각 법	3각법

KS A ISO 6411-1
A 2/4.25 양끝

Ø17js5

Ø13h7

3 +0.1 -0

6

0.008 C

45°

27

31

Ø4

12

56

(106)

A

Z

ØSN9

22 +0.1 -0

ØSN9

18 +0.1 -0

3 +0.1 -0

22

5

14

Ø17js5

Ø24

0.008 C

C

L/DLI/C/DRA/DDI/REC/CO/Ctrl+1/CM/CL/M/RO/DAL/E/F/TR/X/
CHA/O/EX/POL/EL/BR/SC/S/AR/A/SPL/−H/MI/LEN/DAN/DCO/
DBA/DOR/LE/TOL/MLD/DED/DT/T/MA/'CAL/PL/TB/DO

299

10주차

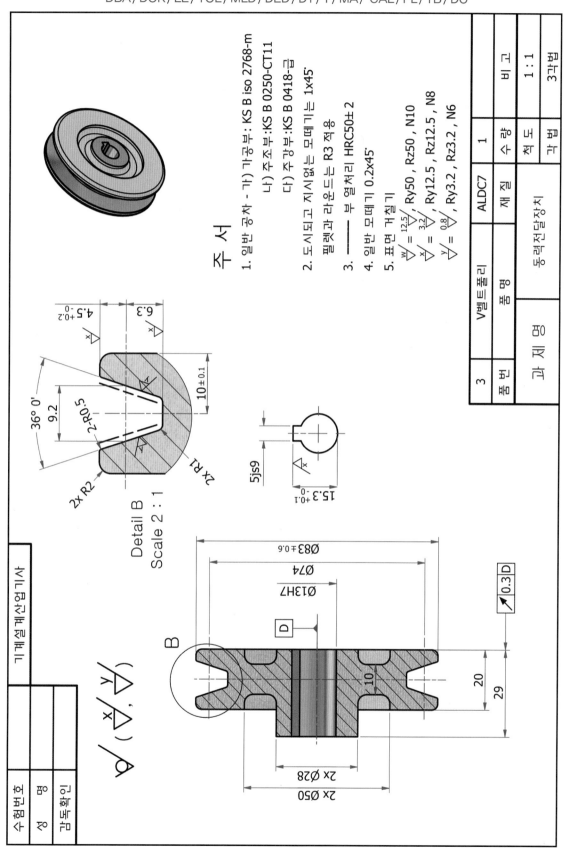

주 서

1. 일반 공차 - 가) 가공부 : KS B iso 2768-m
　　　　　　　나) 주조부 : KS B 0250-CT11
　　　　　　　다) 주강부 : KS B 0418-급

2. 도시되고 지시없는 모떼기는 1x45'
　 필렛과 라운드는 R3 적용

3. ──── 부 열처리 HRC50±2

4. 일반 모떼기 0.2x45'

5. 표면 거칠기

$\frac{W}{} = \frac{12.5}{\nabla}$, Ry50 , Rz50 , N10

$\frac{X}{} = \frac{3.2}{\nabla}$, Ry12.5 , Rz12.5 , N8

$\frac{Y}{} = \frac{0.8}{\nabla}$, Ry3.2 , Rz3.2 , N6

3	V벨트풀리	ALDC7	1	비 고
품번	품명	재질	수량	1 : 1

동력전달장치

척 도 1:1

각 법 3각법

과 제 명

기계설계산업기사

수험번호	
성 명	
감독확인	

Detail B
Scale 2 : 1

36° 0'

4.5 +0.2 −0

6.3

10±0.1

9.2

2-R0.5

2x R2

2x R1

5js9

15.3 +0.1 −0

B

Ø83±0.6

Ø74

Ø13H7

2x Ø50

2x Ø28

Ø10

20

29

0.3 D

D

300

L/DLI/C/DRA/DDI/REC/CO/Ctrl+1/CM/CL/M/RO/DAL/E/F/TR/X/
CHA/O/EX/POL/EL/BR/SC/S/AR/A/SPL/−H/MI/LEN/DAN/DCO/
DBA/DOR/LE/TOL/MLD/DED/DT/T/MA/ʻCAL/PL/TB/DO

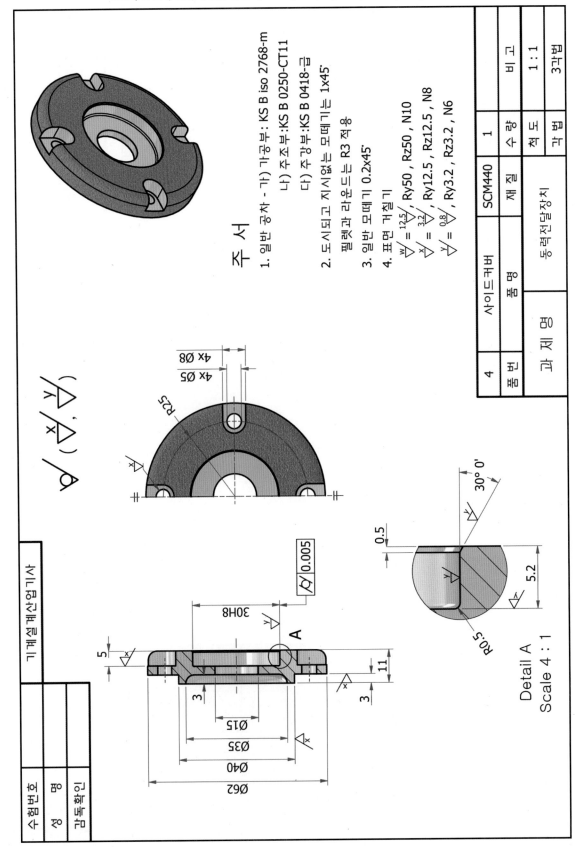

주 서

1. 일반 공차 - 가) 가공부 : KS B iso 2768-m
   나) 주조부 : KS B 0250-CT11
   다) 주강부 : KS B 0418-급
2. 도시되고 지시없는 모떼기는 1x45'
   필렛과 라운드는 R3 적용
3. 일반 모떼기 0.2x45'
4. 표면 거칠기
   $\forall$ = 12.5 ∇ , Ry50 , Rz50 , N10
   $\forall$ = 3.2 ∇ , Ry12.5 , Rz12.5 , N8
   $\forall$ = 0.8 ∇ , Ry3.2 , Rz3.2 , N6

Detail A
Scale 4 : 1

30° 0'

0.5

5.2

R0.5

0.005

30H8

5

11

3

3

Ø15

Ø35

Ø40

Ø62

A

R25

4x Ø8

4x Ø5

기계설계산업기사

수험번호

성   명

감독확인

품번	품명	재질	수량	비고
4	사이드커버	SCM440	1	

동력전달장치

척도 1:1

3각법

과 제 명

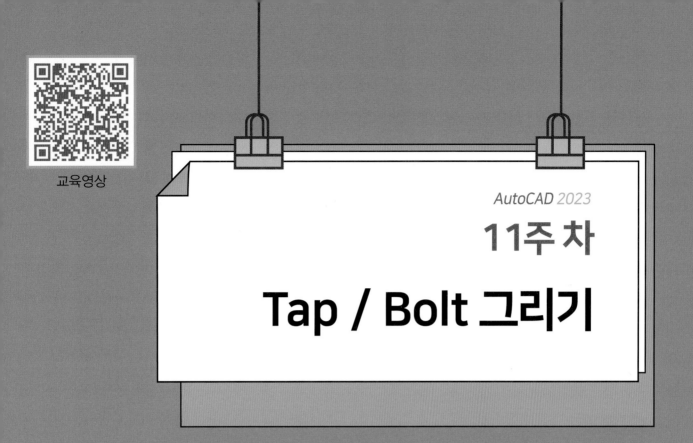

AutoCAD *2023*

11주 차

Tap / Bolt 그리기

11-1 M10 TAP 그리기

M10 TAP을 기준으로 다양한 크기의 TAP을 만들 수 있다.

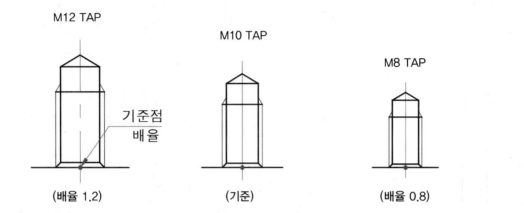

M12 TAP

M10 TAP

M8 TAP

M6 TAP

기준점
배율

(배율 1.2)

(기준)

(배율 0.8)

(배율 0.6)

따라하기

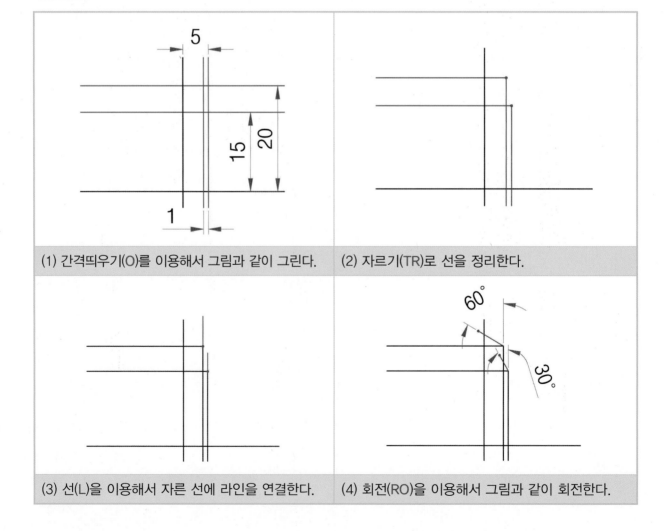

(1) 간격띄우기(O)를 이용해서 그림과 같이 그린다.

(2) 자르기(TR)로 선을 정리한다.

(3) 선(L)을 이용해서 자른 선에 라인을 연결한다.

(4) 회전(RO)을 이용해서 그림과 같이 회전한다.

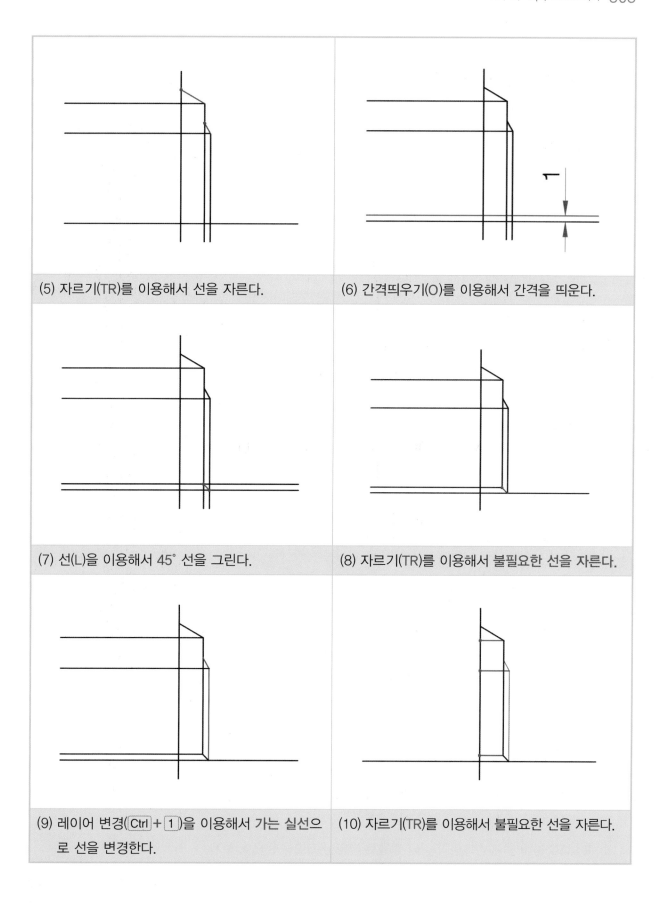

(5) 자르기(TR)를 이용해서 선을 자른다.

(6) 간격띄우기(O)를 이용해서 간격을 띄운다.

(7) 선(L)을 이용해서 45° 선을 그린다.

(8) 자르기(TR)를 이용해서 불필요한 선을 자른다.

(9) 레이어 변경(Ctrl + 1)을 이용해서 가는 실선으로 선을 변경한다.

(10) 자르기(TR)를 이용해서 불필요한 선을 자른다.

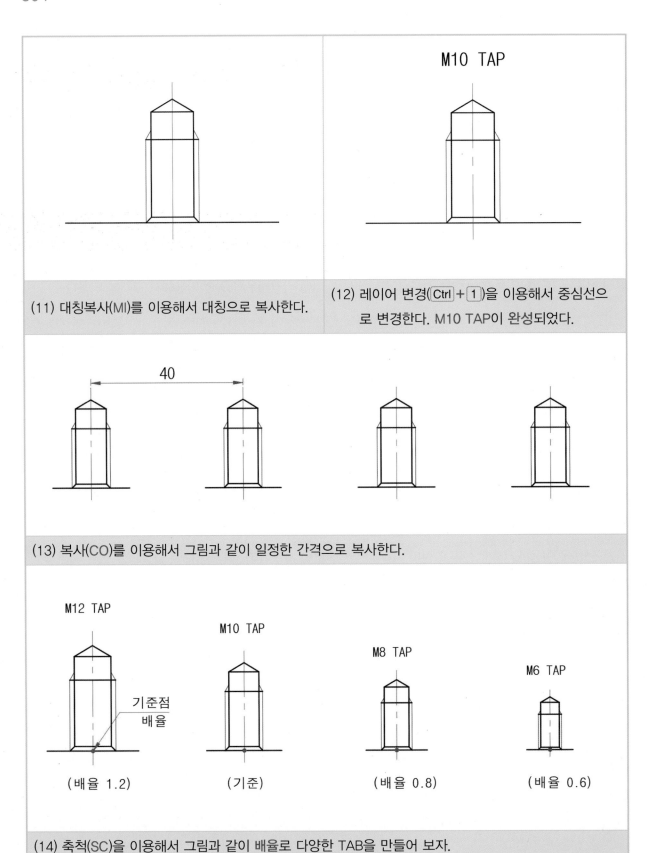

M10 TAP

(11) 대칭복사(MI)를 이용해서 대칭으로 복사한다.

(12) 레이어 변경(Ctrl+1)을 이용해서 중심선으로 변경한다. M10 TAP이 완성되었다.

40

(13) 복사(CO)를 이용해서 그림과 같이 일정한 간격으로 복사한다.

M12 TAP

M10 TAP

M8 TAP

M6 TAP

기준점
배율

(배율 1.2)

(기준)

(배율 0.8)

(배율 0.6)

(14) 축척(SC)을 이용해서 그림과 같이 배율로 다양한 TAB을 만들어 보자.

11주차

참고

① 위의 **M10 Tap**은 **아래 그림**을 **기준**으로 그린 것이다. 아래 그림을 참조로 다른 Tab을 바로 그릴 수 있다.

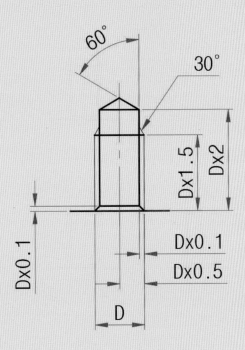

② 탭 가공 깊이는 가공 소재에 따라 달라지므로 필요에 따라 신축(S) 기능을 이용해서 **늘릴 수 있다.**

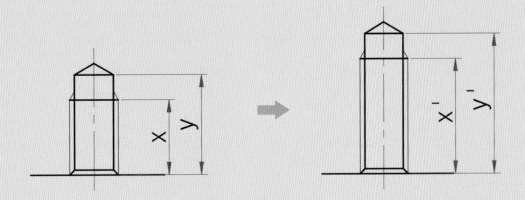

연습하기 아래 치수를 참고해서 M10 TAP를 만들고, SC(축척) 1.2를 적용해서 M12 TAP으로 **변경해** 보자.

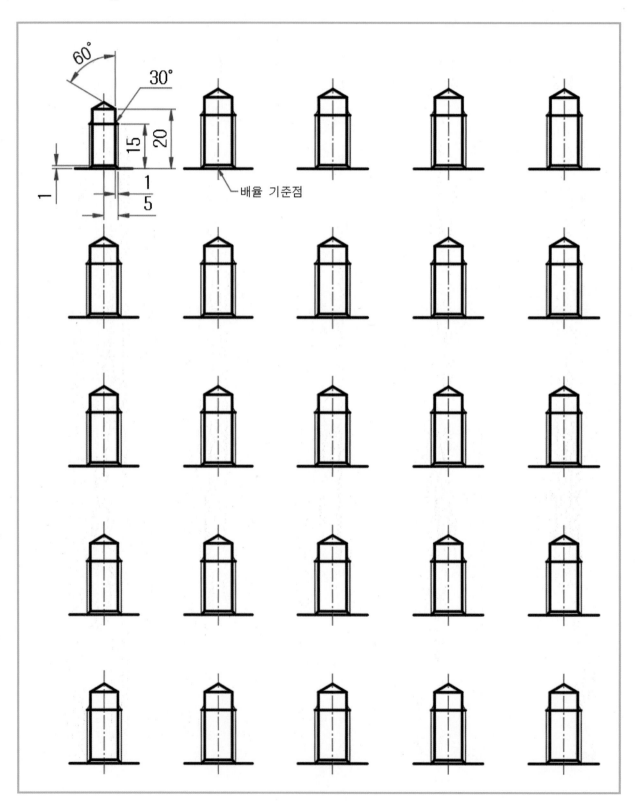

60°

30°

15

20

1

1

5

배율 기준점

11-2 조립 볼트 그리기(육각 렌치 볼트)

M10 조립 볼트를 기준으로 다양한 크기의 볼트를 만들 수 있다.

(1) M10 기준 Bolt 작도 치수

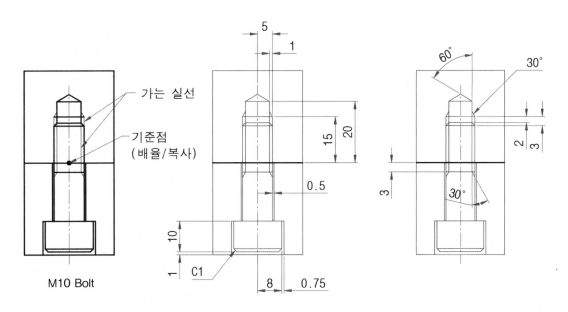

M10 Bolt

가는 실선
기준점
(배율/복사)

(2) M10 기준 Bolt를 이용한 배율 조정 → 다른 크기 Bolt 생성

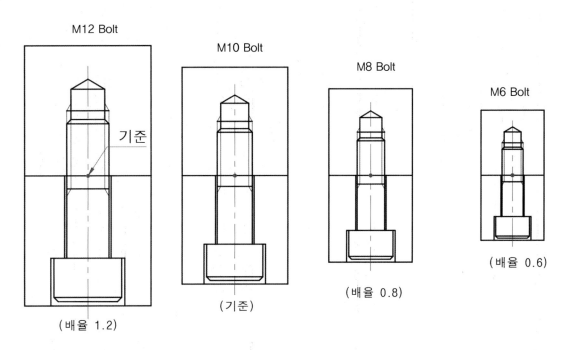

M12 Bolt
(배율 1.2)

기준

M10 Bolt
(기준)

M8 Bolt
(배율 0.8)

M6 Bolt
(배율 0.6)

따라하기

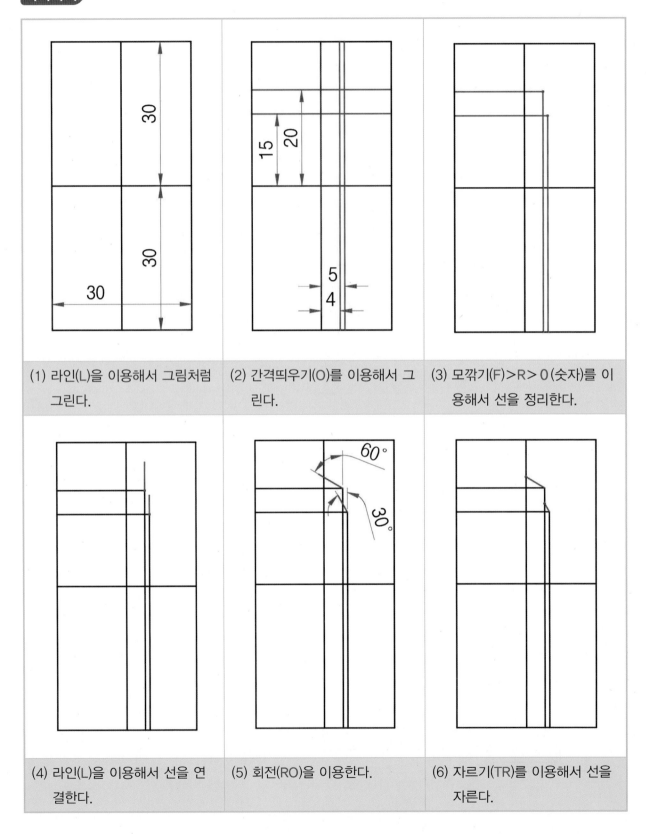

(1) 라인(L)을 이용해서 그림처럼 그린다.

(2) 간격띄우기(O)를 이용해서 그린다.

(3) 모깎기(F)>R>0(숫자)를 이용해서 선을 정리한다.

(4) 라인(L)을 이용해서 선을 연결한다.

(5) 회전(RO)을 이용한다.

(6) 자르기(TR)를 이용해서 선을 자른다.

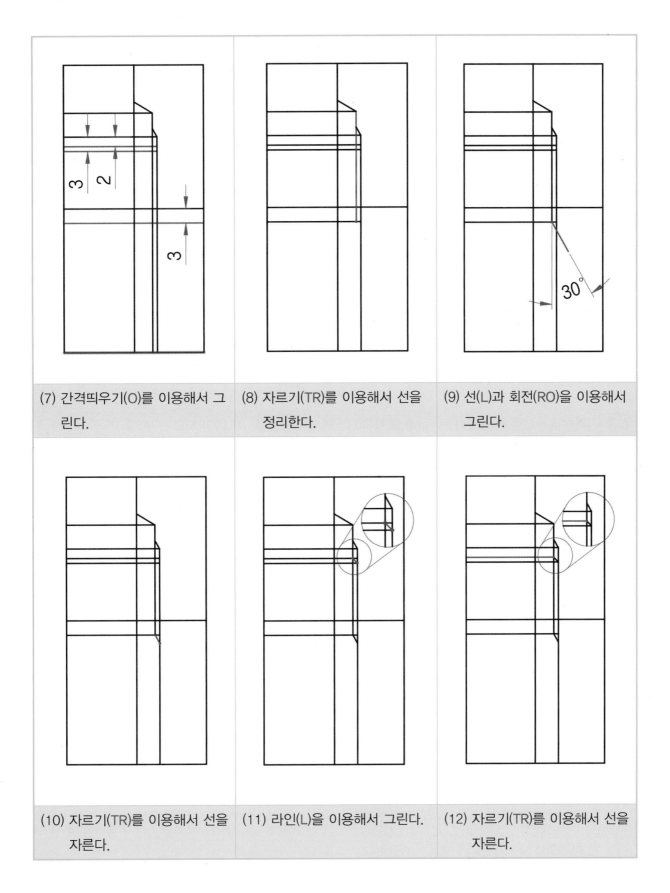

(7) 간격띄우기(O)를 이용해서 그린다.

(8) 자르기(TR)를 이용해서 선을 정리한다.

(9) 선(L)과 회전(RO)을 이용해서 그린다.

(10) 자르기(TR)를 이용해서 선을 자른다.

(11) 라인(L)을 이용해서 그린다.

(12) 자르기(TR)를 이용해서 선을 자른다.

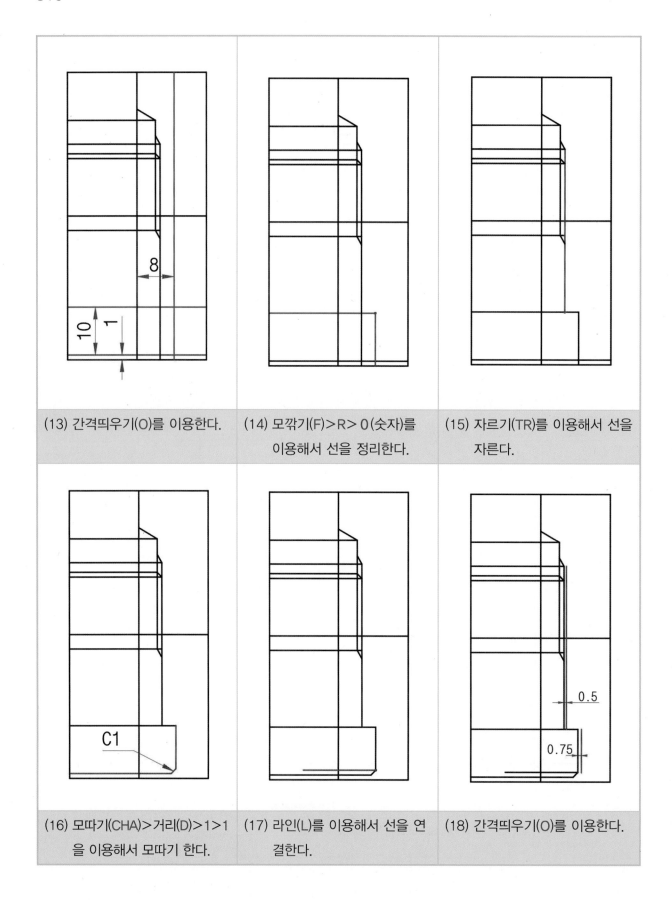

(13) 간격띄우기(O)를 이용한다.

(14) 모깎기(F)>R> 0(숫자)를 이용해서 선을 정리한다.

(15) 자르기(TR)를 이용해서 선을 자른다.

(16) 모따기(CHA)>거리(D)>1>1 을 이용해서 모따기 한다.

(17) 라인(L)를 이용해서 선을 연결한다.

(18) 간격띄우기(O)를 이용한다.

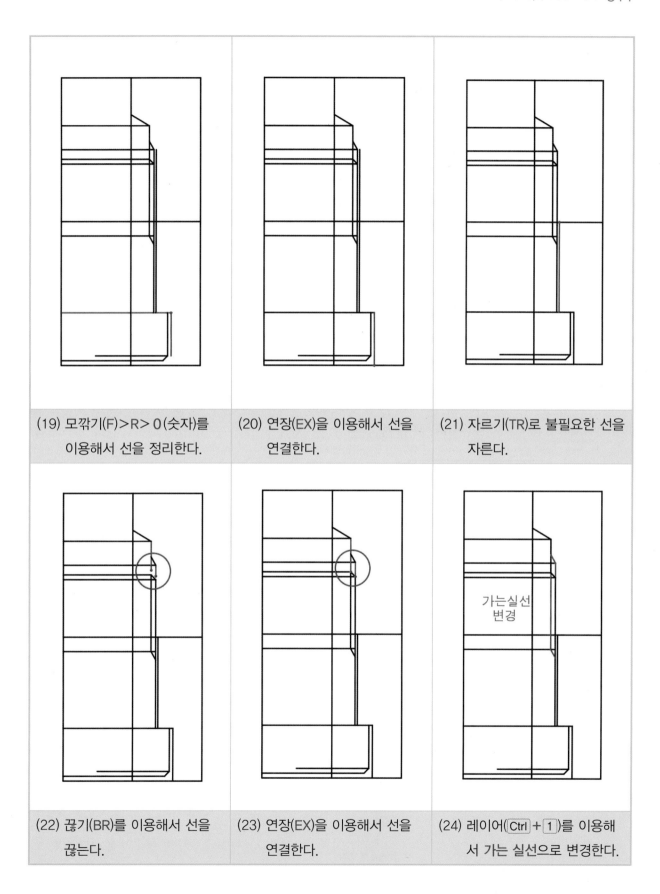

(19) 모깎기(F)>R> 0(숫자)를 이용해서 선을 정리한다.

(20) 연장(EX)을 이용해서 선을 연결한다.

(21) 자르기(TR)로 불필요한 선을 자른다.

(22) 끊기(BR)를 이용해서 선을 끊는다.

(23) 연장(EX)을 이용해서 선을 연결한다.

(24) 레이어(Ctrl + 1)를 이용해서 가는 실선으로 변경한다.

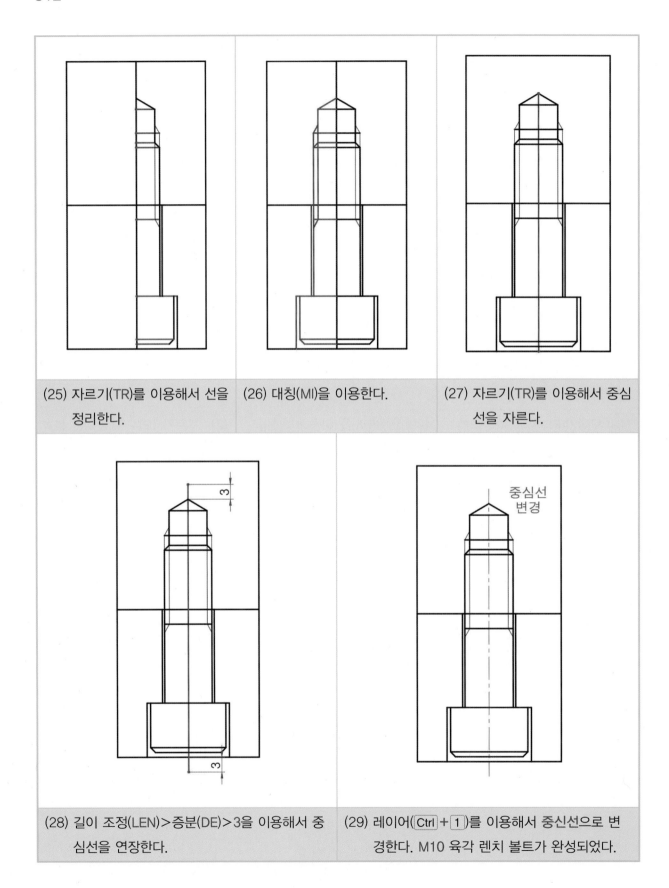

(25) 자르기(TR)를 이용해서 선을 정리한다.

(26) 대칭(MI)을 이용한다.

(27) 자르기(TR)를 이용해서 중심 선을 자른다.

(28) 길이 조정(LEN)>증분(DE)>3을 이용해서 중 심선을 연장한다.

(29) 레이어([Ctrl]+[1])를 이용해서 중신선으로 변 경한다. M10 육각 렌치 볼트가 완성되었다.

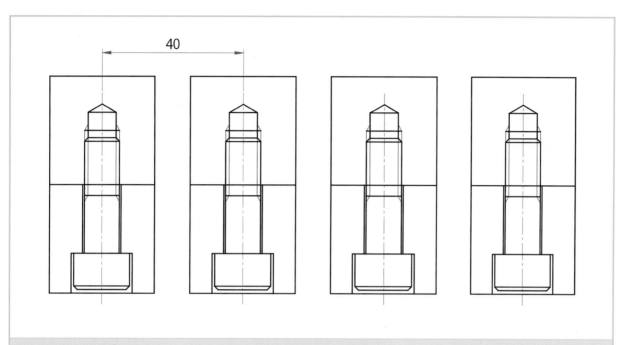

40

(30) 복사(CO)를 이용해서 그림과 같이 일정한 간격으로 복사한다.

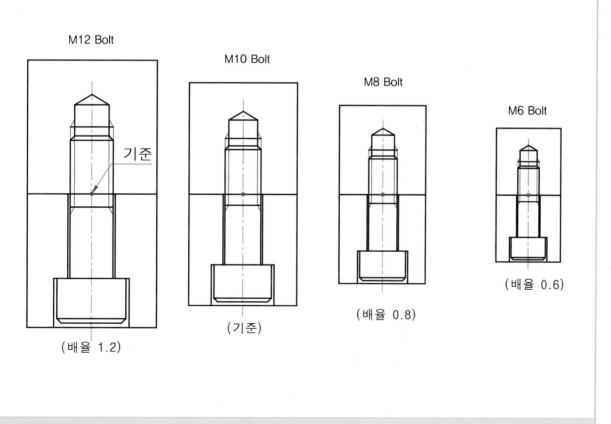

M12 Bolt

M10 Bolt

M8 Bolt

M6 Bolt

기준

(배율 1.2)

(기준)

(배율 0.8)

(배율 0.6)

(31) 축척(SC)으로 배율을 조정해서 그림처럼 만든다.

참고 배율로 다양한 BOLT를 생성할 경우 **카운터 보어 치수**는 규격과 다를 수 있으므로 규격을 참고해서 수정하기 바란다.

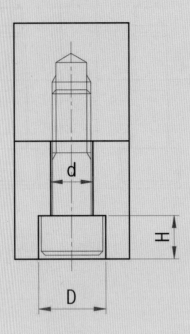

나사의 호칭	M3	M4	M5	M6	M8	M10	M12	M14	M16	M18	M20	M22	M24	M27	M30
d	3.4	4.5	5.5	6.6	9	11	14	16	18	20	22	24	26	30	33
D	6.5	8	9.5	11	14	17.5	20	23	26	29	32	35	39	43	48
H	3.3	4.4	5.4	6.5	8.6	10.8	13	15.2	17.5	19.5	21.5	23.5	25.5	29	32

연습하기 아래 그림을 참고해서 M10 Bolt를 아래와 같이 그려보자.

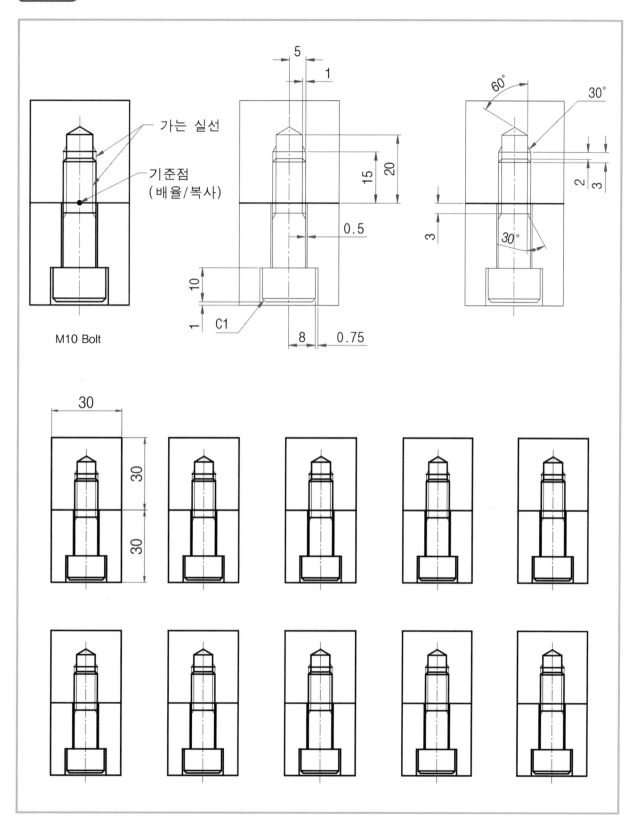

가는 실선

기준점
(배율/복사)

M10 Bolt

[11주 차 복습 예제 1]

(1) M10 Bolt를 그리고, 배율을 조정해서 아래와 같이 도면을 만들어 보자.

(2) 볼트 머리는 S(신축) 단축키를 이용해서 그림과 같은 모양으로 늘리면 된다.

(3) 카운터 보어는 앞에서 배운 규격을 이용해서 수정하자.

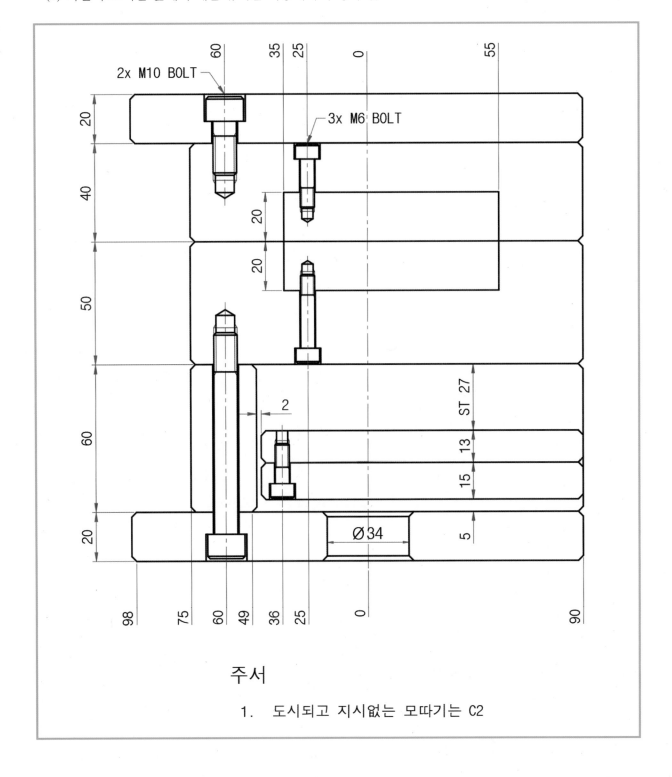

주서

1.   도시되고 지시없는 모따기는 C2

L/DLI/C/DRA/DDI/REC/CO/Ctrl+1/CM/CL/M/RO/DAL/E/F/TR/X/
CHA/O/EX/POL/EL/BR/SC/S/AR/A/SPL/−H/MI/LEN/DAN/DCO/
DBA/DOR/LE/TOL/MLD/DED/DT/T/MA/'CAL/PL/TB/DO

317

11주 차

[11주 차 복습 예제 2]

A4/A3 규격을 이용해서 아래 도면과 같이 만들자. (3D 형상은 작업 → X)

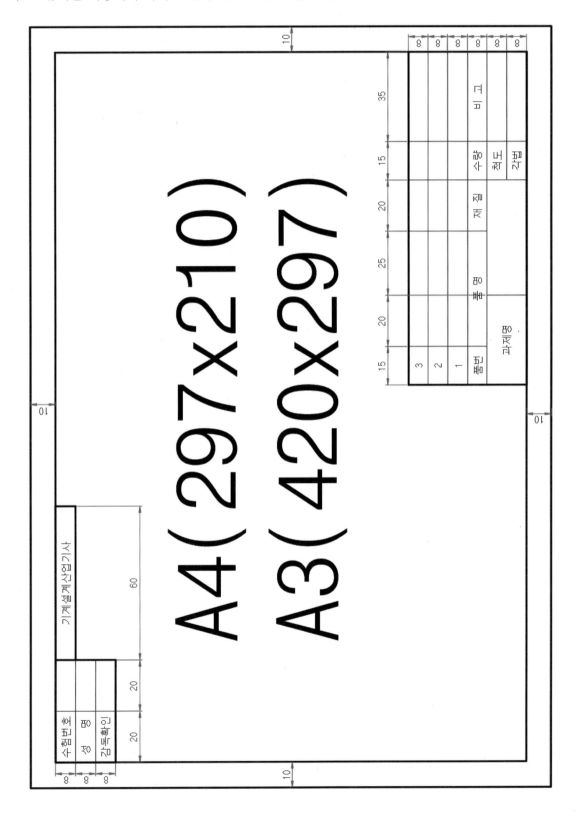

L/DLI/C/DRA/DDI/REC/CO/Ctrl+1/CM/CL/M/RO/DAL/E/F/TR/X/
CHA/O/EX/POL/EL/BR/SC/S/AR/A/SPL/−H/MI/LEN/DAN/DCO/
DBA/DOR/LE/TOL/MLD/DED/DT/T/MA/'CAL/PL/TB/DO

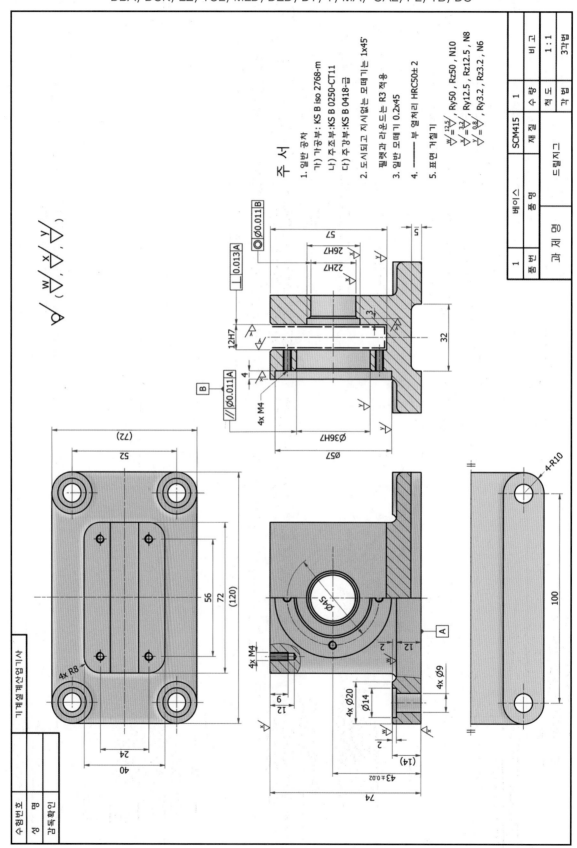

주 서

1. 일반 공차
   가) 가공부 : KS B iso 2768-m
   나) 주조부 :KS B 0250-CT11
   다) 주강부 :KS B 0418-급

2. 도시되고 지시없는 모떼기는 1x45'
   필렛과 라운드는 R3 적용

3. 일반 모떼기 0.2x45

4. ─── 부 열처리 HRC50±2

5. 표면 거칠기

$\frac{w}{} = \frac{12.5}{}$, Ry50 , Rz50 , N10
$\frac{x}{} = \frac{3.2}{}$, Ry12.5 , Rz12.5 , N8
$\frac{y}{} = \frac{0.8}{}$, Ry3.2 , Rz3.2 , N6

			품명	드릴지그	척도	1:1
품번	품명	재질	수량	비고	각법	3각법
1	베이스	SCM415	1	척도		

L/DLI/C/DRA/DDI/REC/CO/Ctrl+1/CM/CL/M/RO/DAL/E/F/TR/X/
CHA/O/EX/POL/EL/BR/SC/S/AR/A/SPL/−H/MI/LEN/DAN/DCO/
DBA/DOR/LE/TOL/MLD/DED/DT/T/MA/'CAL/PL/TB/DO

319

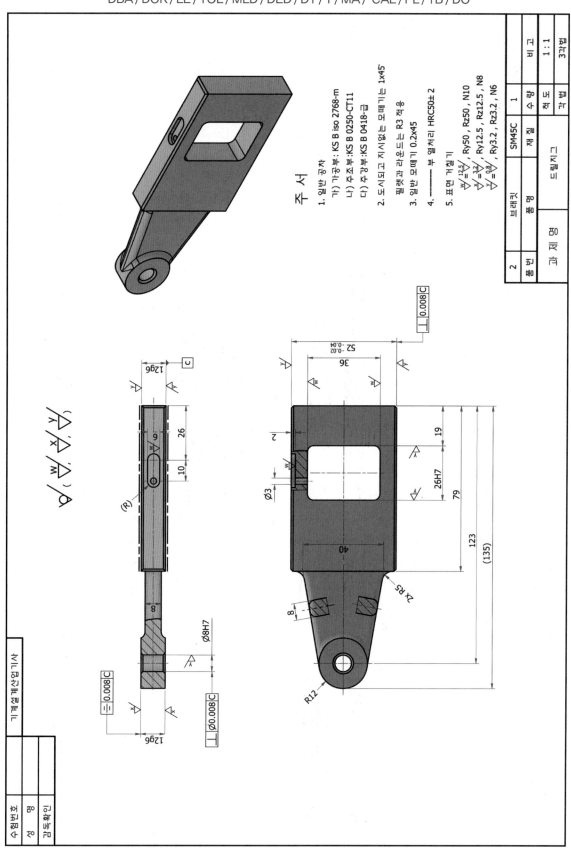

주서

1. 일반 공차
   가) 가공부 : KS B iso 2768-m
   나) 주조부 :KS B 0250-CT11
   다) 주강부 :KS B 0418-급
2. 도시되고 지시없는 모떼기는 1x45
   필렛과 라운드는 R3 적용
3. 일반 모떼기 0.2x45
4. ──── 부 열처리 HRC50±2
5. 표면 거칠기

320

L/DLI/C/DRA/DDI/REC/CO/Ctrl+1/CM/CL/M/RO/DAL/E/F/TR/X/
CHA/O/EX/POL/EL/BR/SC/S/AR/A/SPL/−H/MI/LEN/DAN/DCO/
DBA/DOR/LE/TOL/MLD/DED/DT/T/MA/ˊCAL/PL/TB/DO

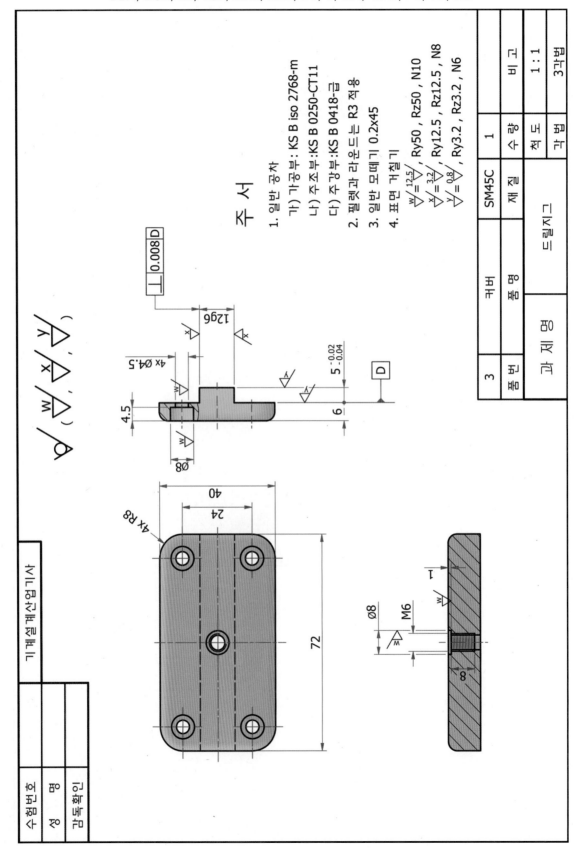

주 서

1. 일반 공차
  가) 가공부 : KS B iso 2768-m
  나) 주조부 :KS B 0250-CT11
  다) 주강부 :KS B 0418-급
2. 펠렛과 라운드는 R3 적용
3. 일반 모떼기 0.2x45
4. 표면 거칠기

L/DLI/C/DRA/DDI/REC/CO/Ctrl+1/CM/CL/M/RO/DAL/E/F/TR/X/
CHA/O/EX/POL/EL/BR/SC/S/AR/A/SPL/−H/MI/LEN/DAN/DCO/
DBA/DOR/LE/TOL/MLD/DED/DT/T/MA/'CAL/PL/TB/DO

321

11주차

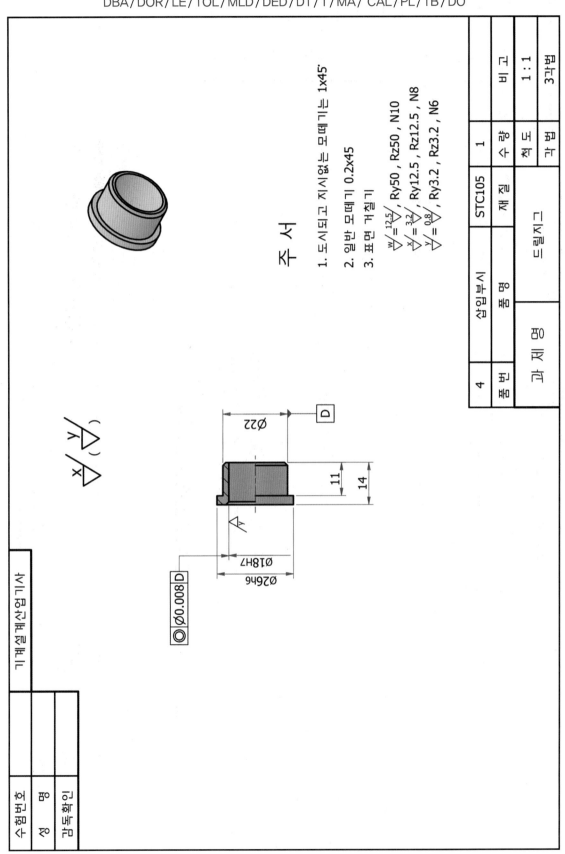

주 서

1. 도시되고 지시없는 모떼기는 1x45˚

2. 일반 모떼기 0.2x45

3. 표면 거칠기

$\frac{w}{\triangle}$ = 12.5 , Ry50 , Rz50 , N10
$\frac{x}{\triangle}$ = 3.2 , Ry12.5 , Rz12.5 , N8
$\frac{y}{\triangle}$ = 0.8 , Ry3.2 , Rz3.2 , N6

4	삽입부시	STC105	1	비 고
품번	품명	재질	수량	척도 1:1
	드릴지그		각법	3각법

과 제 명

ø22
11
14
ø18H7
ø26h6
⌀ ø0.008 D
D

니체발생산용지기
수험번호
성 명
감독확인

교육영상

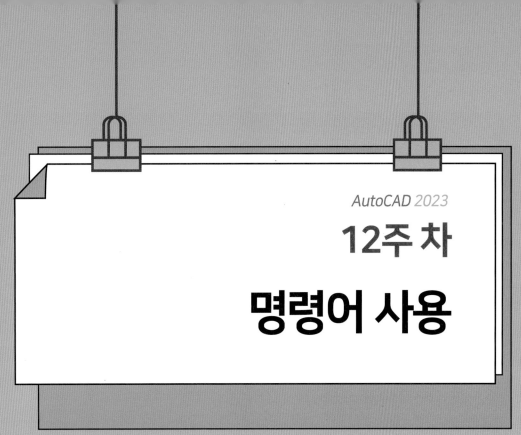

AutoCAD 2023

12주 차

명령어 사용

12-1　그룹(GROUP 단축키: G)

G 단축키를 이용해서 요소 객체를 그룹으로 만들 수 있다.

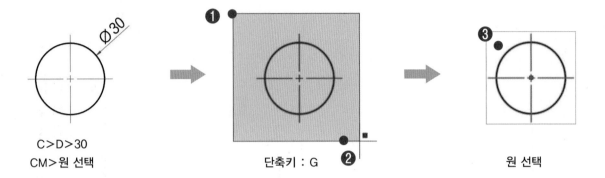

- 그림과 같이 치수를 보고 그린다.
- G(그룹)를 입력한다.
- ❶ ~ ❷ 위치로 드래그한다.
- [Space bar] 키를 누른다.
- ❸ 원을 선택한다.
- 그룹이 된 것을 확인할 수 있다.

12-2　그룹 분해(UNGROUP 단축키: UNG)

UNG 단축키를 이용해서 그룹을 분해할 수 있다.

- ❶ 선택을 한다. (그룹이 되어 있는 것을 확인한다.)
- UNG(그룹 분해)를 입력한다.
- ❷ 원을 선택한다.
- ❸ 원을 선택한다.
- 분해된 것을 확인할 수 있다.

12주 차

연습하기 그림과 같이 그리고, 100mm 간격으로 복사 후 G(그룹)와 UNG(그룹 분해) 단축키를 이용해
서 **그룹/분해를 연습해 보자.**

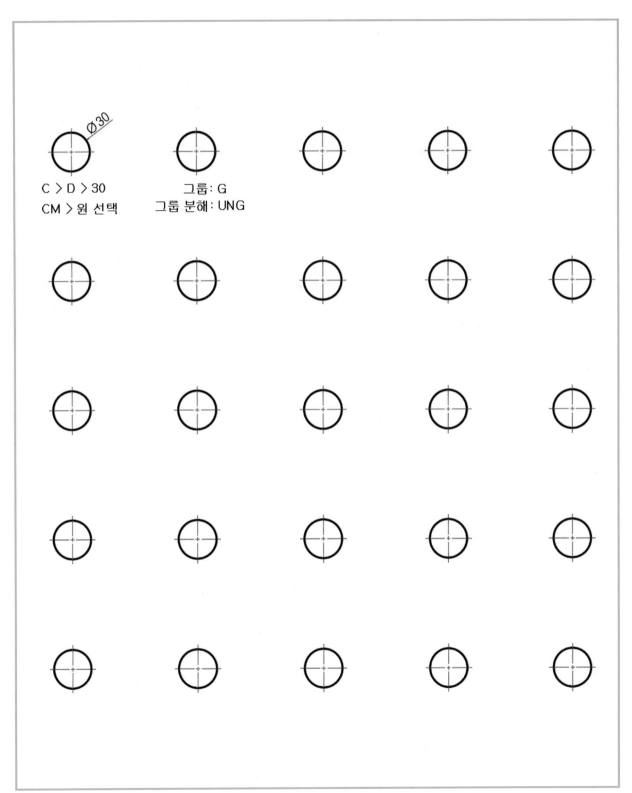

C > D > 30
CM > 원 선택

그룹: G
그룹 분해: UNG

12-3 도넛(DONUT 단축키: DO)

DO **단축키**를 이용해서 도넛 형상을 그릴 수 있다.

따라하기 1.

● DO(도넛)를 입력한다.
● 3(내부 지름 지정)을 입력한다.
● 5(외부 지름 지정)를 입력한다.
● 임의의 점을 선택한다.

따라하기 2.

● DO(도넛)를 입력한다.
● 0(숫자, 내부 지름 지정)을 입력한다.
● 5(외부 지름 지정)를 입력한다.
● 임의의 점을 선택한다.

12주차

연습하기   1. DO(도넛) 단축키를 이용해서 아래와 같이 연습해 보자.

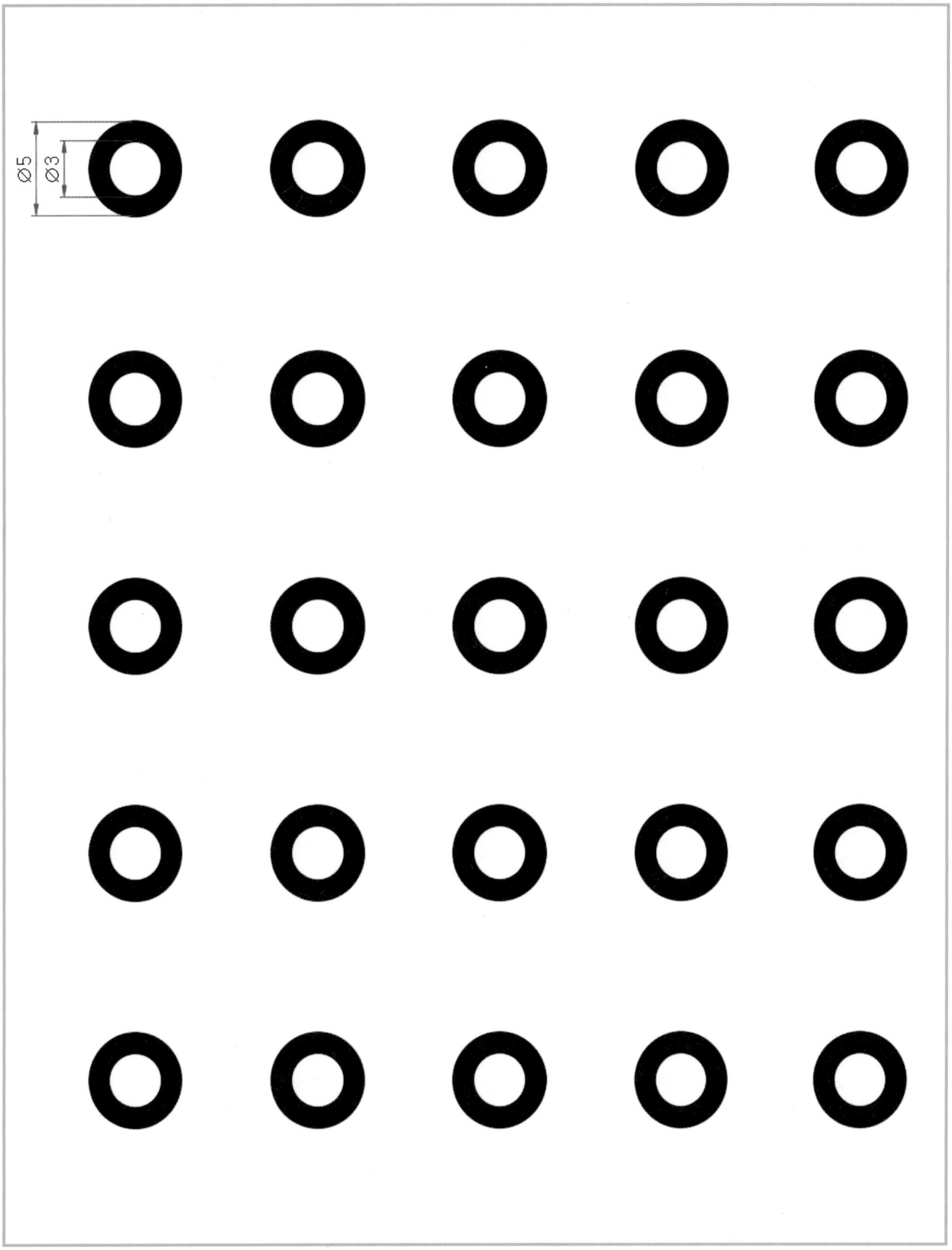

Ø5 Ø3

연습하기 2. DO(도넛) 단축키를 이용해서 아래와 같이 연습해 보자.

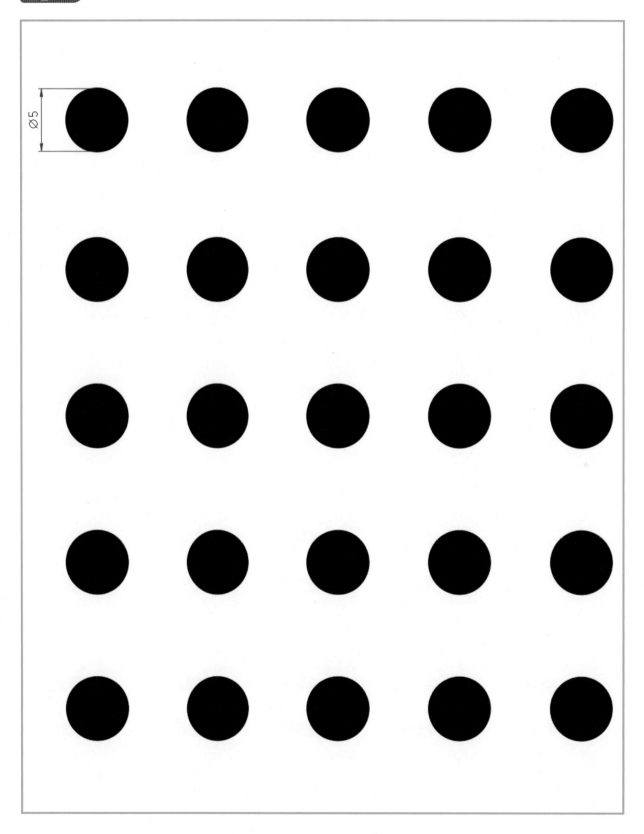

12-4 결합하기(JOIN 단축키: J)

J 단축키를 이용해서 개별 객체의 **끝점을 결합**하여 단일 객체로 만들 수 있다.

따라하기 1.

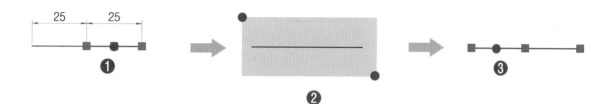

● 그림과 같이 선을 25씩 그린다.
❶ 선을 선택한다.
● 선이 분할된 것을 알 수 있다.
● J(결합하기)를 입력한다.

❷ 그림과 같이 윈도우로 모든 선을 선택한다.
● Space bar 키를 누른다.
❸ 선을 선택한다.
● 선이 결합된 것을 알 수 있다.

따라하기 2.

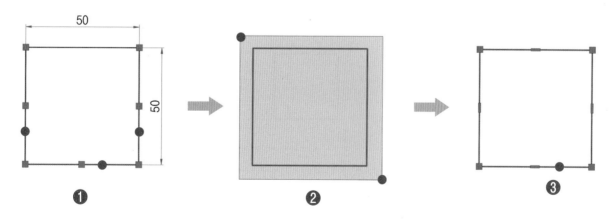

● 그림과 같이 그린다.
❶ 선을 3개 선택한다.
● 선이 분할된 것을 알 수 있다.
● J(결합하기)를 입력한다.

❷ 윈도우로 모든 선을 선택한다.
● Space bar 키를 누른다.
❸ 선을 선택한다.
● 선이 결합된 것을 알 수 있다.

연습하기 그림과 같이 그리고, 100mm 간격으로 복사 후 J(결합하기) 단축키를 이용해서 선을 결합해 보자.

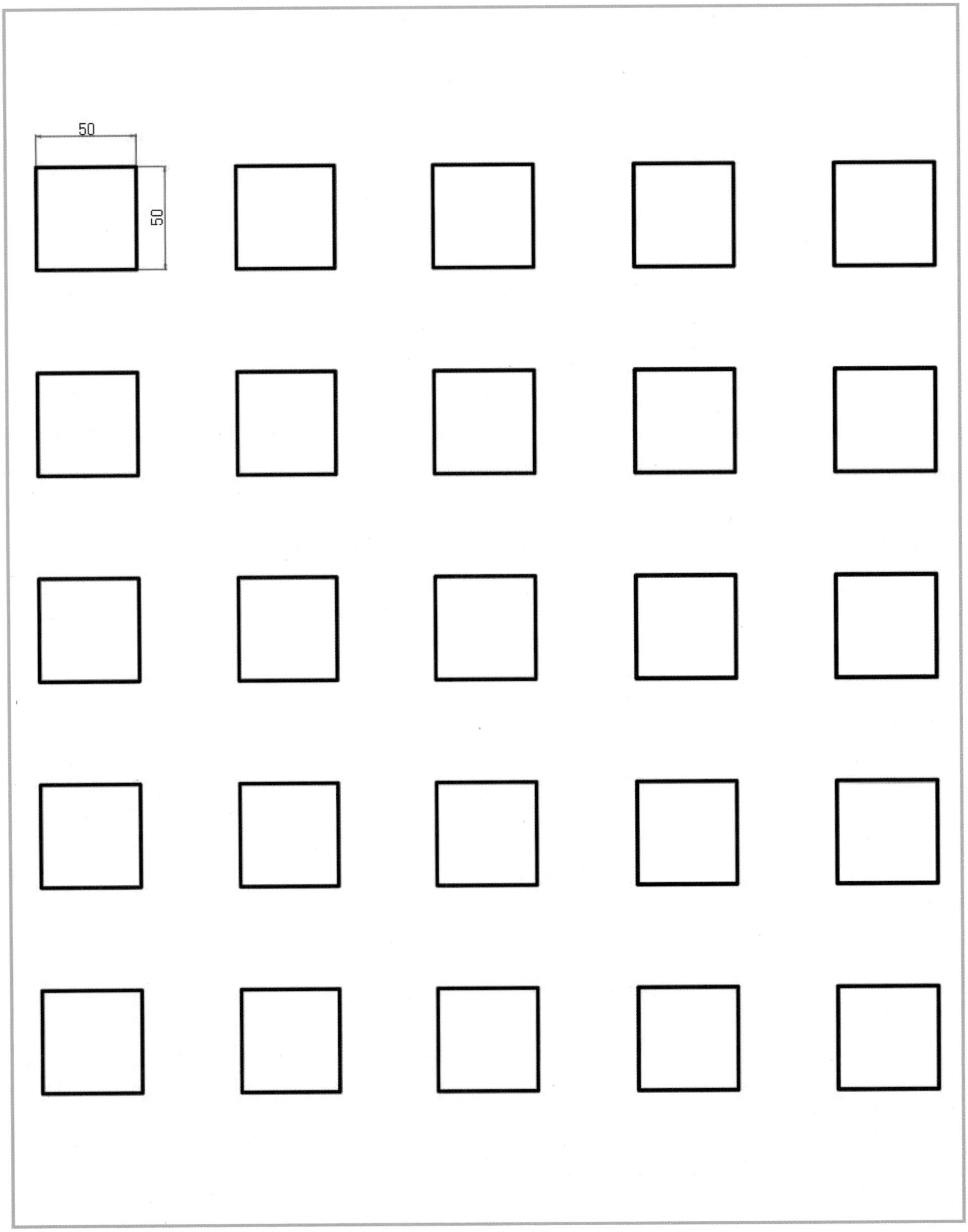

50

50

12-5 블록만들기(Block 단축키: B)

B 단축키를 이용해서 자주 사용하는 것을 블록으로 만들어 사용할 수 있다.

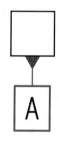

따라하기

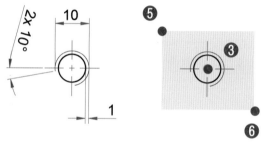

⬤ 그림과 같이 그린다.

⬤ B(블록만들기)를 입력한다.

❶ M10_TAP를 입력한다.

❷ 선택점을 클릭한다.

❸ 중심을 선택한다.

❹ 객체 선택을 클릭한다.

⬤ 그림과 같이 윈도우로 ❺∼❻을 선택한다.

❼ 확인을 선택한다.

⬤ TAP를 선택하면 블록으로 된 것을 확인할 수 있다.

연습하기 ▷ 그림과 같이 그리고, **30mm 간격**으로 복사 후 B(블록) 단축키를 이용해 **이름**을 **다르게** 주면서 블록을 만들어 보자.

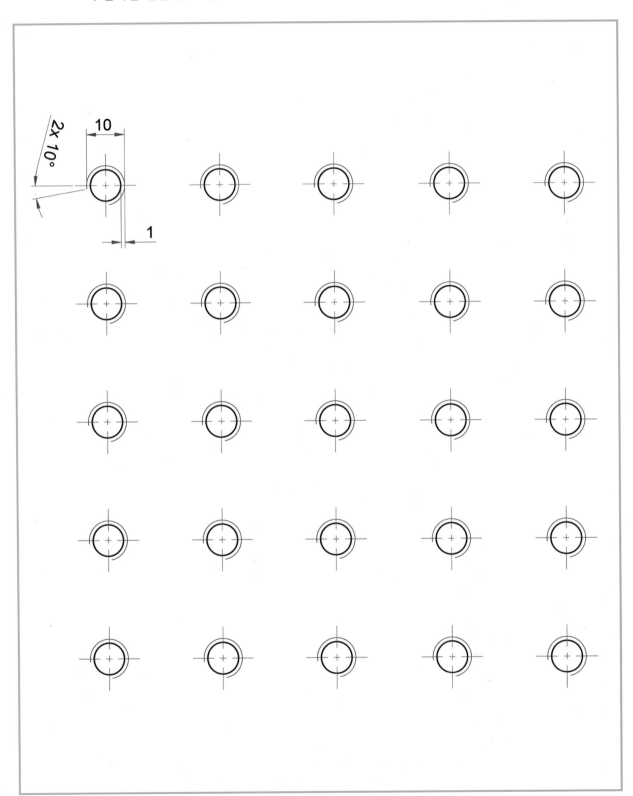

12-6 블록 삽입(INSERT 단축키: I)

I 단축키를 이용해서 블록을 삽입할 수 있다.

따라하기

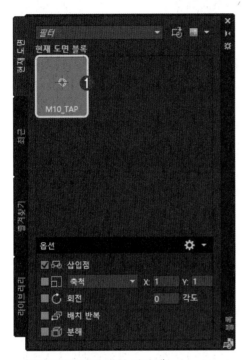
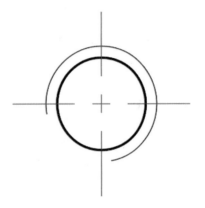

(오토캐드 2023 버전 이미지)

> **참고**   블록은 기본적으로 결합된 상태로 삽입되며, 이것을 X(분해) 단축키를 이용해서 분해할 수 있다.

● I(블록 삽입)를 입력한다.

❶ M10_TAP를 선택한다.

● 오토캐드에서 임의점을 선택한다.

● 블록 창을 닫는다.

연습하기 I(블록 삽입) **단축키를 이용**해서 M10 TAP을 그림과 같이 **배치**해 보자.

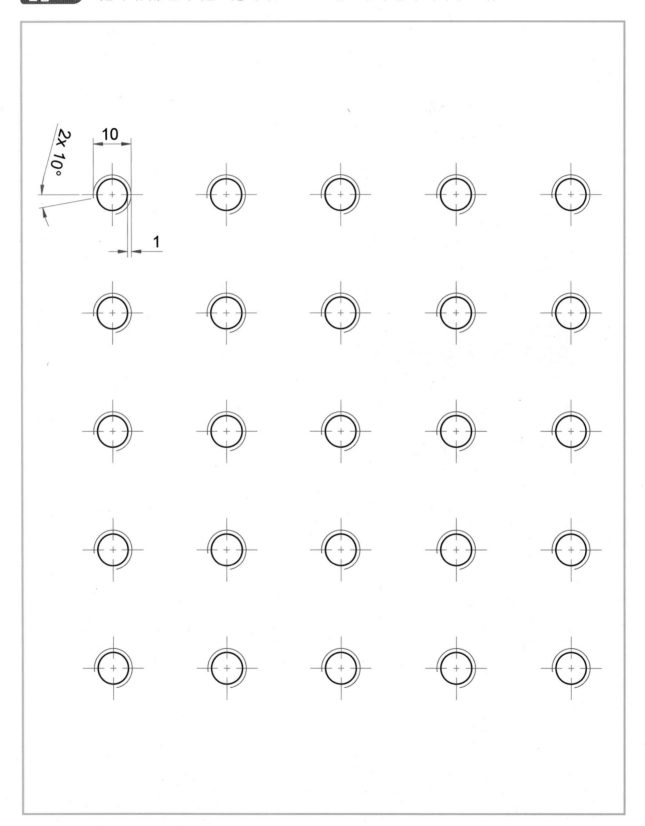

12-7 UCS 좌표값 표시(COORDINATES 단축키: ID)

ID 단축키를 이용해서 지정한 위치의 UCS 좌표 값을 표시한다.
지정된 점의 X, Y, Z 값을 명령어 창에 표시한다.

따라하기

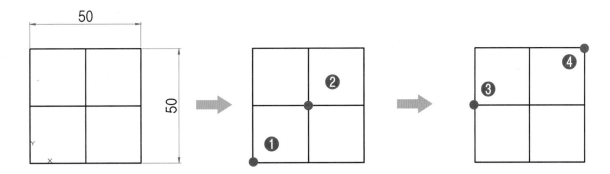

● 그림과 같이 그린다.

● UCS(좌표계)를 입력한다.

● M(이동)을 입력한다.

❶ 그림과 같이 선택한다.

● ID를 입력한다.

❷ 그림과 같이 선택한다.

● 명령 입력 창에 UCS 기준 거리값이 표시된다.

점 지정: X = 25.0000   Y = 25.0000   Z = 0.0000

❸ 그림과 같이 선택한다.

점 지정: X = 0.0000   Y = 25.0000   Z = 0.0000

❹ 그림과 같이 선택한다.

점 지정: X = 50.0000   Y = 50.0000   Z = 0.0000

12-8 두 점 거리 측정(DIST 단축키: DI)

DI 단축키를 이용해서 두 점 사이의 거리를 측정한다.

12-9 빠른 치수기입(QDim : QD)

QD 단축키를 이용해서 치수를 빠르게 기입할 수 있다.

12-10 면적 계산(명령어: AREA)

AREA 명령어를 이용해서 면적을 계산할 수 있다.

L/DLI/C/DRA/DDI/REC/CO/Ctrl+1/CM/CL/M/RO/DAL/E/F/TR/X/
CHA/O/EX/POL/EL/BR/SC/S/AR/A/SPL/−H/MI/LEN/DAN/DCO/
DBA/DOR/LE/TOL/MLD/DED/DT/T/MA/ˊCAL/PL/TB/DO

[12주차 복습 예제]

A4/A3 규격을 이용해서 아래 도면과 같이 만들자. (3D 형상은 작업 → X)

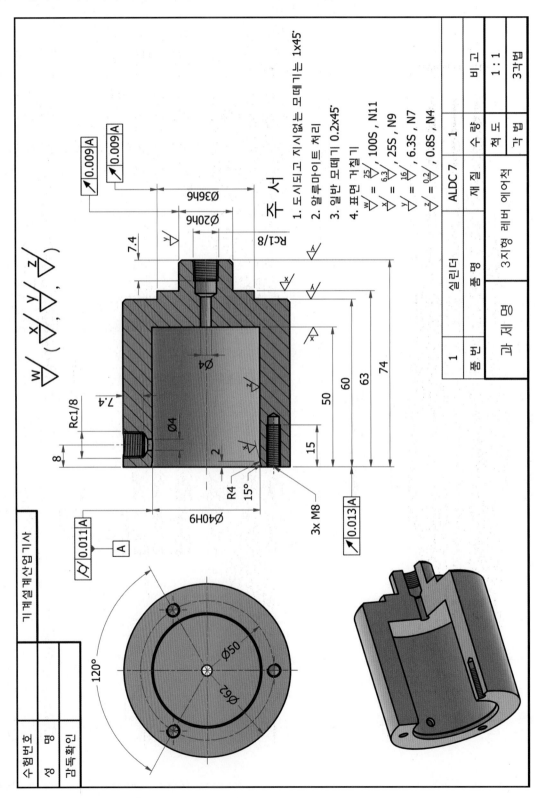

L/DLI/C/DRA/DDI/REC/CO/Ctrl+1/CM/CL/M/RO/DAL/E/F/TR/X/
CHA/O/EX/POL/EL/BR/SC/S/AR/A/SPL/−H/MI/LEN/DAN/DCO/
DBA/DOR/LE/TOL/MLD/DED/DT/T/MA/'CAL/PL/TB/DO

337

12주차

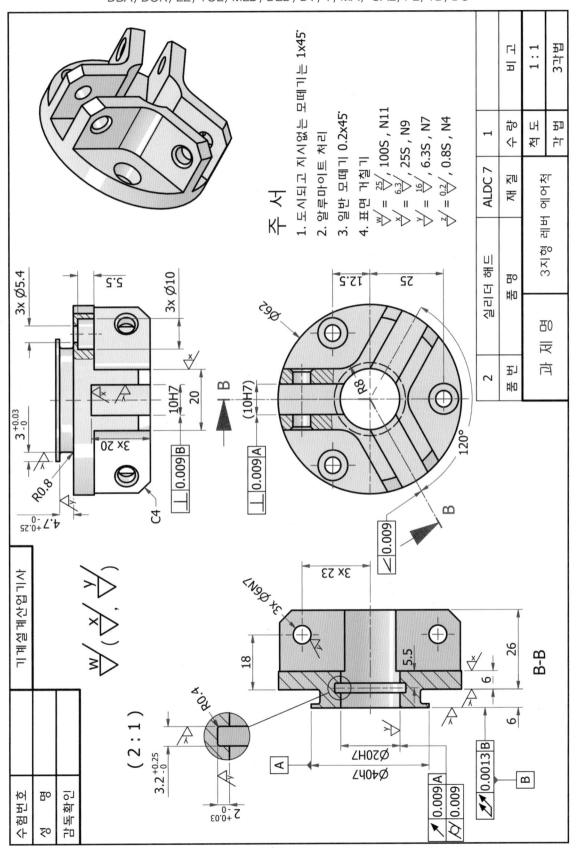

주서

1. 도시되고 지시없는 모떼기는 1x45'
2. 알루마이트 처리
3. 일반 모떼기 0.2x45'
4. 표면 거칠기

품번	품 명	재 질	수 량	비 고
2	실린더 헤드	ALDC 7	1	1 : 1
	3지형 레버 에어척			3각법

과 제 명

기계설계산업기사

(2 : 1)
B-B

338

L/DLI/C/DRA/DDI/REC/CO/Ctrl+1/CM/CL/M/RO/DAL/E/F/TR/X/
CHA/O/EX/POL/EL/BR/SC/S/AR/A/SPL/−H/MI/LEN/DAN/DCO/
DBA/DOR/LE/TOL/MLD/DED/DT/T/MA/'CAL/PL/TB/DO

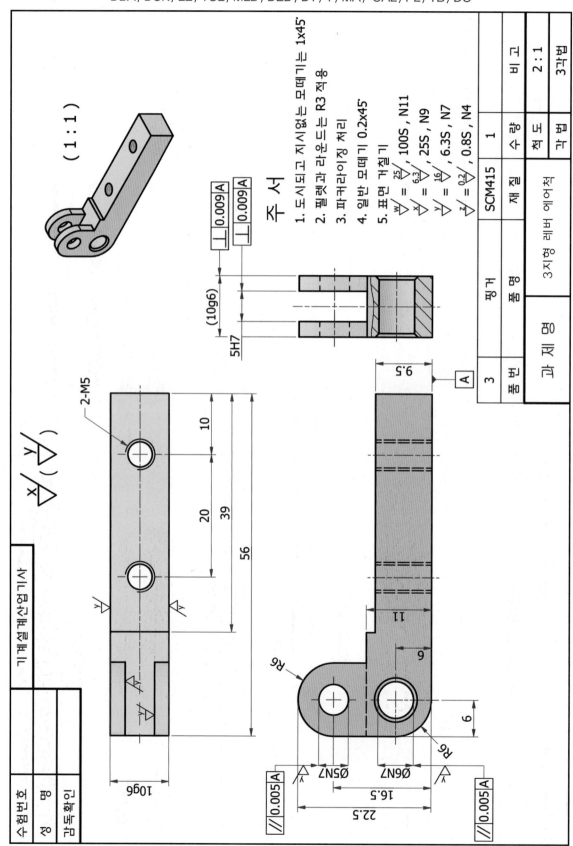

L/DLI/C/DRA/DDI/REC/CO/Ctrl+1/CM/CL/M/RO/DAL/E/F/TR/X/
CHA/O/EX/POL/EL/BR/SC/S/AR/A/SPL/−H/MI/LEN/DAN/DCO/
DBA/DOR/LE/TOL/MLD/DED/DT/T/MA/,'CAL/PL/TB/DO

339

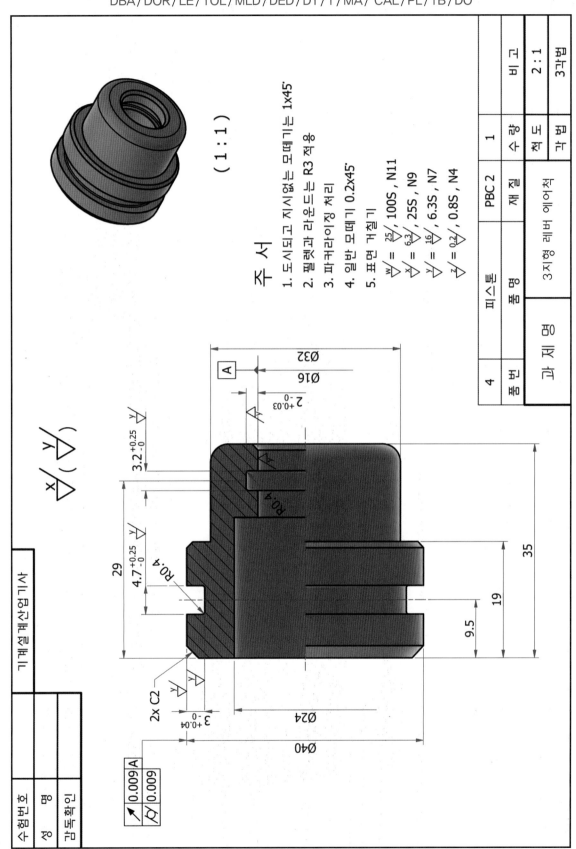

(1 : 1)

주 서

1. 도시되고 지시없는 모떼기는 1x45'
2. 필렛과 라운드는 R3 적용
3. 파커라이징 처리
4. 일반 모떼기 0.2x45'
5. 표면 거칠기

$\frac{w}{\nabla} = \frac{25}{}$, 100S , N11

$\frac{x}{\nabla} = \frac{6.3}{}$, 25S , N9

$\frac{y}{\nabla} = \frac{16}{}$, 6.3S , N7

$\frac{z}{\nabla} = \frac{0.2}{}$, 0.8S , N4

	비 고		척 도	2 : 1
				3각법
1	수 량		각 법	
PBC 2	재 질			
피스톤	품 명	3차원 레버 예어척		
4	품 번		과 제 명	

12주차

기계설계산업기사

수험번호		
성 명		
감독확인		

⟨ $\frac{y}{\nabla}$ $\frac{x}{\nabla}$ ⟩

↗	0.009	A
⌀	0.009	

ø32
ø16
$2^{+0.03}_{-0}$
$3.2^{+0.25}_{-0}$
R0.4
35
19
29
$4.7^{+0.25}_{-0}$
R0.4
9.5
ø24
2x C2
$3^{+0.04}_{-0}$
ø40
A

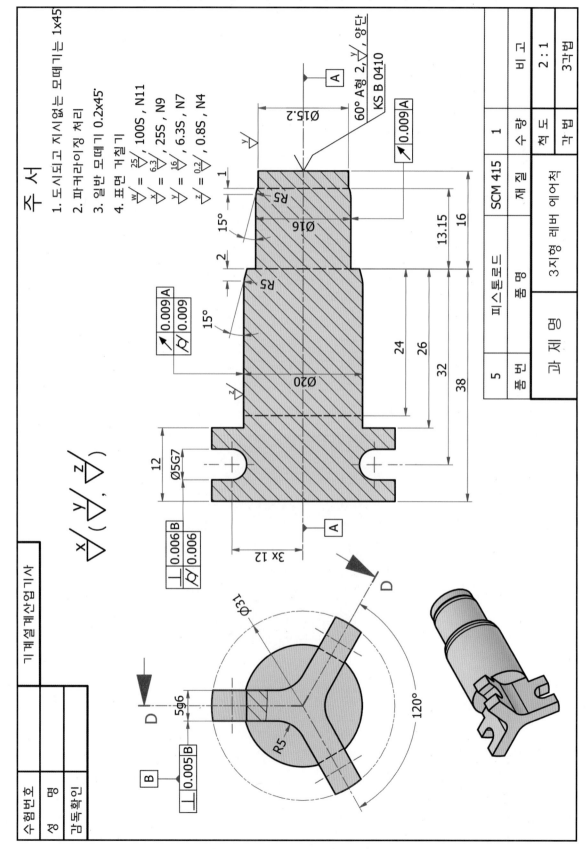

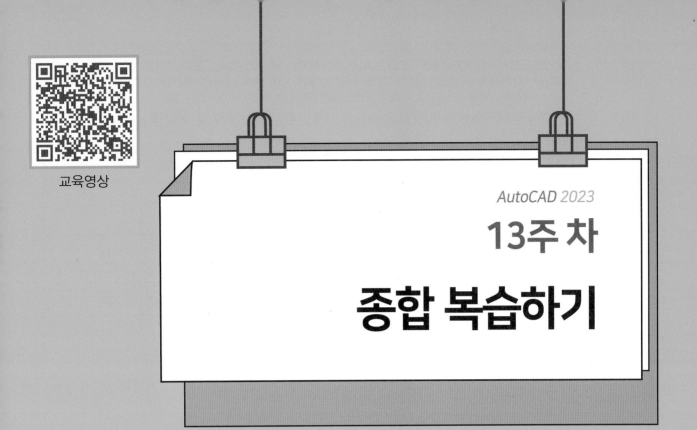

교육영상

AutoCAD 2023

13주 차

종합 복습하기

L/DLI/C/DRA/DDI/REC/CO/Ctrl+1/CM/CL/M/RO/DAL/E/F/TR/X/
CHA/O/EX/POL/EL/BR/SC/S/AR/A/SPL/−H/MI/LEN/DAN/DCO/
DBA/DOR/LE/TOL/MLD/DED/DT/T/MA/'CAL/PL/TB/DO

지금까지 배운 기능을 이용해서 아래 형상을 만들어 보자. (환경 설정 후 치수 기입 동일하게 작업)

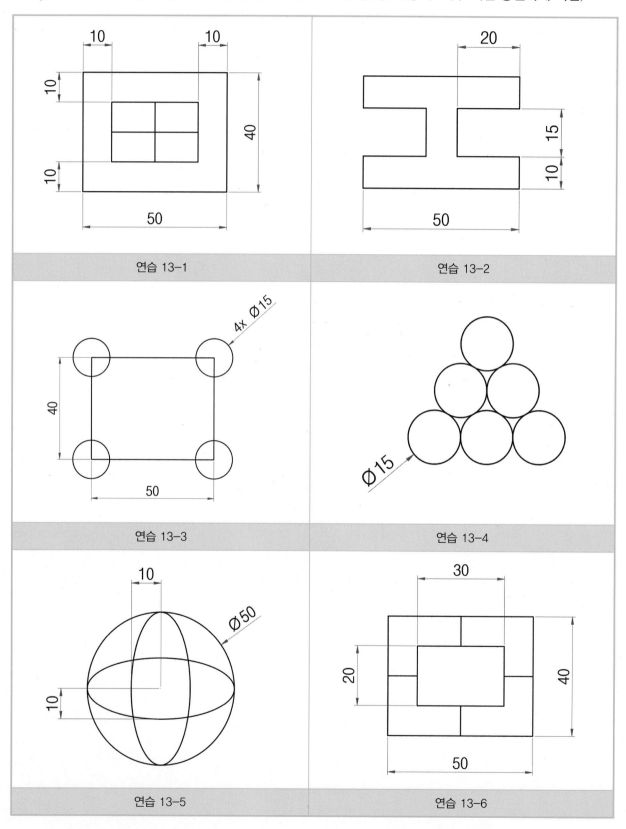

연습 13-1

연습 13-2

연습 13-3

연습 13-4

연습 13-5

연습 13-6

L/DLI/C/DRA/DDI/REC/CO/Ctrl+1/CM/CL/M/RO/DAL/E/F/TR/X/
CHA/O/EX/POL/EL/BR/SC/S/AR/A/SPL/−H/MI/LEN/DAN/DCO/
DBA/DOR/LE/TOL/MLD/DED/DT/T/MA/'CAL/PL/TB/DO

343

13주차

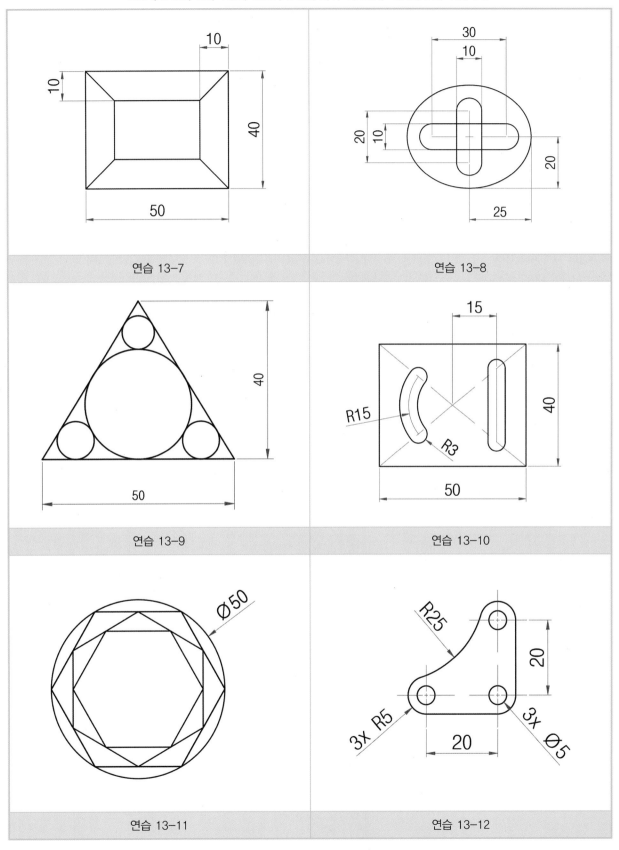

연습 13-7

연습 13-8

연습 13-9

연습 13-10

연습 13-11

연습 13-12

L/DLI/C/DRA/DDI/REC/CO/Ctrl+1/CM/CL/M/RO/DAL/E/F/TR/X/
CHA/O/EX/POL/EL/BR/SC/S/AR/A/SPL/−H/MI/LEN/DAN/DCO/
DBA/DOR/LE/TOL/MLD/DED/DT/T/MA/'CAL/PL/TB/DO

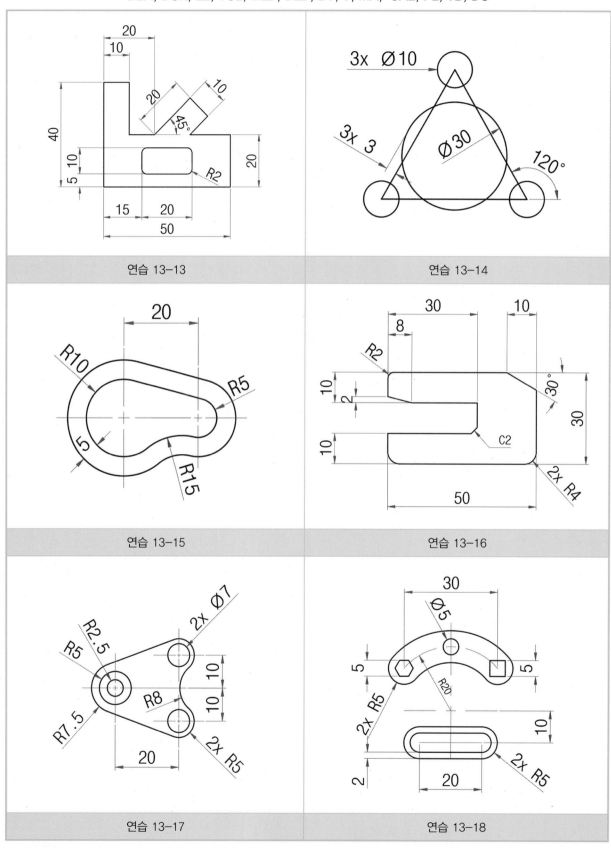

연습 13-13

연습 13-14

연습 13-15

연습 13-16

연습 13-17

연습 13-18

L/DLI/C/DRA/DDI/REC/CO/Ctrl+1/CM/CL/M/RO/DAL/E/F/TR/X/
CHA/O/EX/POL/EL/BR/SC/S/AR/A/SPL/−H/MI/LEN/DAN/DCO/
DBA/DOR/LE/TOL/MLD/DED/DT/T/MA/ˋCAL/PL/TB/DO

345

13주차

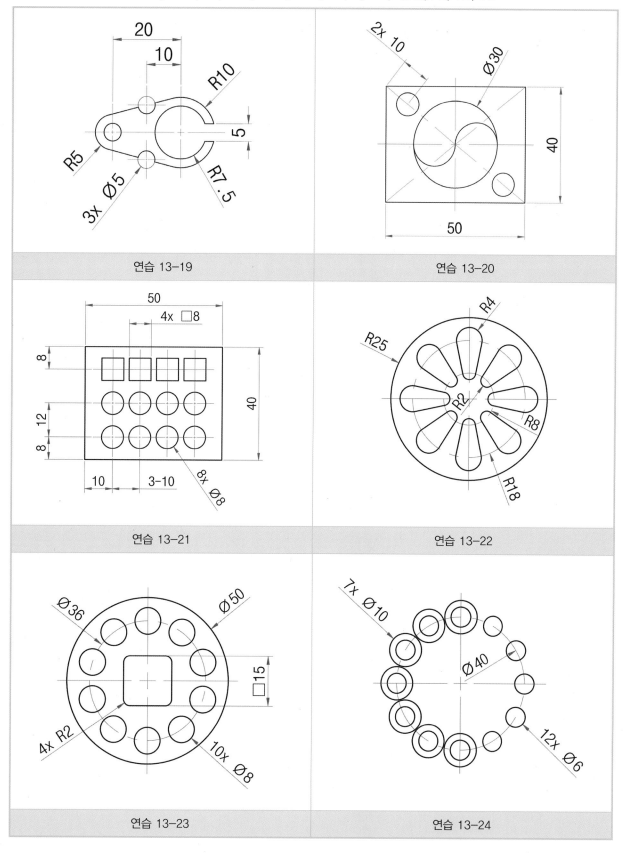

연습 13-19

연습 13-20

연습 13-21

연습 13-22

연습 13-23

연습 13-24

346

L/DLI/C/DRA/DDI/REC/CO/Ctrl+1/CM/CL/M/RO/DAL/E/F/TR/X/
CHA/O/EX/POL/EL/BR/SC/S/AR/A/SPL/−H/MI/LEN/DAN/DCO/
DBA/DOR/LE/TOL/MLD/DED/DT/T/MA/'CAL/PL/TB/DO

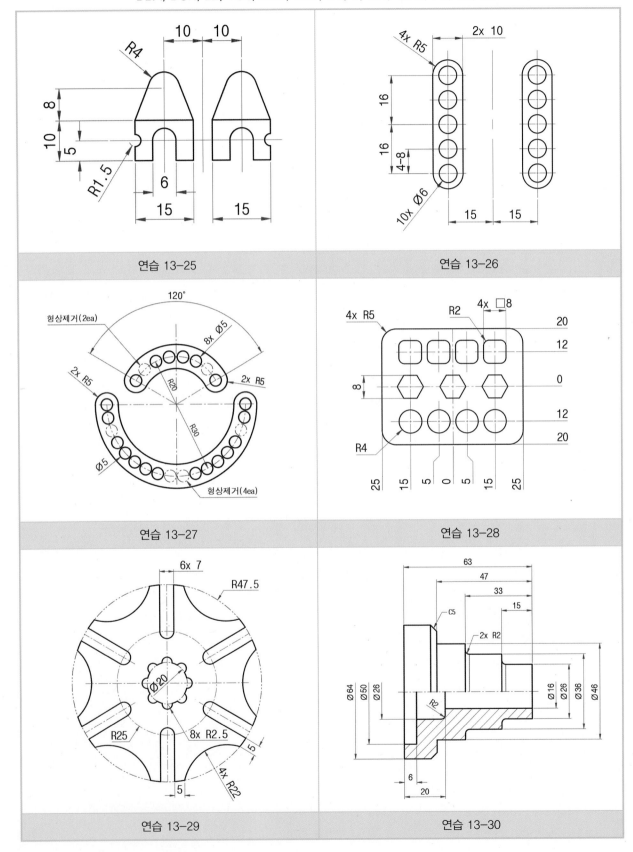

연습 13-25

연습 13-26

연습 13-27

연습 13-28

연습 13-29

연습 13-30

L/DLI/C/DRA/DDI/REC/CO/Ctrl+1/CM/CL/M/RO/DAL/E/F/TR/X/
CHA/O/EX/POL/EL/BR/SC/S/AR/A/SPL/-H/MI/LEN/DAN/DCO/
DBA/DOR/LE/TOL/MLD/DED/DT/T/MA/'CAL/PL/TB/DO

347

13주차

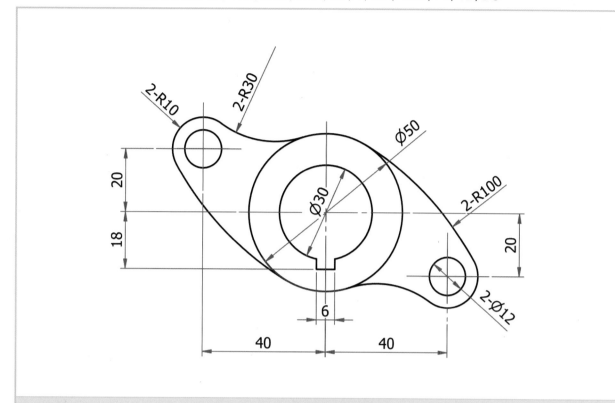

연습 13-31

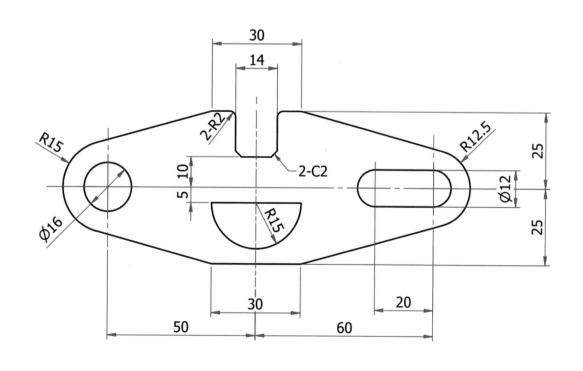

연습 13-32

348

L/DLI/C/DRA/DDI/REC/CO/Ctrl+1/CM/CL/M/RO/DAL/E/F/TR/X/
CHA/O/EX/POL/EL/BR/SC/S/AR/A/SPL/−H/MI/LEN/DAN/DCO/
DBA/DOR/LE/TOL/MLD/DED/DT/T/MA/´CAL/PL/TB/DO

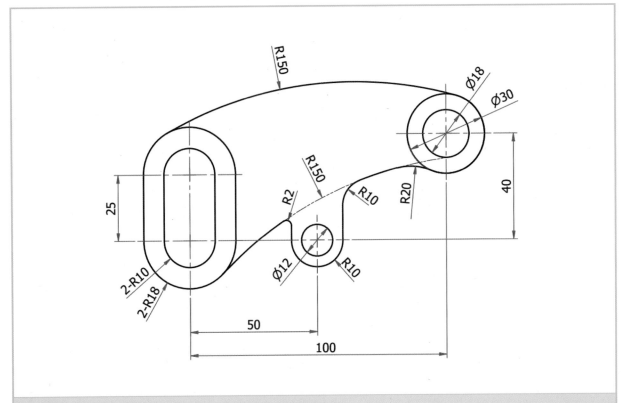

연습 13-33

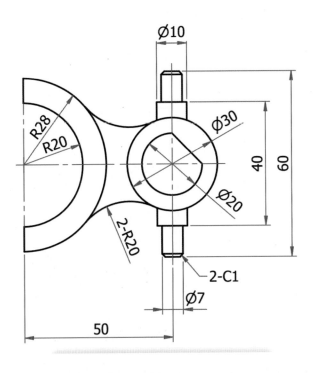

연습 13-34

L/DLI/C/DRA/DDI/REC/CO/Ctrl+1/CM/CL/M/RO/DAL/E/F/TR/X/
CHA/O/EX/POL/EL/BR/SC/S/AR/A/SPL/−H/MI/LEN/DAN/DCO/
DBA/DOR/LE/TOL/MLD/DED/DT/T/MA/'CAL/PL/TB/DO

349

13주차

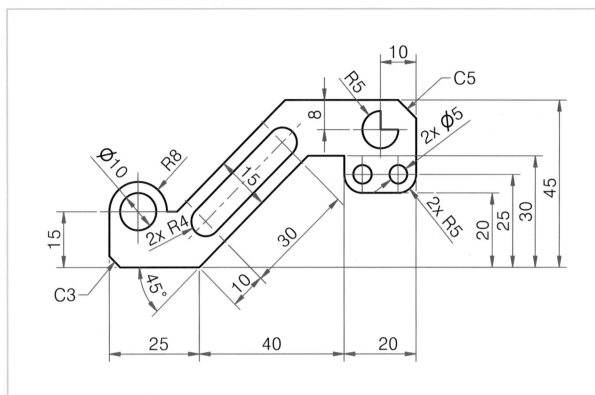

연습 13-35

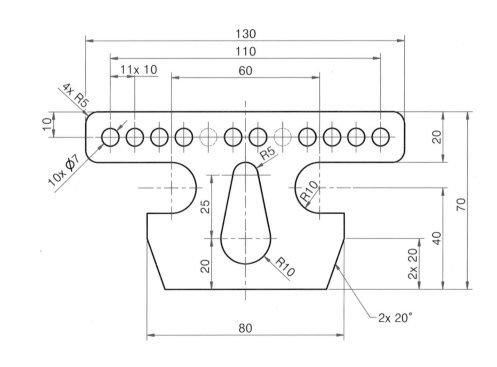

연습 13-36

350

L/DLI/C/DRA/DDI/REC/CO/Ctrl+1/CM/CL/M/RO/DAL/E/F/TR/X/
CHA/O/EX/POL/EL/BR/SC/S/AR/A/SPL/−H/MI/LEN/DAN/DCO/
DBA/DOR/LE/TOL/MLD/DED/DT/T/MA/ˋCAL/PL/TB/DO

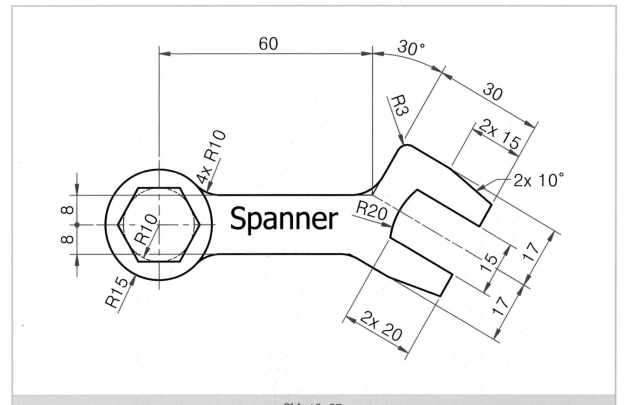

연습 13-37

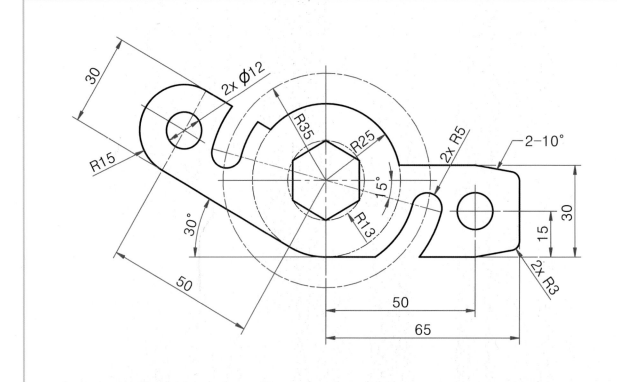

연습 13-38

교육영상

AutoCAD 2023

14주 차

도면 연습하기

L/DLI/C/DRA/DDI/REC/CO/Ctrl+1/CM/CL/M/RO/DAL/E/F/TR/X/
CHA/O/EX/POL/EL/BR/SC/S/AR/A/SPL/−H/MI/LEN/DAN/DCO/
DBA/DOR/LE/TOL/MLD/DED/DT/T/MA/'CAL/PL/TB/DO

3차원 형상을 참고해서 오른쪽 그림처럼 형상을 만들고 치수기입을 해보자. (3차원 형상 작업 → X)

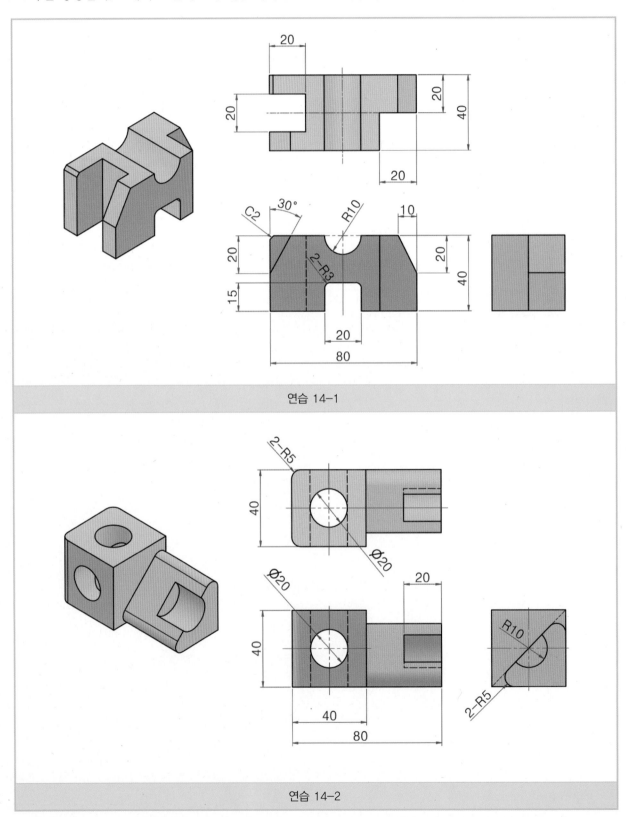

연습 14-1

연습 14-2

L/DLI/C/DRA/DDI/REC/CO/Ctrl+1/CM/CL/M/RO/DAL/E/F/TR/X/
CHA/O/EX/POL/EL/BR/SC/S/AR/A/SPL/−H/MI/LEN/DAN/DCO/
DBA/DOR/LE/TOL/MLD/DED/DT/T/MA/'CAL/PL/TB/DO

353

14주차

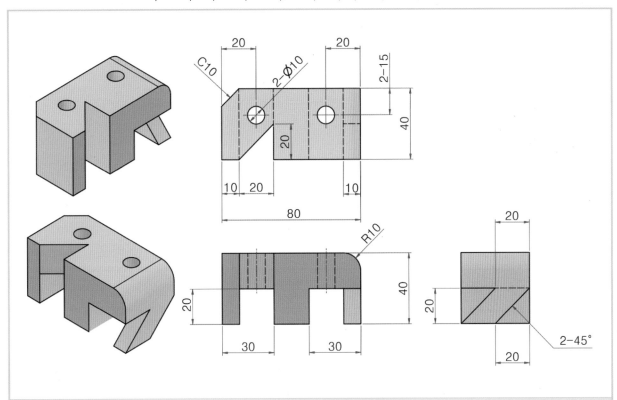

연습 14-3

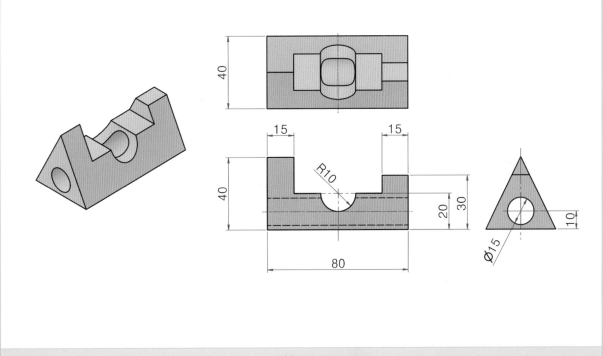

연습 14-4

354

L/DLI/C/DRA/DDI/REC/CO/Ctrl+1/CM/CL/M/RO/DAL/E/F/TR/X/
CHA/O/EX/POL/EL/BR/SC/S/AR/A/SPL/−H/MI/LEN/DAN/DCO/
DBA/DOR/LE/TOL/MLD/DED/DT/T/MA/'CAL/PL/TB/DO

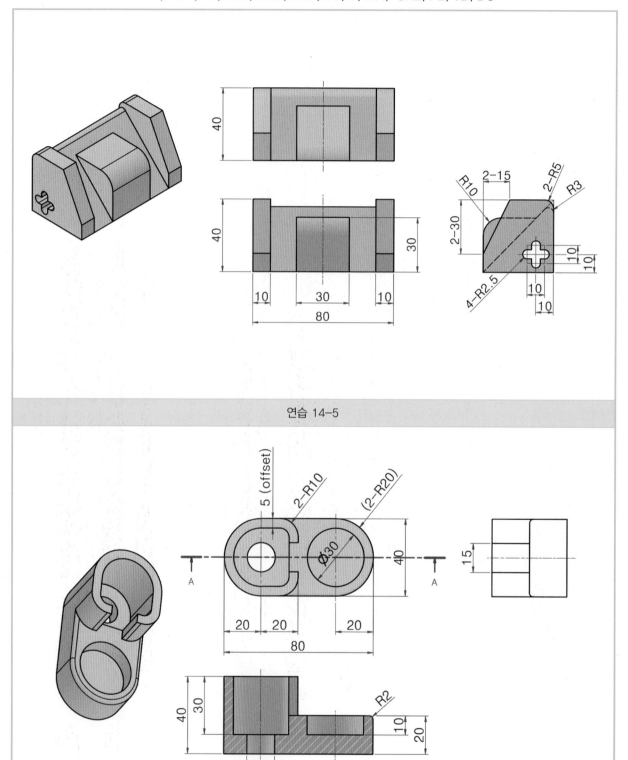

연습 14-5

연습 14-6

L/DLI/C/DRA/DDI/REC/CO/Ctrl+1/CM/CL/M/RO/DAL/E/F/TR/X/
CHA/O/EX/POL/EL/BR/SC/S/AR/A/SPL/−H/MI/LEN/DAN/DCO/
DBA/DOR/LE/TOL/MLD/DED/DT/T/MA/'CAL/PL/TB/DO

355

14주차

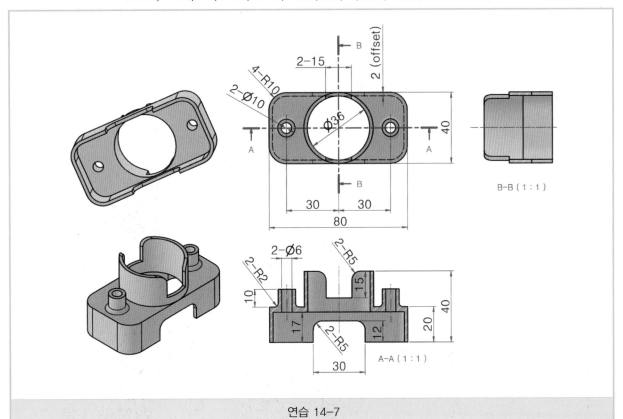

연습 14-7

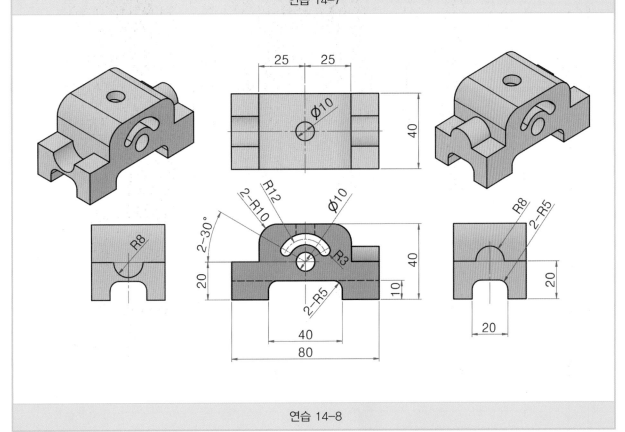

연습 14-8

356

L/DLI/C/DRA/DDI/REC/CO/Ctrl+1/CM/CL/M/RO/DAL/E/F/TR/X/
CHA/O/EX/POL/EL/BR/SC/S/AR/A/SPL/−H/MI/LEN/DAN/DCO/
DBA/DOR/LE/TOL/MLD/DED/DT/T/MA/ʿCAL/PL/TB/DO

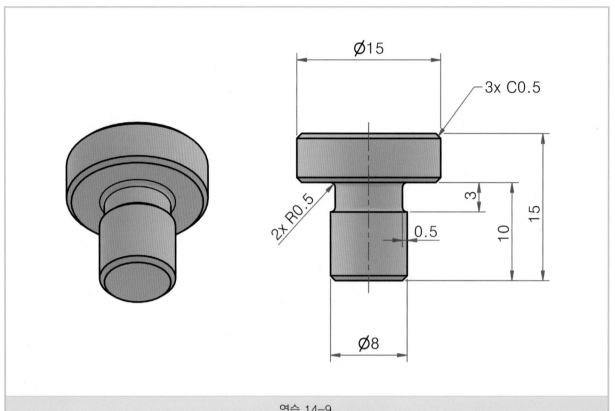

연습 14-9

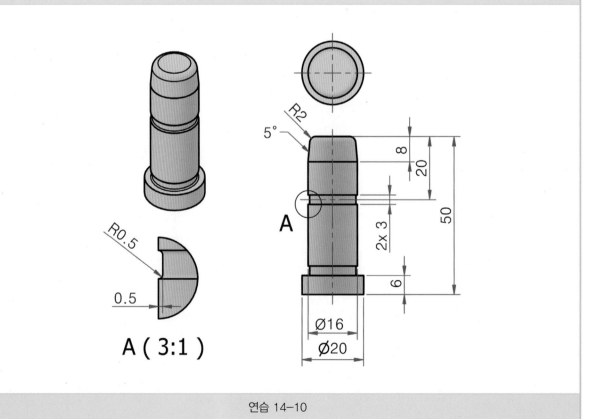

A (3:1)

연습 14-10

L/DLI/C/DRA/DDI/REC/CO/Ctrl+1/CM/CL/M/RO/DAL/E/F/TR/X/
CHA/O/EX/POL/EL/BR/SC/S/AR/A/SPL/−H/MI/LEN/DAN/DCO/
DBA/DOR/LE/TOL/MLD/DED/DT/T/MA/'CAL/PL/TB/DO

357

14주 차

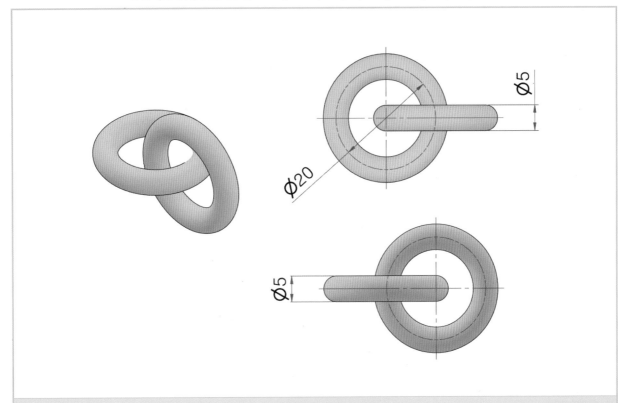

연습 14-11

연습 14-12

358

L/DLI/C/DRA/DDI/REC/CO/Ctrl+1/CM/CL/M/RO/DAL/E/F/TR/X/
CHA/O/EX/POL/EL/BR/SC/S/AR/A/SPL/−H/MI/LEN/DAN/DCO/
DBA/DOR/LE/TOL/MLD/DED/DT/T/MA/'CAL/PL/TB/DO

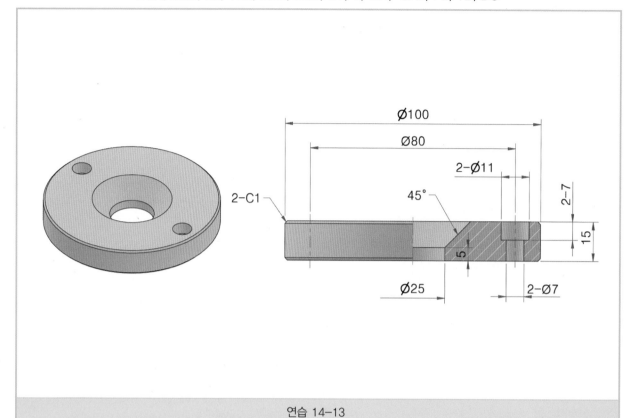

연습 14-13

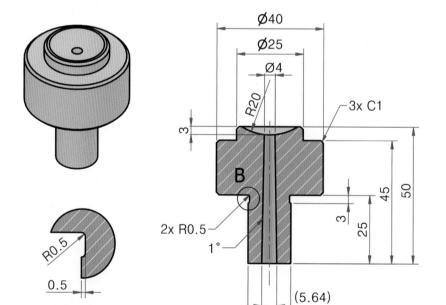

B (3:1)

연습 14-14

L/DLI/C/DRA/DDI/REC/CO/Ctrl+1/CM/CL/M/RO/DAL/E/F/TR/X/
CHA/O/EX/POL/EL/BR/SC/S/AR/A/SPL/−H/MI/LEN/DAN/DCO/
DBA/DOR/LE/TOL/MLD/DED/DT/T/MA/ʻCAL/PL/TB/DO

359

14주차

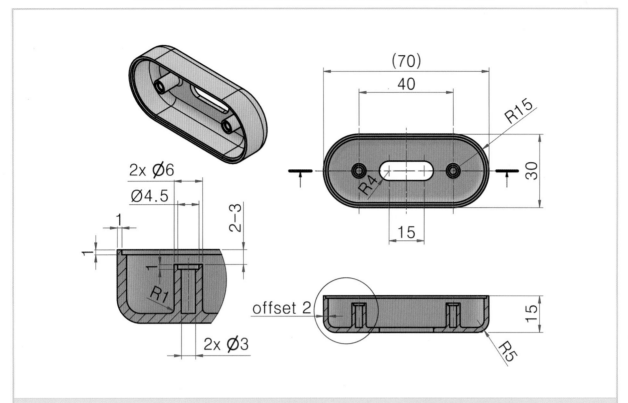

연습 14-15

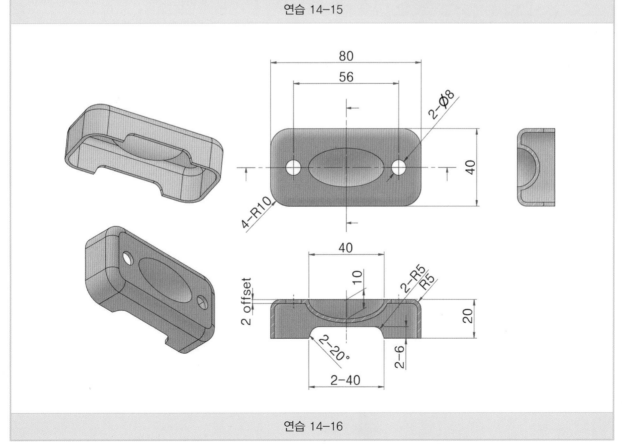

연습 14-16

3차원 형상을 보고 오른쪽 그림처럼 만들어서 치수가 누락되지 않도록 기입해 보자.

(3차원 형상 작업 → X/오른쪽 형상만 치수기입)

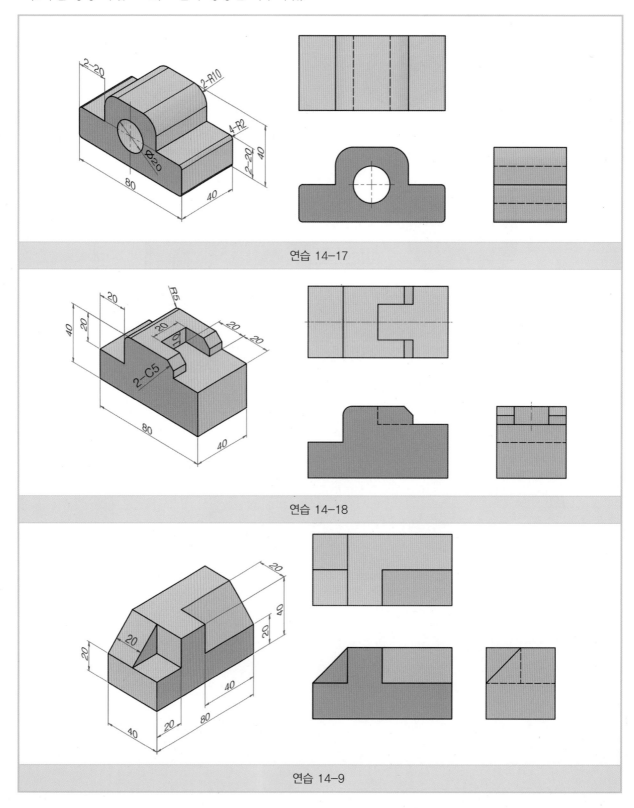

연습 14-17

연습 14-18

연습 14-9

교육영상

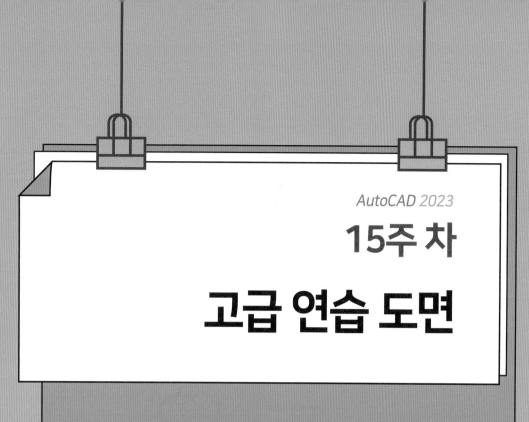

AutoCAD 2023

15주 차

고급 연습 도면

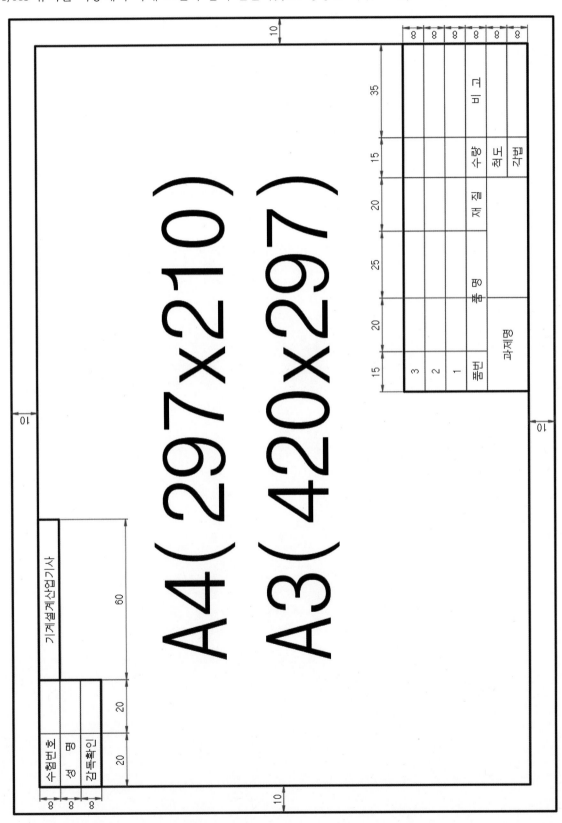

L/DLI/C/DRA/DDI/REC/CO/Ctrl+1/CM/CL/M/RO/DAL/E/F/TR/X/
CHA/O/EX/POL/EL/BR/SC/S/AR/A/SPL/−H/MI/LEN/DAN/DCO/
DBA/DOR/LE/TOL/MLD/DED/DT/T/MA/'CAL/PL/TB/DO

A4/A3 규격을 이용해서 아래 도면과 같이 만들자.(3D 형상은 작업 → X)

L/DLI/C/DRA/DDI/REC/CO/Ctrl+1/CM/CL/M/RO/DAL/E/F/TR/X/
CHA/O/EX/POL/EL/BR/SC/S/AR/A/SPL/−H/MI/LEN/DAN/DCO/
DBA/DOR/LE/TOL/MLD/DED/DT/T/MA/'CAL/PL/TB/DO

363

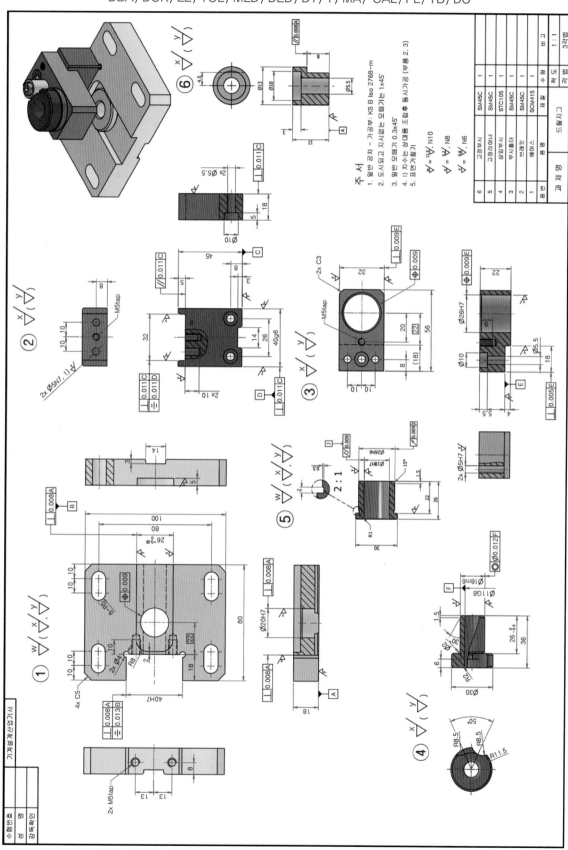

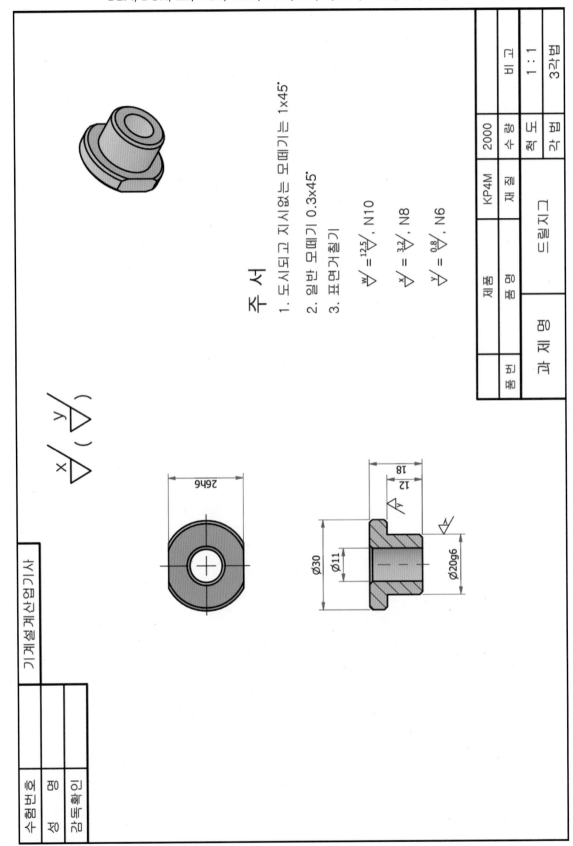

364

L/DLI/C/DRA/DDI/REC/CO/Ctrl+1/CM/CL/M/RO/DAL/E/F/TR/X/
CHA/O/EX/POL/EL/BR/SC/S/AR/A/SPL/−H/MI/LEN/DAN/DCO/
DBA/DOR/LE/TOL/MLD/DED/DT/T/MA/'CAL/PL/TB/DO

주 서

1. 도시되고 지시없는 모떼기는 1x45°
2. 일반 모떼기 0.3x45°
3. 표면거칠기

$\sqrt[w]{} = {}^{12.5}\sqrt{}$, N10

$\sqrt[x]{} = {}^{3.2}\sqrt{}$, N8

$\sqrt[y]{} = {}^{0.8}\sqrt{}$, N6

제품	KP4M	2000
품명	재질	수량
	드릴지그	
과제명	척도	1:1
품번	각법	3각법
		비고

기계설계산업기사

수험번호	
성명	
감독확인	

26h6

18
12

Ø30
Ø11
Ø20g6

L/DLI/C/DRA/DDI/REC/CO/Ctrl+1/CM/CL/M/RO/DAL/E/F/TR/X/
CHA/O/EX/POL/EL/BR/SC/S/AR/A/SPL/−H/MI/LEN/DAN/DCO/
DBA/DOR/LE/TOL/MLD/DED/DT/T/MA/'CAL/PL/TB/DO

365

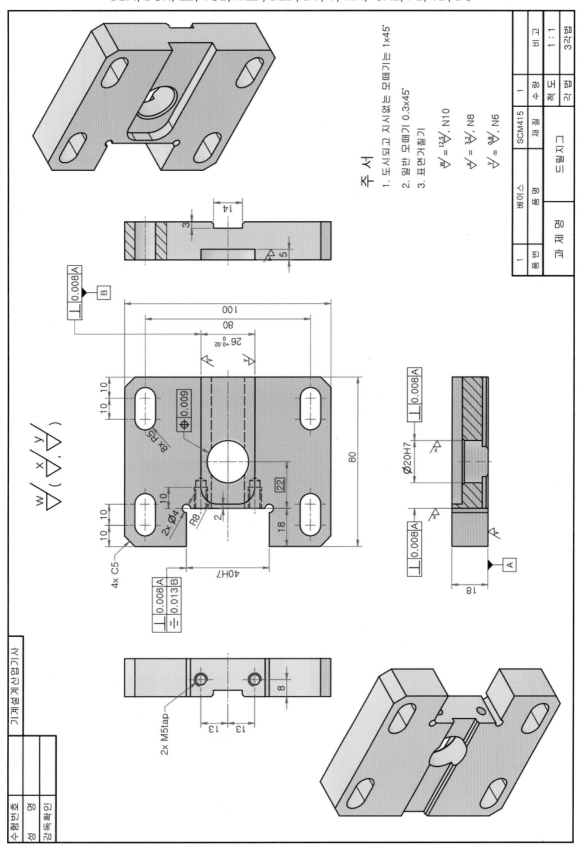

L / DLI / C / DRA / DDI / REC / CO / Ctrl+1 / CM / CL / M / RO / DAL / E / F / TR / X / CHA / O / EX / POL / EL / BR / SC / S / AR / A / SPL / −H / MI / LEN / DAN / DCO / DBA / DOR / LE / TOL / MLD / DED / DT / T / MA / 'CAL / PL / TB / DO

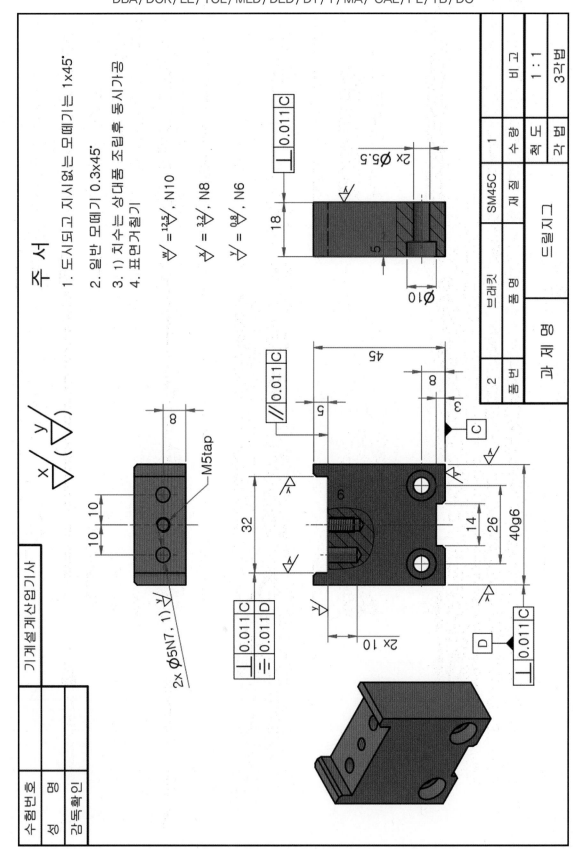

주 서

1. 도시되고 지시없는 모떼기는 1x45°
2. 일반 모떼기 0.3x45°
3. 1) 치수는 상대품 조립후 동시가공
4. 표면거칠기

$\sqrt{w} = \frac{12.5}{\nabla}$, N10

$\sqrt{x} = \frac{3.2}{\nabla}$, N8

$\sqrt{y} = \frac{0.8}{\nabla}$, N6

드릴지그

	SM45C	1	비 고
	재 질	수 량	1:1
명 칭	브래킷	척 도	3각법
	품 번	각 법	
과 제 명	2	품 번	

수험번호	
성 명	
감독확인	

기계설계산업기사

L/DLI/C/DRA/DDI/REC/CO/Ctrl+1/CM/CL/M/RO/DAL/E/F/TR/X/
CHA/O/EX/POL/EL/BR/SC/S/AR/A/SPL/−H/MI/LEN/DAN/DCO/
DBA/DOR/LE/TOL/MLD/DED/DT/T/MA/'CAL/PL/TB/DO

367

15주차

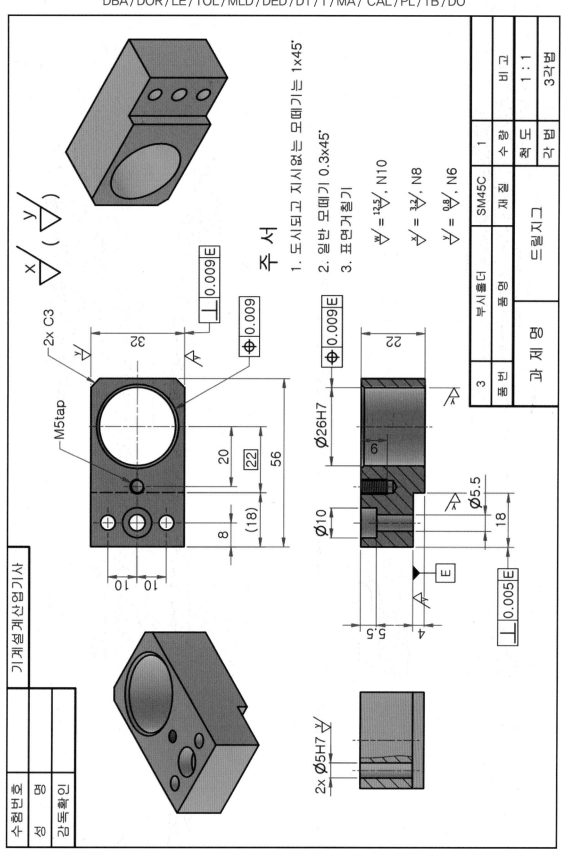

주 서

1. 도시되고 지시없는 모떼기는 1x45˚
2. 일반 모떼기 0.3x45˚
3. 표면거칠기

$\frac{w}{}$ = $\frac{12.5}{}$, N10

$\frac{x}{}$ = $\frac{3.2}{}$, N8

$\frac{y}{}$ = $\frac{0.8}{}$, N6

3	부시홀더	SM45C	1
품번	품명	재질	수량

비 고		
척 도	1:1	
각 법	3각법	

드릴지그

| 품번 | 품명 | 재질 | 수량 |

각 제 명

기계설계산업기사

수험번호		
성명		
감독확인		

2x C3

M5tap

32

⊥ | 0.009 | E

⊕ | 0.009

20

22

56

8

(18)

10 | 10

⊕ | 0.009 | E

Ø26H7

22

6

Ø10

Ø5.5

18

5.5

4

⊥ | 0.005 | E

E

2x Ø5H7

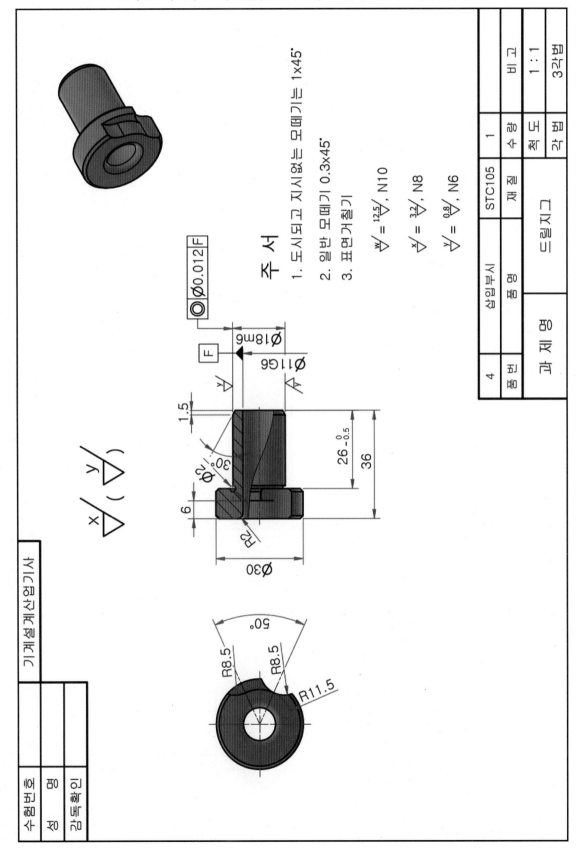

주 서

1. 도시되고 지시없는 모떼기는 1x45°
2. 일반 모떼기 0.3x45°
3. 표면거칠기

$\frac{w}{\nabla} = \frac{12.5}{\nabla}$, N10

$\frac{x}{\nabla} = \frac{3.2}{\nabla}$, N8

$\frac{y}{\nabla} = \frac{0.8}{\nabla}$, N6

삽입부시	STC105	1	비 고
품 명	재 질	수 량	척 도 1:1
			각 법 3각법
4	드릴지그		
품 번			
	과 제 명		

기계설계산업기사

수험번호	명	
성	명	
감독확인		

L/DLI/C/DRA/DDI/REC/CO/Ctrl+1/CM/CL/M/RO/DAL/E/F/TR/X/
CHA/O/EX/POL/EL/BR/SC/S/AR/A/SPL/−H/MI/LEN/DAN/DCO/
DBA/DOR/LE/TOL/MLD/DED/DT/T/MA/'CAL/PL/TB/DO

369

15주차

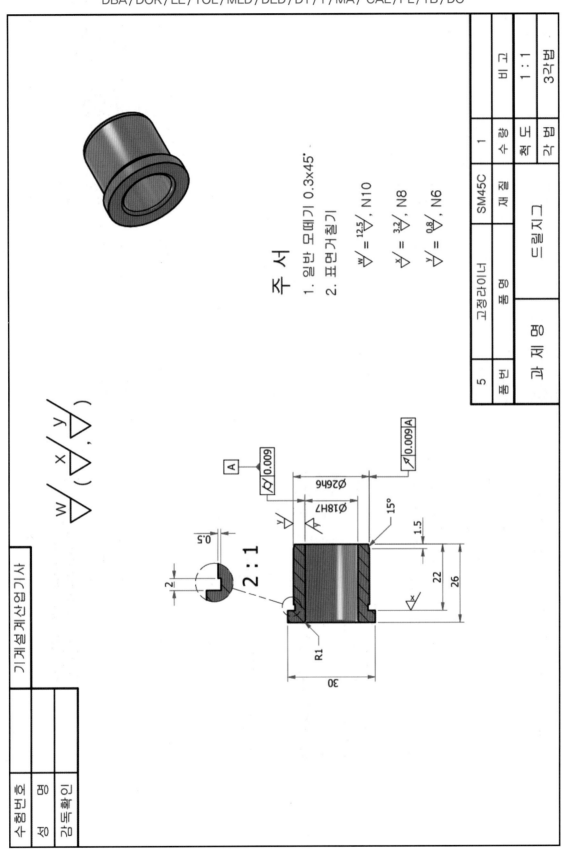

주 서
1. 일반 모떼기 0.3x45°
2. 표면거칠기

$\sqrt[w]{} = {}^{12.5}\!/\,$, N10

$\sqrt[x]{} = {}^{3.2}\!/\,$, N8

$\sqrt[y]{} = {}^{0.8}\!/\,$, N6

	고정라이너	SM45C	1	비 고
	품 명	재 질	수 량	척 도 1:1
5		드릴지그		각 법 3각법
품 번				

과 제 명

기계설계산업기사

수험번호		
성 명		
감독확인		

$\sqrt[W]{}\left(\sqrt[x]{}\sqrt[y]{}\right)$

2 : 1

ØÐ26h6

Ø18H7

15°

R1

30

26

22

1.5

2

0.5

A

⌀0.009

⌖0.009Ⓐ

370

L/DLI/C/DRA/DDI/REC/CO/Ctrl+1/CM/CL/M/RO/DAL/E/F/TR/X/
CHA/O/EX/POL/EL/BR/SC/S/AR/A/SPL/−H/MI/LEN/DAN/DCO/
DBA/DOR/LE/TOL/MLD/DED/DT/T/MA/˚CAL/PL/TB/DO

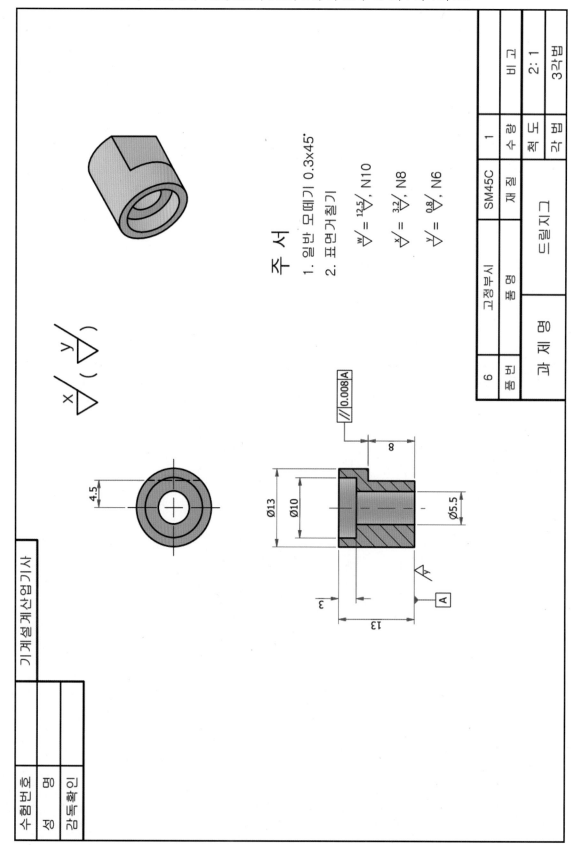

주 서

1. 일반 모떼기 0.3x45˚
2. 표면거칠기

$\overset{w}{\nabla} = \overset{12.5}{\nabla}$, N10

$\overset{x}{\nabla} = \overset{3.2}{\nabla}$, N8

$\overset{y}{\nabla} = \overset{0.8}{\nabla}$, N6

교육영상

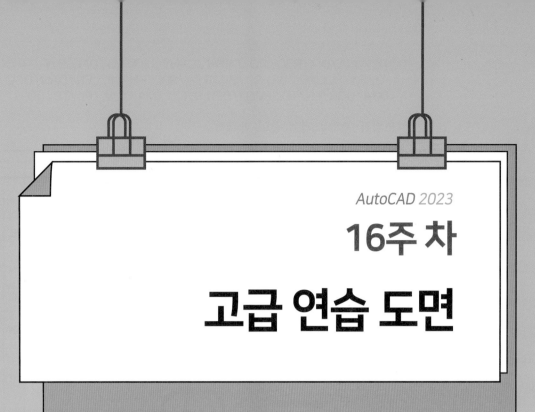
AutoCAD 2023

16주 차

고급 연습 도면

L / DLI / C / DRA / DDI / REC / CO / Ctrl+1 / CM / CL / M / RO / DAL / E / F / TR / X / CHA / O / EX / POL / EL / BR / SC / S / AR / A / SPL / −H / MI / LEN / DAN / DCO / DBA / DOR / LE / TOL / MLD / DED / DT / T / MA / 'CAL / PL / TB / DO

A4/A3 규격을 이용해서 아래 도면과 같이 만들자.

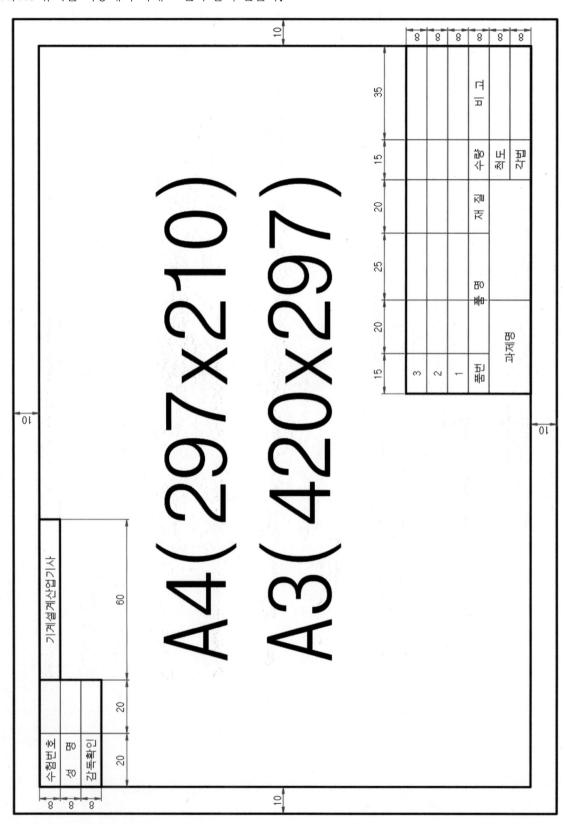

L / DLI / C / DRA / DDI / REC / CO / Ctrl+1 / CM / CL / M / RO / DAL / E / F / TR / X /
CHA / O / EX / POL / EL / BR / SC / S / AR / A / SPL / −H / MI / LEN / DAN / DCO /
DBA / DOR / LE / TOL / MLD / DED / DT / T / MA / 'CAL / PL / TB / DO

373

[참고 도면]

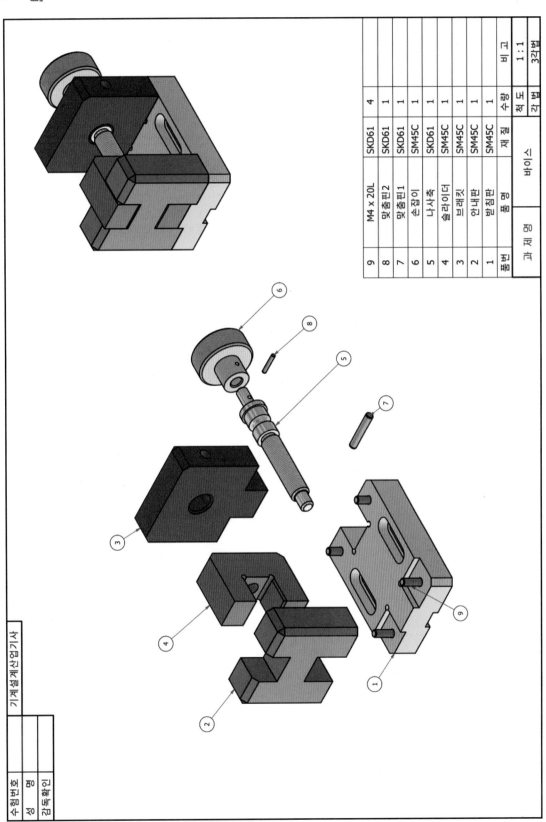

품번	품 명	재 질	수량	비 고
9	M4 x 20L	SKD61	4	
8	맞춤핀2	SKD61	1	
7	맞춤핀1	SKD61	1	
6	손잡이	SM45C	1	
5	나사축	SKD61	1	
4	슬라이더	SM45C	1	
3	브래킷	SM45C	1	
2	안내판	SM45C	1	
1	받침판	SM45C	1	

과 제 명 : 바이스

척 도 : 1:1
각 법 : 3각법

기계설계산업기사

16주 차

374

L/DLI/C/DRA/DDI/REC/CO/Ctrl+1/CM/CL/M/RO/DAL/E/F/TR/X/
CHA/O/EX/POL/EL/BR/SC/S/AR/A/SPL/−H/MI/LEN/DAN/DCO/
DBA/DOR/LE/TOL/MLD/DED/DT/T/MA/ʻCAL/PL/TB/DO

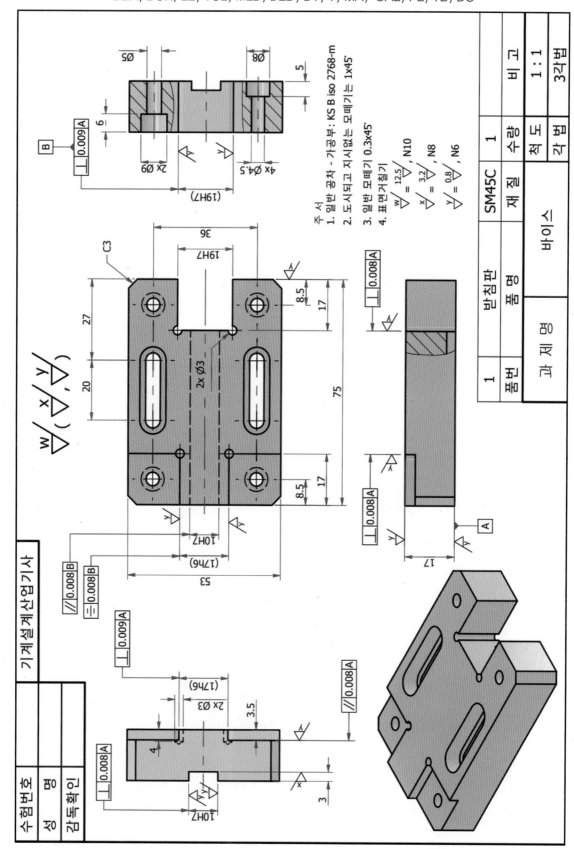

L/DLI/C/DRA/DDI/REC/CO/Ctrl+1/CM/CL/M/RO/DAL/E/F/TR/X/
CHA/O/EX/POL/EL/BR/SC/S/AR/A/SPL/−H/MI/LEN/DAN/DCO/
DBA/DOR/LE/TOL/MLD/DED/DT/T/MA/'CAL/PL/TB/DO

375

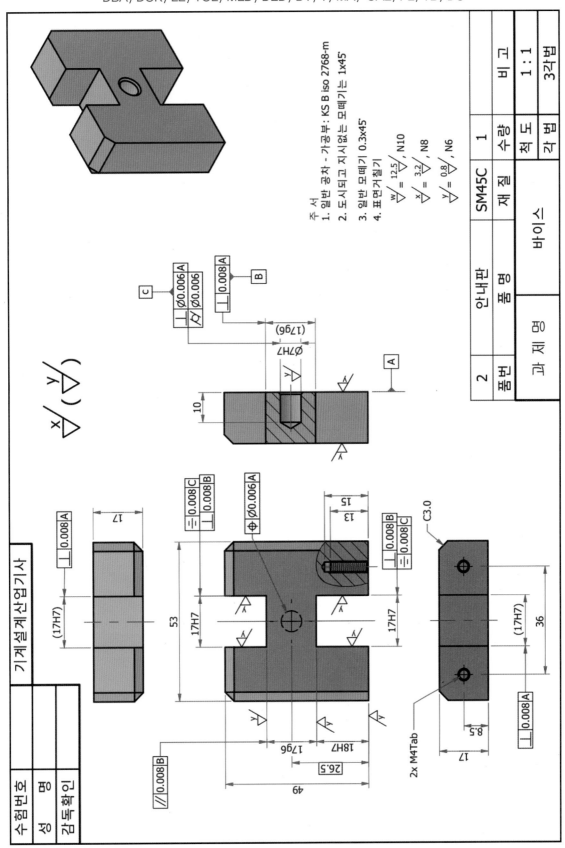

L/DLI/C/DRA/DDI/REC/CO/Ctrl+1/CM/CL/M/RO/DAL/E/F/TR/X/
CHA/O/EX/POL/EL/BR/SC/S/AR/A/SPL/−H/MI/LEN/DAN/DCO/
DBA/DOR/LE/TOL/MLD/DED/DT/T/MA/’CAL/PL/TB/DO

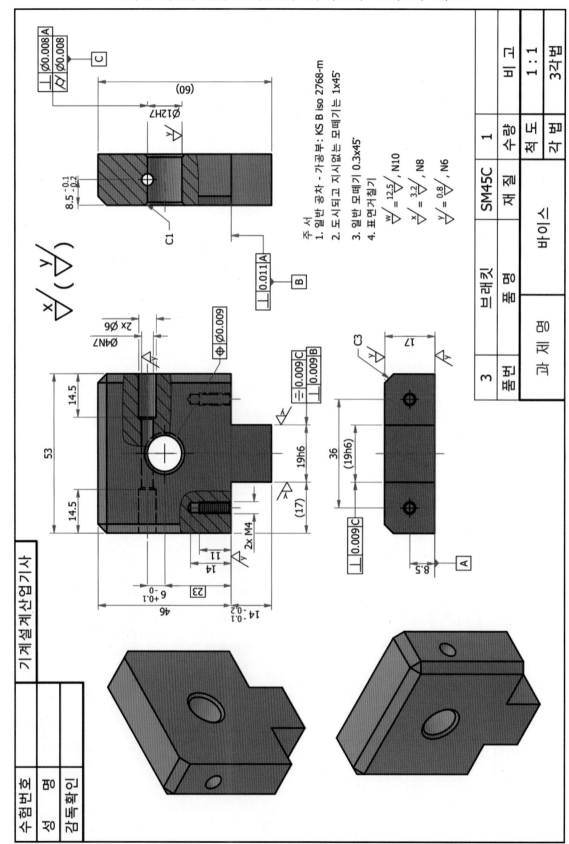

주 서
1. 일반 공차 - 가공부: KS B iso 2768-m
2. 도시되고 지시없는 모떼기는 1x45˚
3. 일반 모떼기 0.3x45˚
4. 표면거칠기

$\frac{w}{\nabla} = \frac{12.5}{\nabla}$, N10

$\frac{x}{\nabla} = \frac{3.2}{\nabla}$, N8

$\frac{y}{\nabla} = \frac{0.8}{\nabla}$, N6

		비 고		1:1
	1	수량	척도	3각법
			각법	
브래킷	SM45C	재질	바이스	
		품명		
3		품번	과 제 명	

기계설계산업기사

수험번호	
성 명	
감독확인	

L/DLI/C/DRA/DDI/REC/CO/Ctrl+1/CM/CL/M/RO/DAL/E/F/TR/X/
CHA/O/EX/POL/EL/BR/SC/S/AR/A/SPL/−H/MI/LEN/DAN/DCO/
DBA/DOR/LE/TOL/MLD/DED/DT/T/MA/'CAL/PL/TB/DO

377

16주차

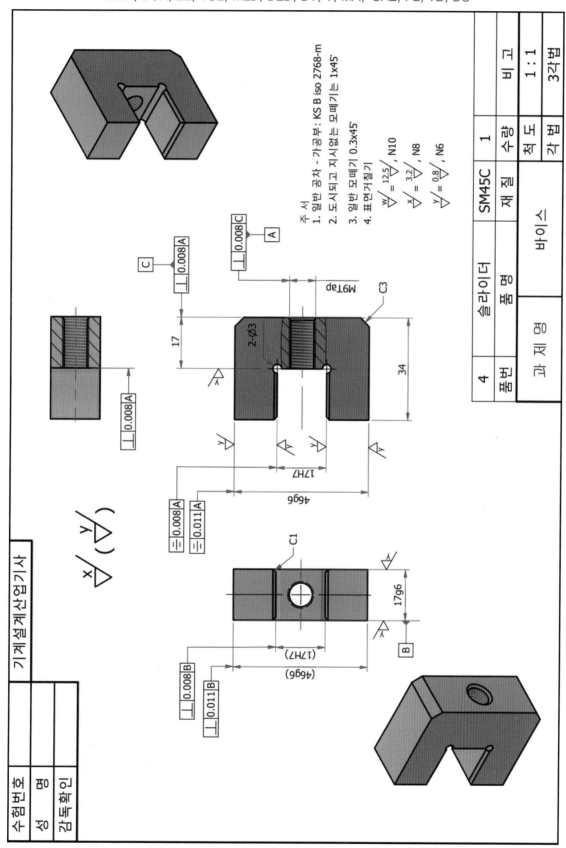

주서
1. 일반 공차 - 가공부 : KS B iso 2768-m
2. 도시되고 지시없는 모떼기는 1x45'
3. 일반 모떼기 0.3x45'
4. 표면거칠기

품번	품 명	재 질	수량	비 고
4	슬라이더	SM45C	1	

| | | | 척 도 | 1:1 |
| 과 제 명 | 바이스 | | 각 법 | 3각법 |

기계설계산업기사

378

L/DLI/C/DRA/DDI/REC/CO/Ctrl+1/CM/CL/M/RO/DAL/E/F/TR/X/
CHA/O/EX/POL/EL/BR/SC/S/AR/A/SPL/−H/MI/LEN/DAN/DCO/
DBA/DOR/LE/TOL/MLD/DED/DT/T/MA/˙CAL/PL/TB/DO

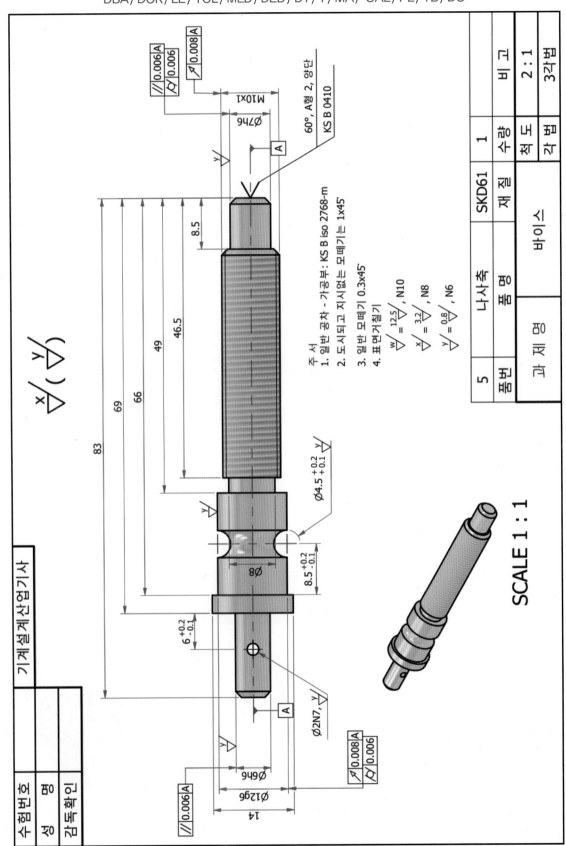

주서
1. 일반 공차 - 가공부 : KS B iso 2768-m
2. 도시되고 지시없는 모떼기는 1x45˚
3. 일반 모떼기 0.3x45˚
4. 표면거칠기

$\frac{w}{\nabla}$ $\frac{12.5}{}$, N10

$\frac{x}{\nabla}$ = $\frac{3.2}{}$, N8

$\frac{y}{\nabla}$ = $\frac{0.8}{}$, N6

60°, A형 2, 양단
KS B 0410

SCALE 1 : 1

	나사축		SKD61	1	
5	품명	바이스	재질	수량	비고
품번		과제명		척도	2 : 1
				각법	3각법

기계설계산업기사

수험번호	
성명	
감독확인	

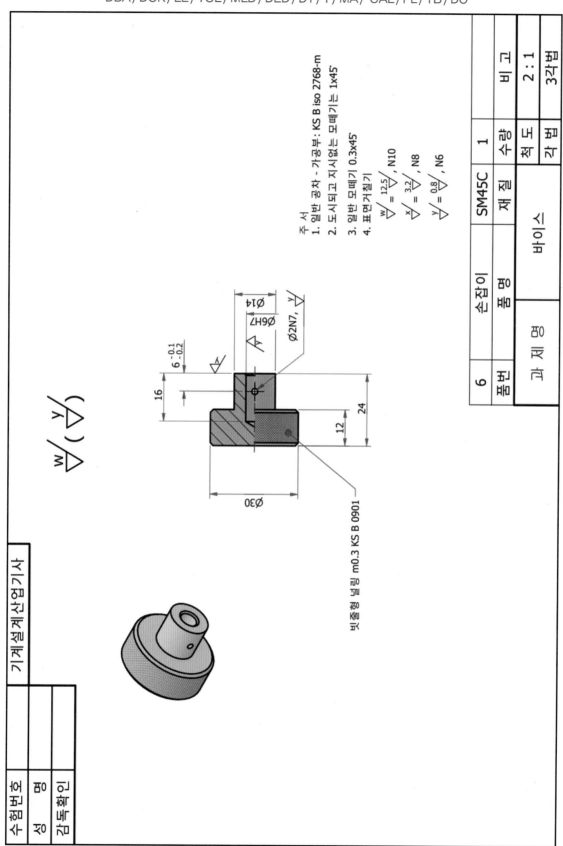

L/DLI/C/DRA/DDI/REC/CO/Ctrl+1/CM/CL/M/RO/DAL/E/F/TR/X/
CHA/O/EX/POL/EL/BR/SC/S/AR/A/SPL/−H/MI/LEN/DAN/DCO/
DBA/DOR/LE/TOL/MLD/DED/DT/T/MA/°CAL/PL/TB/DO

379

16주차

주서
1. 일반 공차 - 가공부: KS B iso 2768-m
2. 도시되고 지시없는 모떼기는 1x45
3. 일반 모떼기 0.3x45
4. 표면거칠기

$\sqrt[w]{} = \sqrt[12.5]{}$, N10

$\sqrt[x]{} = \sqrt[3.2]{}$, N8

$\sqrt[y]{} = \sqrt[0.8]{}$, N6

빗줄형 널링 m0.3 KS B 0901

Ø30
Ø14
Ø6H7
Ø2N7, y
16
6 $^{-0.1}_{-0.2}$
24
12

6	손잡이	SM45C	1		비 고
품번	품 명	재 질	수량	척 도	2:1
	바이스			각 법	3각법
	과 제 명				

기계설계산업기사

수험번호	
성 명	
감독확인	

AutoCAD 영상강의
오토캐드
따라하기

2023년 1월 10일 1판 1쇄
2024년 4월 10일 1판 2쇄

저자 : 이승철
펴낸이 : 이정일

펴낸곳 : 도서출판 **일진사**
www.iljinsa.com

(우) 04317 서울시 용산구 효창원로 64길 6
대표전화 : 704-1616, 팩스 : 715-3536
이메일 : webmaster@iljinsa.com
등록번호 : 제1979-000009호(1979.4.2)

값 32,000원

ISBN : 978-89-429-1756-3